名师儿童文学教学丛书

朱自强 总主编

# 光影中的创意写作
## ——46节电影作文课

张祖庆 编著

二十一世纪出版社集团
21st Century Publishing Group

# 总　序

## 小学语文阅读教学要"把'儿童文学'做中心"

朱自强

语文教育家吴研因在《清末以来我国小学教科书概观》一文中，曾经大略梳理过 1935 年以前的小学国语教科书运用儿童文学的概况。他以"儿童文学抬头"为题，说过这样的话："民国十年前的教科书，中间也有些童话寓言一类的故事，例如鹬蚌相争、愚公移山、永某氏之鼠、黔驴之技等，但是分量很少。那时的初小国文，包括一切常识，大半是说明文，高小各种教科书更多数是说明文。说明文是很干燥乏味的，读的人对他生不出兴味来，所以小学用这类教科书，儿童大概兴趣索然，大有'言者谆谆听者藐藐'的现象。（省略）民十左右又有人提倡儿童文学，他们以为儿童一样爱好文学，需要文学，我们应当把儿童的文学给儿童。因此儿童文学的高潮就大涨起来，所谓新学制的小学国语课程就把'儿童文学'做了中心，各书坊的国语教科书，例如商务的《新学制》，中华的《新教材》《新教育》，世界的《新学制》……就也拿儿童文学做标榜，采入了物话、寓言、笑话、自然故事、生活故事、传说历史故事、儿歌、民歌等等。（省略）儿童文学在教科书中抬头，一直到现在，并没有改变。近几年来，虽然有人因为反对所谓'鸟言兽语'，反对整个的儿童文学（'鸟言兽语'不能代表整个的儿童文学），恨不得把儿童文学撵出小学教科书去。可是据教育部去年拟了问题发交各省市小学教育界研究的结果，小学教育界仍旧全国一致地主张国语课程应当把儿童文学做中心。我们环顾欧美各国的小学教科书，差不多早已'儿童文学化'了，美国的小学教科书尤甚，苏联文坛近来也竭力提倡儿童文学，创造儿童文学，可见儿童文学决不会跟小学教科书分起家来，即使有时被强迫而分家，也只是一时的现象。"如果我们对民国时期的几种小学国语课程标准进行检验，就可以证明吴研因的"新学制的小学国语课程就把'儿童文学'做了中心"这一说法是基本符合历史事实的。

1923年的《新学制课程标准纲要小学国语课程纲要》，在"方法"之"读文"一项中，强调"注重欣赏，表演，取材以儿童文学（包含文学化的实用教材）为主"。

1929年的《小学课程暂行标准小学国语》，其"目标"一项之"（三）"是"欣赏相当的儿童文学，以扩充想象，启发思想，涵养感情，并增长阅读儿童图书的兴趣"。

1932年的《小学课程标准国语》，其"目标"一项之"（二）"是"指导儿童学习平易的语体文，并欣赏儿童文学，以培养其阅读的能力和兴趣"。

1936年的《小学国语课程标准》，其"目标"一项中也出现了"欣赏儿童文学，以开拓其阅读的能力和兴趣"这一表述。

中华人民共和国的第一个小学语文课程标准是1950年颁布的《小学语文课程暂行标准（草案）》，其中课程目标的第一条就是"使儿童通过以儿童文学为主要形式的普通语体文的学习、理解，能独立、顺利地欣赏民族的大众的文学，阅读通俗的报纸、杂志和科学书籍"。这个课程标准延续了民国的国语教育对儿童文学的重视态度。

在1954年，时任教育部副部长兼人民教育出版社社长的叶圣陶主持了一场关于改进小学语文教学的讨论，形成了《改进小学语文教学的初步意见》这一指导性文献。其中"一、小学语文科的目的、任务和内容"一项之"（二）"是"祖国文学的教学，训练儿童使能领会和欣赏适合儿童阅读的文学作品和民间创作，并培养他们对祖国文学的爱好"。虽然这里没有出现"儿童文学",但是,在"五、阅读"一项里,有这样的表述:"我国儿童文学作品不多,一般文学作品适合儿童阅读的也很少,为儿童写作的自然、地理、历史科学知识的读物更少。因此,编选适合上述标准的阅读教材是有不少困难的。解决的办法如下:一、组织文学家、儿童文学家、科学家、科学通俗化工作者替我们撰写;二、征集民间文学的材料;三、就现有出版物选择,入选的材料如有不适当的地方,商请原作者修改……"(重点号为引者所加)

耐人寻味的是,主持这场讨论和《改进小学语文教学的初步意见》撰写工作的叶圣陶本人恰恰是中国儿童文学创作的开拓者,他于1932年就编写、出版过《开明小学国语课本》。1980年,叶圣陶曾撰写《我和儿童文学》一文。他在历数自己的儿童文学作品后说道:"在儿童文学方面,我还做过一件比较大的工作。在1932年,我花了整整一年时间,编写了一部《开明小学国语课本》,初小八册,高小四册,一共十二册,四百来篇课文。这四百来篇课文,形式和内容都很庞杂,大约有一半可以说是创作,另外一半是有所依据的再创作,总之没有一篇是现成的,是抄来的。"可见,叶圣陶的《开明小学国语课本》实际上也是他的儿童文学创作!叶圣陶这样编写小学语文教材,是出自他的明确的小学语文教材观:"给孩子们编写语文课本,当然要着眼于培养他们的阅读能力和写作能力,因而教材必须符合语文训练的规律和程序。但是这还不够。小学生既是儿童,他们的语文课本必得是儿童文学,才能引起他们的兴趣,使他们乐于阅读,从而发展他们多方面的智慧。当时我编写这一部国语课本,就是这样想的。在这里提出来,希望能引起有关同志的注意。"

1955年的《小学语文教学大纲草案(初稿)》开头的"说明"一项,在阐述小学语文课的教学内容时,有这样的表述:"(一)阅读课。选读文学作品,尤其是儿童文学作品,初小阶段,还要选读有关自然、地理和历史的科学知识的文章。"也较为重视儿童文学。1956年的《小学语文教学大纲（草案）》也有"教儿童阅读文学作品，尤其是儿童文学作品"字样。

但是，后来的语文课程标准对儿童文学的语文教育价值的认识却变得暧昧起来。自1963年的《全日制小学语文教学大纲（草案）》始，"儿童文学"这一表述消失了。

1978年的《全日制十年制学校小学语文教学大纲（试行草案）》出现了有史以来最严重的倒退——连"文学"字样都不见了，这反映了十年"文革"对语文教育的伤害和破坏！从这时起，至2000年《九年义务教育全日制小学语文教学大纲（试用修订版）》止，数种语文课程标准，对"阅读"读什么，使用什么样的语言资源，一直语焉不详，也可以说是讳莫如深，既没有出现"文学"这一表述，更没有出现具体的文学体裁。

受20世纪90年代末在社会上广泛展开的对语文教育的批判和质疑、对人文精神的呼唤这一风潮的影响，2001年和2011年的语文课程标准开始强调语文教育的人文性，具体表现在对"文学"的一定程度的重视。两种课程标准对第一学段（一、二年级）的"阅读"的论述里，出现了"阅读浅近的童话、寓言、故事""诵读儿歌、儿童诗"字样，可以看出较为清晰的儿童文学意识，是一个明显的进步。不过，到了第二学段（三、四年级）和第三学段（五、六年级），课程标准对文学作品的表述却变成了"叙事性作品""优秀诗文"，明晰的儿童文学意识并没有贯穿于整个小学语文教育阶段。

在今天，小学语文教育还需不需要像民国时期那样，"把'儿童文学'做了中心"？这是一个值得深入思考、认真探究的重要问题，事关如何建构更端正、更有效的小学语文教育的理念和方法。而思考、探究这一问题，就有必要对儿童文学的语文教育价值进行重新认识。

我在2001年出版的《小学语文文学教育》一书中，倡导"文学教育"

这一理念；而要贯彻"文学教育"这一理念，就必然要以儿童文学为中心。以儿童文学为中心的小学语文阅读教学就得探寻儿童文学的教学方法。近十几年来，我持续深入进行小学语文教育实践，研究儿童文学阅读教学的理念和方法，于2015年出版了《小学语文儿童文学教学法》一书。在书中，我针对某些漠视儿童文学的语文教育价值的观点，指出，优秀的儿童文学具有珍贵的人性价值，儿童文学是语言中最好的部分，儿童文学最能激活儿童潜在的语言灵性，儿童文学是具有统合性的语言。

在这本书中，我引述了大量小学语文阅读教学中的儿童文学篇章的教学案例，可以说，诸多小学语文教师的儿童文学阅读教学实践（不论其成功与否），是我这项课题的立足根基。特别是那些优秀的小学语文教师提供的精彩的儿童文学阅读教学案例，给了我诸多的点拨和启发。

在完成"儿童文学教学法研究"这一课题的过程中，面对那些小学语文名师有高度、有深度、有趣味、有效果的儿童文学阅读教学，我越来越看清，得儿童文学及其教学法者，得小学语文教育教学的大半边天下。这将是今后小学语文阅读教学发展的大势。

为了探寻更为多元、更为有效的儿童文学阅读教学方法，我们推出了"名师儿童文学教学丛书"，以期对小学语文教育的长足发展有所促进，对一线的小学语文教师的阅读教学有所帮助。

2017年2月16日
于中国海洋大学儿童文学研究所

# 序 言

叶黎明

在小学写作教学名师中,张祖庆老师是具有很高辨识度的一位。他以微电影为镐,以创意写作为灯,在写作教学领域开辟了一条大道,振臂一呼,应者云集,越来越多的教师,从幽暗深邃荆棘密布的写作教学迷途中找到方向,加入了这奇妙之旅,并由衷感慨:风景这边独好!

《光影中的创意写作》,是张祖庆老师十余年在微电影创意写作实践上的一次总结与展示。阅读这本书,如果仅仅只是欣赏张老师成功的写作教学案例,或照搬其教学内容与资料,并非上策,因为每一个有效的经验,都有其自身独具的背景。对于任何一个模仿者来说,如果你没有拥有像张祖庆老师一样海量的电影资源、阅读资源,没有做到像他一样以超凡的自律和热爱投入阅读与写作,你就无法上出一样精彩的课。所以,探究微电影创意写作课中蕴含的教学原理、方法论或运用原则与路径,才更有应用价值和借鉴意义。

我在《光影中的创意写作》中,看到了一个理想的全能型写作教师。

首先,他是写作课堂上一位不可多得的"教练"。

任何一位教师,都必须成为教练,写作教师更应如此,因为写作充满了大量难以言说的隐性知识,教师的亲自示范,可以给学生最有益的启发和最切实的帮助。写作的任务越是困难,教学的技巧越是复杂,就越需要教师演示。苏霍姆林斯基曾说过:"学生不会写作文……最简单的原因,就是教师自己不会写作文。"所以,要想进行有效的写作教学,教师必须是一名有能力的写作者，他能在学生遇到困难和阻碍时，像一位身怀绝技的高手，走到学生身边，拿起笔说："来，照我做的去做！"

教师作为教练，意味着要具备两项必不可少的功夫：第一，他自己有不凡的身手。教写作，他会写，教阅读，他能读，总之，他有技术；第二，他能传授技术，能教别人如何去做，能看得出问题、想得出办法、做得出样子。

就教练的上述两项指标而言，张祖庆老师都是过硬的。且不说他在个人微信公众号"祖庆说"几乎一天一篇推文的节奏，以及动辄过万的点击量，令人肃然起敬，单是他在课堂上的表现，就足以担当得起金牌教练的称号。

在张祖庆老师的课堂上，几乎每一节课都能看到他驾轻就熟的创作，而且是形式各样的创作：在《亚马逊河探险记》一课中，他写的是一首诗；在《畅想图书馆》一课中，是一段解说词；在《月亮之上》一课中，是一篇海报；在《那些让人喷饭的镜头》一课中，是分镜头定格的描写……很少有语文教师，能在写作课堂上，做出像张祖庆老师那样积极、娴熟、热情而成功的示范，做出像他那样，围绕教学点进行如此精准清晰的示范！在他的课堂上，我们看到一位超级写手始终和学生在一起，而在有些教师的写作课上，学生在"水里"，教师却是岸上指手画脚的"旱鸭子"。

我除了叹服张祖庆老师随时能"做得出样子"的示范本领，更惊叹于他在学生习作分享环节"看得出问题"的那双火眼金睛。无论是多大的公开课场合，他都能从学生的习作朗读中听出极细微的问题与极难得的亮点。在《月亮之上》一课中，他告诉一位学生"在一个寂静的晚上"不如改为"寂静的晚上"，"记得有一天"不如改为"有一天"，"在一个星期天的晚上"可以直接写成"星期天的晚上"，这样可以使语言更干净。这就是极其高明的语感训练；在《畅想图书馆》一课中，学生读到"走进荷兰图书馆，我发现在大门口不远处，有几张看似小沙发的东西，排成一排"，张老师马上提醒学生，句末的标点不妥，"一句话讲完了，应该用句号"。而当学生读到"这时，一位读者用手中的一张卡在沙发的中间轻轻刷了一下。这下我就奇怪了，他要干什么呢"，他及时表扬"这位同学把自己的感受融进去了。很好！你们看，这些地方就是感受"。类似的例子，不胜枚举，于细微处见其炉火纯青的现场主持能力，更见其洞幽察微、精当扼要的点评能力。而究其根本，还在于教师本人丰富的写作经验和非凡的写作功底，使那些来自书本的静态的写作知识，变成鲜活灵动的技巧，在课堂上自动跳出来，成就了课堂对话的行云流水，成就了习作点评的妙语如珠。

不过，张祖庆老师教写作，技巧远不是他想教的全部内容。他深谙阅读和写作共生互惠的关系，在写作课上利用一切时机向学生推介阅读，想方设法把孩子们引向课外阅读广阔而神奇的世界。所以，他的课，没有结束，所有的结束都是开始；没有围墙，所有的窗户都开向阅读。在《查理和巧克力工厂》一课的结尾，张老师介绍了图书的作者罗尔德·达尔，出示了他的其他作品，孩子们看得兴趣盎然，短短几分钟的推荐，带来的却可能是几十分钟几百分钟甚至是一辈子的喜欢。教《亚马逊河探险记》，当孩子们燃起了对探险的热切欲望时，张老师适时地推出"最经典的探索小说"的书单，有凡尔纳、史蒂文森、詹姆斯·希尔顿、卡尔·麦等的代表作，趁热打铁。教《月亮之上》，他温柔地"煽动"学生："如果同学们有兴趣的话，可以读一读几米的《月亮忘记了》，那里有一个很温暖的故事。如果大家对科幻类作品感兴趣，可以找到意大利作家卡尔维诺的《月亮的距离》。"这就是张祖庆式的结课，"开窗放入大江来"，从写作到阅读，衔接得那么自然。

写作，连接的不只是书本世界，还有我们的精神世界。如果把写作技巧比作一朵花，离开了作者丰富情感与思想的滋养，技巧就成了"塑料花"。所以，张祖庆老师在写作课上，从不把孩子们看扁了、看小了，把他们看成是只会写简单记叙文或幼稚的想象作文的小不点儿，他的每一节课，都渗透了思想、情怀甚至哲学，都在把写作当作一种泅渡，把观影当作是观人生、观世界、观自我，目的是对孩子们进行润物细无声的精神启蒙和思想培育。他有这样的野心，希望通过创意写作"搅动"学生的精神世界，引发学生对生命、成长、奋斗、友谊、梦想、科技等一系列的思考，而这种思考，最终会反哺写作。你看，学生在他的课堂上，被唤醒、被激发、被鼓舞、被点燃，似乎人人都长成了不可思议的"哲学家"：他们在看了两条蚯蚓的悲喜"虫"生后，说"与其一辈子孤独地待在黑暗中，还不如勇敢地去欣赏美丽的风景"；在观看莫里斯修书的片段后，面对张老师的询问"为什么阅读能把一本老书救活"，学生脱口而出："因为一本书只有被阅读才有存在的意义。"如果这不是哲学，又是什么呢？他告诉学生，"唯有阅读，才能把生命照亮"，他也通过创意写作课告诉同行，唯有思想，才能调遣技巧，而不是相反。

决定名师的格局和高度的，除了上述对写作课程与教学的理解，还有对学生的理解，尤其是对学生写作困难的理解。有学生说，教科书上没有一个写作题是自己想去完成的！那么，现有教材作文的任务设计不合理性在哪里？核心问题在于，没有唤醒学生写作的内在驱动力。张祖庆老师的微电影创意写作课，却使学生从"要我写"变成"我要写"。奥妙之一，是他通过"视频情境"，创设了拟真的交际语境，赋予写作以真实而具体的写作目的与对象，从而解决了动机问题，比如，为电影创作海报、为图书馆神奇的椅子写解说词、以查理的身份向家里的亲人描述巧克力工厂的糖果、以教授或忠犬小八的身份倾诉……交际语境，使写作变成了真实的交际活动，也正是真实，给了学生表达的动机；但我觉得，比语境更重要的，是好奇心的激发。在一切动机中，好奇心是第一动机，没有求知欲，就没有好奇心。毫不夸张地说，张祖庆创意写作教学最大的成功，是唤醒了儿童的好奇心，催生了学生对写作强烈的动机。视听素材的新奇、写作任务的新奇、虚拟世界的新奇、上课方式的新奇，这一系列的新奇，吊足了学生的胃口。其中，最可贵的是写作任务的新奇，而这，离不开教师的精心设计。张祖庆老师总能在影片最激动人心的地方设置写作任务，靠电影本身出色的内容或技法，来激发学生表达的欲望。在《查理和巧克力工厂》中，查理为了得到金奖券，全家出力试了两次都没有成功，第三次，查理无意中捡到一张钱，好运从天而降，金奖券得到了！这时候，写作任务来了："如果你就是查理，那一瞬间，你会有什么表现？会对爸爸妈妈，或爷爷奶奶、外公外婆说什么呢？拿起笔，我们来当一回作家，把查理要说的话写下来。"在《忠犬八公》一课中，课堂的高潮，也是情感的高潮，无疑是忠犬八公在涩谷车站孤独地等待永远不可能回来的教授。这时候，张祖庆老师又适时抛出写作任务："亲爱的同学们，一天又一天，一年又一年，小八坚持着、回忆着。他一定有千言万语对教授说，而这位离开人世的教授，在天堂看到这一切，他也有万语千言在心头。请拿出手中的作业纸，选择其中一个角色，写下最想说的话。"看到这里，我不禁感叹：张祖庆该有多懂孩子呀。他简直是儿童的知音，是长大了的儿童，他的心里一定住着儿童，要不然，他怎么会如庖丁解牛一般，如此巧妙又如此准确地把住学生情感的闸门，时机一到，魔术师般一拉，学生倾诉的欲望喷薄而出。啊，这哪里是写作任务设计，简直比悬疑小说还刺激！

对于从事写作教学改革的同行来说，张祖庆老师不是高不可攀的艺术家，而更像是一位开山辟路的工程师。他以先行者的姿态，用做工程的思维做课程，《光影中的创意写作》一书中，他执教的每一节课都有"设计思路图"，从电影资源的选取、剪辑，到教学思路的绘制、课堂再现，最后到课的要义的鉴赏品评、拓展延伸（甚至把部分课例录像和课件资源上传至其公众号"祖庆说"，与读者无私分享），这一切，都是为了他人的模仿、借鉴、学习与运用——这本书中，也确有青年教师跟进学习的课例展示。

有的名师追求课堂教学的艺术，但艺术不可模仿、不可复制，而张祖庆老师追求的却是可模仿、可复制；他不是追求个人行动与表现的英雄，他追求教育行动的诠释、教学经验的传播、教学模式与理论的创新。我相信，本书的读者，一定会体会到张祖庆老师在写作课程领域开拓与引领的无私无畏，领悟到他在写作教学科学化探索上的勇猛精进。

（作者系杭州师范大学副教授、硕士生导师）

# 目录 Contents

**总　序**（朱自强）/ 003

**序　言**（叶黎明）/ 008

**第一编　微电影：创意写作新范本** / 017

**第二编　光影中的创意写作课** / 039

　　第一课　无处不在的海报——《月亮之上》教学叙事 / 041

　　第二课　当个小小剧作家——《世界的另一端》教学叙事 / 057

　　第三课　微电影 VS 微辩论——《更好的世界》教学叙事 / 073

　　第四课　写对话，有妙招——《查理和巧克力工厂》教学叙事 / 086

　　第五课　做个情绪万花筒——《我的"头脑特工队"》教学叙事 / 104

　　第六课　看电影，写探险小说——《亚马逊河探险记》教学叙事 / 119

　　第七课　头脑风暴与创意写作——《畅想图书馆》教学叙事 / 134

　　第八课　曼陀罗创意写作法——《神奇飞书》教学叙事 / 149

　　第九课　角色移情对话——《忠犬八公》教学叙事 / 164

　　第十课　分镜头定格写作法——《那些让人喷饭的镜头》教学叙事 / 181

**第三编　微电影写作课创意设计** / 197

　　三年级

　　第一课　善猜测，巧想象——《雪人》教学设计 / 199

　　第二课　不一样，才精彩——《三个强盗》教学设计 / 203

　　第三课　写外貌，凸性格——《战狼Ⅱ》教学设计 / 208

第四课　看动画，写对话——《鹬》教学设计 A　/ 212

第五课　提示语，也调皮——《大圣归来》教学设计　/ 216

第六课　微电影，微交际——《更换电池》教学设计　/ 221

第七课　小动作，会说话——《宝莲灯》教学设计　/ 226

第八课　典型事，写熟人——《我姥爷》教学设计　/ 230

第九课　趣配音，编故事——《为了鸟儿们》教学设计 A　/ 234

四年级

第一课　破译微影之密码——《绝不雷同的父与子》教学设计　/ 238

第二课　多元视角编故事——《可爱的毛虫》教学设计 A　/ 242

第三课　放大才能见精彩——《憨豆先生的假期》教学设计　/ 248

第四课　跟着电影写寓言——《为了鸟儿们》教学设计 B　/ 252

第五课　紧扣文题编故事——《倒霉的地鼠》教学设计　/ 256

第六课　侧面描写关乎情——《夏洛的网》教学设计 A　/ 260

第七课　无字电影变绘本——《父与女》教学设计 A　/ 265

第八课　学写人物巧对白——《鹬》教学设计 B　/ 271

第九课　巧抓细节表达爱——《鹬》教学设计 C　/ 275

五年级

第一课　书写人物喜与忧——《草房子》教学设计　/ 280

第二课　巧用意象抒情感——《卖火柴的小女孩》教学设计　/ 284

第三课　化茧成蝶揭秘密——《可爱的茧》教学设计 B　/ 289

第四课　成长经历有波折——《鹬》教学设计 D　/ 294

第五课　转换角色写故事——《夏洛的网》教学设计 B　/ 298

| 第六课 | 侧面描写烘主题——《摔跤吧！爸爸》教学设计Ａ / 303 |
| 第七课 | 内心世界亦波澜——《摔跤吧！爸爸》教学设计Ｂ / 308 |
| 第八课 | 对比刻画凸形象——《另一只鞋子》教学设计 / 313 |
| 第九课 | 迷你影评真迷你——《老人与海》教学设计 / 317 |

六年级

| 第一课 | 小小昆虫有奇遇——《昆虫总动员》教学设计 / 321 |
| 第二课 | 对比象征学问大——《辛德勒的名单》教学设计 / 325 |
| 第三课 | 我也能当大编剧——《熊的故事》教学设计 / 331 |
| 第四课 | 微影脚本我来写——《风》教学设计 / 335 |
| 第五课 | 重构故事创意多——《父与女》教学设计Ｂ / 339 |
| 第六课 | 脑洞大开ＡＢ剧——《父与女》教学设计Ｃ / 343 |
| 第七课 | 借景抒情情更浓——《爱，回家》教学设计 / 347 |
| 第八课 | 妙用动词有诀窍——《长在花盆里的人》教学设计 / 351 |
| 第九课 | 文似看山喜不平——《屎壳郎推粪球》教学设计 / 355 |

## 附　编　儿童与电影的约会　/ 359

推荐给儿童的60部电影　/ 361

## 后　记　/ 367

# 微电影：创意写作新范本

第一编

# 微电影：创意写作新范本

## 一、与微电影的美妙的邂逅

我的微电影写作教学源于一次美妙的邂逅。

2004年9月底，我接到了作文教育专家、特级教师张化万先生的紧急通知：备一节作文课，在10月下旬的"浙江省习作写话研讨会"上展示。后来的十来天，我将所有的作文教学听课笔记和所能找得到的作文教学设计，翻了个遍，始终没有找到灵感。找累了，我便找出一些碟片来放松一下。这时，一张片子跳入了我的眼帘——《冲出亚马逊》，瞬间，很多鲜活的画面，重临脑海。

突然间，那种"蓦然回首，那课却在碟片深深处"的感觉油然而生——对，就用这部电影片段为引子，让学生张开想象的翅膀，飞向亚马逊河，展开虚拟探险，然后将想象之旅记录成文。

以下是第一次执教《亚马逊河探险记》的片段——

（学生交流课前收集的关于亚马逊河的信息，之后，课件播放亚马逊河的风光片和《冲出亚马逊》电影片段剪辑——战士与鳄鱼搏斗的场景。教师结合课件画面简明扼要地介绍亚马逊河原始森林的特点。紧接着，在飞机起降和三段节奏不同的音乐中，教师用富有启发性的简洁语言，把学生"带进"亚马逊河原始森林，之后，让学生动笔写作。以下为学生的习作片段）

生：森林深处，到处是厚厚的苔藓和密不透风的荆棘。忽然，我听到一声尖叫。我们艰难地穿过荆棘，只见郭丹丹定定地站在那里。我飞快地来到她身边，关切地问："你怎么了？"郭丹丹惊奇地说："你们快看！"

这时，我看到了最神奇的景象——近千只的大白蚁群正在草丛间忙忙碌碌地寻找食物。一小队约三十只、体长约三厘米的大型黑蚂蚁突然一个接一个地冲过来，它们凶神恶煞般扑向白蚁，用大颚紧紧夹住后者，身体一弯，尾部的毒针刺向可怜的猎物，被袭击的白蚁几乎在被刺瞬间就不动了……（掌声）

课堂上，孩子们兴奋异常。他们沉浸在虽为虚拟实为真实的情感体验中。

更让我欣喜的是，后来，带班老师告诉我，班级里半数以上的孩子，课后兴致勃勃地写作亚马逊河探险小说连载。最多的孩子，居然写了近三万字！

是什么让孩子们对写作如此兴致勃勃、欲罢不能？

正如特级教师王崧舟先生后来评这节课所说的："学生想象的饱满、自由的展开，直接决定着想象作文的成功与否……设计中，伴随着情景音效的呈现，张老师有几句断断续续的启发性叙述语。其实，这些洗练的充满着诱惑的话语，正是再典型不过的想象唤醒语……它们就像是一味味药引子，酵化出学生想象世界的生动图景；又像是一块块吸铁石，吸附起学生心灵空间的每一个可资玩索的细节。"

的确，是"生动的音效"和"启发性的话语"，唤醒了儿童沉睡的想象，建构了他们脑海中的新表象，激发了写作冲动和创意灵感，所以，孩子们才那样兴致勃勃地沉浸在创意写作的快乐之中。

这，大概就是我写作教学生涯中，第一次与电影的"亲密接触"吧！

## 二、从微电影到儿童创意写作

初尝甜头，兴奋不已。

后来，一个偶然的机会，我从北京特级教师张光璎先生那里得到了一段3分钟的视频：荷兰一家智能图书馆，所有椅子，都是智能化控制的。

一张小小的磁卡，可以驱动椅子——它会跟着主人随意走动；一张卡，还可以指挥多张椅子。我将这段妙趣横生的视频搬到了课堂上，让学生看后开展"头脑风暴"——对图书馆的智能椅进行"二代升级"。课上，孩子们的奇思妙想，纷至沓来。创意写作，水到渠成。

两段视频，辅助儿童创意写作，都很成功。这，仅仅是巧合？

我陷入了沉思。

经过一番对比，我发现两段视频，有着共同特点：

第一，短小。都在3分钟左右。第二，新鲜感。都是孩子们所未接触过的陌生领域。第三，画面感。两段视频，都有很强的画面感。正是这样短小，富有新鲜感、画面感的动态视频，比较好地吸引了儿童的注意力，激活了儿童的表象，进而激活他们的创意思维和表达灵感。

后来，我才知道，这样短小有意思的视频，也可以称之"微电影"（Microfilm）——即微型电影，是指专门在各种新媒体平台上播放的、适合在移动状态和短时休闲状态下观看的、具有完整策划和系统制作体系支持的具有完整故事情节的"微（超短）时"（30″~300″）放映、"微（超短）周期(1~7天或数周)制作"和"微（超小）规模投资(几千至数千万元每部)"的视频（"类"电影）短片，内容融合了幽默搞怪、时尚潮流、公益教育、商业定制等主题，可以单独成篇，也可系列成剧。

于是，更多的微电影，进入了我的视野；我对"微电影"与创意写作的"联姻"有了更多探索与尝试。

首先，对"微电影"，有了全新的认识。在我看来，用于写作的微电影，可以是完整的微电影（比如奥斯卡获奖动画《鸟！鸟！鸟》《世界的另一端》），也可以是长篇电影或微电影的节选（如《更好的世界》《月神》），也可以是自己拍摄的微视频。

其次，对微电影辅助儿童创意写作的课型，有了更多的尝试。

先来看我2014年开发的《微电影与微辩论》。

**板块一：观看微电影**

电影情节简介：医生安东的儿子和修车工儿子因玩秋千而发生争执。安东介入两个孩子中，正在调解，修车工不分青红皂白地扇了安东一个巴掌。安东没有还手，也没有报警。孩子不理解爸爸的做法，找到了汽车修理厂，带爸爸去讨回公道。修车工不但没有赔礼道歉，反而再度扇安东巴掌。安东告诉孩子："不痛的，没什么可怕的。他也就这点本事了，他输了。"

（教师和孩子们简单梳理人物与事情经过，让学生表明自己的态度，是支持安东还是反对安东）

**板块二：展开微辩论**

**师**：对于父亲安东的做法和说法，你认同还是反对？认真地思考，拿起笔，在贴纸上写上"认同"或"反对"。

（生在贴纸上写自己的态度）

**师**：辩论正式开始，先请认同的一方表达你们的观点。

**正方**：我们认同安东的做法和说法。因为父亲安东宽容待人，使得孩子懂得随便找人修理一顿对谁都没有好处，他宁愿自己受苦也不要给孩子造成负面影响。（板书：宽容）

**反方**：其实安东已经给孩子造成不良影响了，他面对强大的敌人一味忍让退缩，使孩子受到了不良的教育。（板书：不良影响）

**正方**：没错，父亲安东的行为会影响下一代。有其父必有其子，安东在待人处事方面肯谦让，肯吃亏。在这个社会上肯吃亏，对你是有好处的。他的孩子以后也会懂得谦让。（板书：吃亏是福）

**反方**：我反对对方辩友的观点，如果从小这样教育孩子，就会使他们的性格变得懦弱，处处让着别人，长大以后不是处处吃亏吗？我觉得有时候也要勇于斗争，认为在理，就要去和对方对抗。（台下掌声）

**正方**：按照对方辩友的意思，一味用武力解决问题的话，那么世界岂不是一团混乱，所谓的文明世界又何在呢？！（观众掌声响起，师板书：混乱）

……

**板块三：尝试微采访**

现场采访听课老师和孩子们的爸爸妈妈，听取不同的声音；再出示杭师大教授任为新的观点。布置写话任务。结课。

这节课最大的特点，是利用微电影，还原生活情境：当我们与他人发生冲突时，用什么样的方式化解才得当？电影中的"两难"现象，引发了学生的情感共鸣，激发了学生的表达欲望。就这样，我将"视频情境"引进教学，让作文教学与生活融为一体，视频资源的"用件"价值发挥到最大限度，学生口语交流与写作就具备了"真实的言语人物""真实的言语情境""真实的言语成果"，真正让写作做到"情动辞发"。

在此后的微电影与创意写作的探索中，我逐渐开发了如下几种写作课型。

**1. 看微电影写结尾**。我经常用奥斯卡获奖微电影辅助儿童创意写作。这类电影往往结构精巧，结局出人意料，有很高的艺术欣赏价值。奥斯卡获奖微电影《世界的另一端》，讲的是在漆黑的泥土中，一条蚯蚓碰到另一条蚯蚓，它们结伴而行，在地下钻出了很多形如图案的四通八达的隧道。

后来，两条蚯蚓齐心协力搬动了阻碍它们的巨石，来到地面，欣赏到了另一个世界的美丽景象。不料，空中飞来一只大鸟，将一条蚯蚓吃了，另一条蚯蚓非常伤心。大鸟又来追另一条蚯蚓……故事还会怎样发展呢？教师让儿童根据电影线索，展开头脑风暴，写一个富有创意的结局。这样的写作，有助于儿童创新思维与创意表达的同步发展。

**2. 看微电影写海报**。最近上了一节《月亮之上》的电影写作课。先让学生看皮克斯的动画微电影《月神》，之后，让学生用简洁的语言来写故事梗概。写作时，提醒学生哪些故事情节是不能丢的，应该在哪些地方设置悬念点。最后，让学生用一句话写影评。微电影与海报写作，目标集中，图文并茂，孩子们易于掌握，有很强的实用性。

**3. 看微电影写提示语**。电影中经常有精彩的对白，剪切一分钟左右的电影片段，让学生先听对话，记录对话，然后关掉声音看画面，关注人物的动作表情，让学生配上生动的提示语。之后，教师播放一段去掉声音和对白的微电影，让学生根据视频内容，猜测对话内容，并注意加上合适的提示语。这种分步呈现的对话写作，适合于中年级起步阶段的习作教学，小步子，见效快。

**4. 微电影与片段练习**。最近上了一节《我的"头脑特工队"》，就是将微电影拍摄技巧迁移到微写作上。教师用电影《头脑特工队》中小女孩莱莉是怎么发火的片段为引子，让学生回忆生活中曾经情绪失控的真实场景。再借助绘本《苏菲生气了》，对比阅读，发现电影、绘本是如何表现人物情绪失控的，进而提炼出两条写作策略：（1）把情绪的导火索写清楚；（2）将情绪的过程展开（如何将情绪的过程展开？比如"心理失衡""举止失态""声音失常"），再让学生写作。这样的微电影与微写作，最大的价值，是以电影为媒介，开启学生记忆的大门，唤醒熟悉的情绪体验；同时，微电影的表现手法，又可以作为写作方法的范本。

**5. 微电影与微影评。** 看了微电影，用简单的几句话来写自己的真实感受。这种微观后感，非常适合于儿童。因为儿童注意力集中时间短，很难从整体上把握人物众多、头绪复杂的长篇电影。利用微电影，写作微影评，有利于儿童完整地把握电影，表达鲜活而真切的感受。

**6. 看微电影做绘本。** 将从某部微电影中截取的二十张图片发给学生，让学生从中找出十张，每张配上几句话（文字要注意详略），做成情节连贯的绘本。选择图片，就是构思；注意详略，就是确定写作重点。

……

## 三、微电影创意写作教学策略

一线教师的创意写作教学研究，大多停留在内容开发层面——亦即更多研究用什么来进行创意写作，而对于如何指导学生创意写作，研究还不是很系统。

笔者结合不同时期所执教的三节微电影创意写作课，对创意写作教学策略做初步梳理。

### 1. 激活表象策略

长于创意表达的人，往往是想象力特别丰富的。李白的诗歌，就是创意写作的典范。"君不见，黄河之水天上来""疑似银河落九天"等诗句，无不展现其丰富的想象力。心理学研究表明，一个人的想象力是以自身记忆表象的丰富程度作为基础的。一个具有较强创意表达的人，其想象必定是自由的、饱满的。因此，创意写作教学中，教师要千方百计地丰富学生的表象。而表象的丰富，则有赖于学生想象饱满、自由的展开。这，直接决定着创意写作质量的高低。这种想象饱满、自由的展开，靠讲解，缘木求鱼；靠告诉，对牛弹琴。学生的想象只能靠唤醒与激活。这种唤醒与激活，要通过各种有效手段来达成。富于暗示性的语言、直观形象的图片、有画面感的音乐乃至让人身临其境的视频，都是唤醒与激活的有效手段。

**案例1：《亚马逊河探险记》**（张祖庆执教于2004年）

（课始，教师带着学生收集关于亚马逊的图文，在充分交流的基础上，观看《冲出亚马逊》电影片段。之后，教师让学生闭上眼睛，借助三段音乐，开启虚拟探险之旅）

**师：**（煞有介事地）各位探险队员，经过认真的筹备，亚马逊河假想探险活动今天开始了，我们先从广州白云国际机场出发。请大家背上行李，系好安全带，飞机起飞了（伴随飞机起飞声）。先乘坐国际航班飞往香港，再从香港转机飞往智利（响起飞机降落声）。好，智利机场到了，请大家背上行李，准备出发……

（继续富有启发性地叙述）哦，终于见到了魂牵梦绕的亚马逊河。（音乐舒缓，伴随鸟叫）让我们进入这郁郁葱葱的原始森林吧，你都看到了些什么呢？

（音乐节奏明显加快）也许有更多的秘密在森林深处，让我们继续往里走……

（音乐明显带有恐怖感）更危险的，也许是在森林的深深处……

（音乐优美宁静）哦，这一切终于过去了……让我们踏上回大本营的路。

（"……"均表示恰当的停顿）

**师：**请大家睁开眼睛。在刚才的假想探险当中，你仿佛看到了什么？遇到了哪些危险？经历什么？请大家先在探险小队内交流一下。

**生：**我仿佛看见了一些猛兽在盯着我们，它们一步一步地逼近我们，我们只能向别的方向跑去。

**生：**我仿佛看到了一群吸血蝙蝠，它们一直跟着我，我用麻醉枪跟它们拼死抗争。

**生：**我仿佛看到了鳄鱼，我们在水里和鳄鱼搏斗。

生：我仿佛看见了一些凶恶的动物向我们攻击过来。

生：我看到一些鱼，张开嘴巴，很多小鱼小虾都游到它们嘴里去了。

生：我发现了一朵食人花……

生：我发现了一颗面包树，上面长满了面包一样的果子。

……

亚马逊河，离儿童太为遥远。怎样使孩子形成丰富的记忆表象？在这节创意写作课的教学中，笔者通过以下三个途径唤醒与激活表象：

一是形成感知层面的表象。课前，教师让儿童收集亚马逊河的有关资料（图片＋文字），让他们对亚马逊河有一个大致的了解；课上，通过资源共享，不断丰富自己的知识，从而使原本陌生的亚马逊河在自己的脑子中逐渐地清晰起来。二是感性层面的表象。在孩子展开想象前，教师播放亚马逊河的风光片和《冲出亚马逊》电影片段，并结合课件画面进行互文叙述。这一环节，孩子记忆中零星的知识活化为鲜明的表象，并逐步清晰、形象起来。这属于感性层面的表象。三是情境层面的表象。这一过程，是至关重要的。在想象活动的开始，教师让学生闭上眼，进行了一段极具仿真意味的叙述。其间伴随着节奏变幻的情景音效的呈现和教师几句断断续续、暗示性的叙述语。这音效和充满着诱惑的话语，正如王崧舟先生在评课中说的："就像是一味味药引子，酵化出学生想象世界的生动图景；又像是一块块吸铁石，吸附起学生心灵空间的每一个可资玩索的细节。"此时，孩子们全身每一个想象的毛孔都被打开，呈现在他们眼前的不再是课堂，而是遥远的亚马逊河热带丛林；孩子们，也不再是课堂上的学习者，而是征服者和探险者；他们脑海中浮现的，不再是枯燥的文字描述，而是资源丰富、危机四伏的探险场景。

这三个层面依次展开，使孩子脑海中的表象渐趋鲜活、丰满。此刻，孩子们的创意灵感被充分激活，想象如同蓄积已久的山洪，一旦闸门打开，便奔涌而出，一泻千里！

表象的唤醒与激活，关键是要打开儿童的多种感官。教师要千方百计调动儿童的各种感官去感知世界、建构世界，如此，儿童便会借助丰富的表象来表情达意，写出来的作文才会创意无限。

**2. 头脑风暴策略**

"头脑风暴"是由美国创造学家亚历克斯·奥斯本于1939年首次提出、1953年正式发表的一种激发创造性思维的方法，又称"智力激励法"。"头脑风暴"经各国创造学研究者的实践和发展，至今已经形成了一个发明技法群，如奥斯本智力激励法、默写式智力激励法、卡片式智力激励法等等。这些发明技法，其共同的特征，就是一个群体在一种既紧张又活泼的心理氛围的作用下，借助高强度的思考，通过灵感激发与碰撞，使各种奇思妙想纷纷涌现。套用时下的流行语，"头脑风暴"可谓让儿童"脑洞大开"。

近年来，"头脑风暴"理论被引进各国中小学作文教学，成为教师在作文教学过程中培养学生创造能力的一种有效方法。如英国查尔勒斯·莱兹出版社出版的约翰·巴博（Jone Barber）编写的《英语》教科书，在其"写作"单元中，提出了"头脑风暴"的概念。这一概念含义很玄妙。编者为了说明这个概念，配置了下面这幅图画：

图前一行文字写道："头脑风暴？一个正在爆炸的头脑图像，是不是很疼痛？"形象的图画、醒目的文字，既使学生好奇，又使学生对这一术语有了初步的形象感知。

头脑风暴非常适用于作文教学，尤其是在启迪习作思路的时候。教师可以创设话题情境，在一段时间内让学生的大脑毫无拘束地就某一个主题进行密集的想象和思考。

**案例2：《畅想图书馆》（张祖庆执教于2008年）**

（课的前半部分，教师让孩子们观看视频《神奇的荷兰图书馆椅子》，让孩子们感受高科技智能椅给读者带来的方便，并让孩子们利用学过的说明方法，将这些智能椅介绍给更多的人，接下来让儿童展开头脑风暴，设计未来的图书馆。以下是教学环节片段）

**师**：同学们，就让我们当一回图书馆的设计师吧。在你的心目中，未来的图书馆会有哪些全新的创意设计？让我们展开"头脑风暴"！"头脑风暴"就是围绕着一个话题，你说你的、我说我的，彼此不否定。这样，奇思妙想会不断地涌现。张老师给大家提示一下（屏幕提示创意思路）。

环境：有哪些全新的设计？

管理：有哪些人性化举措？

技术：有哪些突破性创新？

……

**师**：只要你敢想愿想，未来的图书馆就诞生在你的创意中。同学们先在自己的位置上思考，用一张小纸条，把自己的创意写下来，如果你喜欢画画，也可以把自己的创意画下来。然后在小组内交流。

（教室里响起了欢快的曲子。学生沉思一分钟后，把自己的创意在小纸条上写了下来，之后，把小纸条贴在海报纸上，大家各自交流自己的创意，气氛热烈。5分钟后，组长把大家的创意进行梳理、整合）

**师**：现在，让我们开始"头脑风暴"！由组长带着组员展示你们的创意。

**生**：我觉得图书馆应该放几个机器人。如果你想拿书，就可以请机器人帮你找出那本书。比如说你想找《小豆豆频道》，就可以输入"小豆豆频道"这些字。这样机器人就能帮你找出这本书。

**生**：我认为现在的图书馆可以贴一些可爱的墙纸，这样就比较温馨。而且椅子也要多种多样的，这样既不会单调的，也更人性化、更有人情味儿。

**生**：我认为每一种书都要放在一个特定的房间里。如果我想找关于太空的书，就可以进入"太空的房间"。里边很黑，还有一块晶莹透亮的玻璃，里面是宇宙，是我们至今发现的四万个星球的位置。你要书的时候，可以躺在那里，舒舒服服地躺着，就能让书来找你。在等书的过程中，你可能会怕黑，不要紧，在你看书的地方会放几盏灯，这样，你就不会感觉黑和害怕了。

**生**：我会把图书馆的基座设计成一艘船，房子就像一本打开的书、就像张开的帆，让人一看就联想到，乘着书的船，遨游知识海洋。

**生**：当今世上，有太多太多不能上学读书的盲童，他们体会不到读书的乐趣。所以我认为要在图书馆里装上一些按钮，一按，就可以读出故事的一波三折，以及主要内容，让他们在书海中遨游，让这些盲童们知晓天文地理和鸡毛蒜皮。

**生**：我的图书馆是分屋设计的。若是你要找一本关于宇宙的书，就进入"宇宙屋"。一片在黑洞洞的环境里，你不用害怕，只要请旁边询问台的服务员给你一副眼镜即可。戴上这眼镜后，当你跳下"无底深渊"时，你会飞起，这就是航天员练习的氢气；当你想找书时，只要打开眼睛上的灯，就能来到书架旁找书看了。

……

在上文所引述的《畅想图书馆》教学片段中，学生围绕着"未来的图书馆有什么样的创意设计"这个感兴趣的话题，针对当下图书馆的不足，进行快速构思。各种奇特的想法不断涌现，且没有一个是重复的。教师在一旁不做任何的解释和提示，而是面带微笑地看着他们。这种脑力活动最有价值的地方在于能够激发学生持续不断地迸出新创意，鼓励他们大胆地将个人的意见和想法清楚明确地表述出来。这种智力激励方法，尤其是在写作思路指导的时候，往往起着事半功倍的奇效。

"头脑风暴"非常适用于作文教学，尤其是在启迪习作思路的时候。教师可以创设话题情境，在一段时间内让学生的大脑毫无拘束地就某一个主题进行密集的想象和思考。

"头脑风暴"实施起来很简单，只要让儿童无拘无束地想象、无所顾忌地表达就可以了。但若操作不当，完全很有可能由于因袭的教学原则与手段，使得"头脑风暴"流于形式或效果打折。因此，在创意作文课上，"头脑风暴"的实施需要遵循哪些原则呢？

第一条原则：想象无错。教师要告诉学生，在"头脑风暴"的过程中，任何人的发言都是无错的，哪怕觉得很荒谬，也不要轻易评论。第二条原则：最狂妄的想象往往是最受欢迎的。教师要鼓励学生异想天开，告诉他们不要笑话狂妄的想象，很多时候，最狂妄的想象往往是最有创意的、最受欢迎的。第三条原则：延迟评价。"头脑风暴"的核心是鼓励参与者任意想象、自由畅谈，提出的想法越多越好。所以在"头脑风暴"的过程中，要允许参与者大胆表达，主持人要延迟评价。第四条原则：数量至上。在"头脑风暴"的过程中，要重数量不重质量，即为了追求最大数量的灵感，任何一种构想都可被接纳，并鼓励利用别人的灵感加以想象、延伸、扩展、改变、重新组合等等，以激发更多更新的灵感。不断重复以上四大原则进行智力激励法的练习，可以使学生渐渐养成弹性思维方式，从而培养其求异思维能力。思维的大门一旦开启了，那么儿童在习作过程中，就会有更多持续的创意。

### 3. 曼陀罗思考策略

"曼陀罗"一词，很容易让人想起花，这种花原产于墨西哥（一说为印度），呈喇叭状向四周扩展。曼陀罗又是一种艺术，起源于佛教，音译为"圆满"之意。每个曼陀罗都有一个中心点，轮圆聚焦。日本的今泉浩晃博士对此加以转化利用，提出曼陀罗思考法。如果说传统的思维法是直线型思考，那么曼陀罗思考法则是多线轮圆的，它能将思维沿四面八方延展，让创意产生无限的可能性。曼陀罗的基本图式是九宫格思维，具体的做法是：将主题写在正中央，思维由此向八个方向扩散，找到构成中央主题的八个关键词语，进而再扩散。为了让各关键要素有一定的联系，采用顺时针而行的策略串联要素。在这个过程中，主题即是聚焦点，聚焦点需凝视；各要素是发散点，发散点要思考。作为创意思维的主体"人"，其感官与思维活动即是"凝视＋思考"，反复轮回，无限延伸。

曼陀罗思考法与创意写作之间是否可以找到关联呢？实践，验证了这个有趣的假想。"曼陀罗"一词，对学生来说虽然是陌生、抽象的，但是，正如形式主义学者克洛夫斯基所说，"艺术的技巧就是使对象陌生"，陌生可以让创意更具"未知的精彩"。把曼陀罗思考法转化为创意写作法，就是以一个主题词为中心点，无限向四周生发，创意写作。当抽象的名词具化为一种写作的工具、陌生化为可以触摸的熟悉，它便有了落地的意义。实践中，这样的思维样式很容易在学生脑海中形成图谱，内化为自我的写作思维方式。

**案例 3：《曼陀罗创意写作法》（张祖庆执教于 2017 年）**

这是一节微电影创意写作课，电影资源来源于奥斯卡获奖动画短片《神奇飞书》。整节课的设计思路可以提炼为以下导图：

```
绘本+电影片段（三）
    ⑥
    阅读，把生命照亮

愿望                        ①         花
阻挠    ⑤              认识曼陀罗   圆满
转机  写作秘诀                       聚焦
结局           曼陀罗创意写作法
               《神奇飞书》       ②        明白
                               电影片段（一）  问题
创意   ④
细节  电影片段（二）        ③        自由提问，记录问题
启发                    创编故事   整理问题，按序入格
                                自问自答，串联故事
```

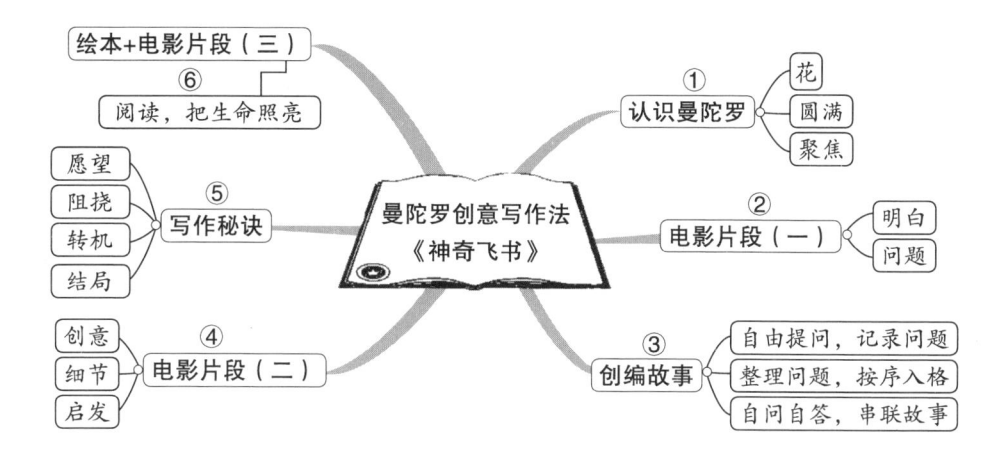

第②③两个板块集中体现"曼陀罗创意写作"的运用策略。观看剪辑过的电影片断之后，让每个同学写下不少于三个问题，四人小组的问题进行叠加、筛选、重组、排序，去掉重复问题之后，把八个问题的小纸条按逻辑顺序贴入九宫格中。这一过程，如下：

（观电影片断一）

1.概括短片主要内容。

师：说一说，你都看明白了些什么？（提示：这是什么地方？你看见了哪些有意思的事情）

生：一个人，进了一个图书馆里，那里的书都会飞。后来，他看到了一本在钢琴上演奏的书，他和它们跳起了舞。

师：这位同学非常厉害！用非常简洁的语言把这部微电影的前半部分讲得清清楚楚。那后来又发生了什么事情呢？

生：后来，那个人发现有一本书老了、不太好了，他就想办法帮它治病。

师：谁把两位同学讲的内容相加？

生：一个人，来到一个图书馆，那里的书都会飞，还会跳舞。后来，他发现一本书病了，于是他想救这本书。

2.自由提问，把问题记下来。（提示：可以围绕"何地、何人、发生了什么、

结果怎么样、为什么"提问)

  问题1：青年是怎么来到这里的？

  问题2：书本来是没有生命的，为什么会唱歌、跳舞？

  问题3：为什么这个人开始全身是灰白色的，后来渐渐有颜色了呢？

  问题4：为何这位先生来了，书就活了？

  问题5：这本老书为什么会生病？

  问题6：老书边上的小书为什么扶着它？

  问题7：青年为什么救这本老书？

  问题8：这本老书被救活了吗？

  问题9：之后还会发生什么事？

  ……

  3.整理问题，选择八个问题，按序排入九宫格。形式：组成四人故事小组。

（全班交流，看哪些问题需要合并、哪些问题可以补充、哪些问题先后顺序要调换）

| 1.从哪里来 | 2.怎么来的 | 3.为什么飞起来 |
| --- | --- | --- |
| 8.结局怎么样 | **神奇飞书** | 4.灰白怎么变颜色了 |
| 7.有什么困难和办法 | 6.为什么修书 | 5.为什么病了 |

  以上教学片段，基于学生的认知能力和期待，利用曼陀罗创意写作法，次第打开学生的创写视野和精神世界。曼陀罗的中心点是"神奇飞书"，每位学生先提出不少于三个问题，然后四人小组合作重组问题。在叠加和筛选中，师生共同梳理问题，调换问题的顺序，最终完成故事创编。曼陀罗思维的展开与回收，自由自如。在这个"问"与"梳"的过程中，学生的思维既逐渐丰富，又经得住理据之问和逻辑考量。课堂在一个新的思维概

念中开启，始于"神奇飞书"，终于"神奇飞书"。曼陀罗创意写作使内容形式浑然天成，臻于"圆满"。

当然，微电影创意写作的策略，绝不仅仅只有上述几条，有待进一步的探索与深入的研究。

## 四、微电影创意写作的价值的探寻

尝试了几十节这样的创意写作课，我试着总结与提炼微电影辅助儿童创意写作的核心价值。我发现，微电影之于儿童创意写作，有如下几点得天独厚的优势与价值。

**1. 电影艺术的直观性符合儿童的内在成长规律。**

儿童是经由身体的感觉去发现、认识世界的。小学阶段的儿童处在具体运算阶段（皮亚杰），主要透过感觉来学习。儿童大多"好动"，仿佛一刻都停止不下来，因为他在用自己的口、耳、眼、鼻、身，感觉、认识并发现这个世界。电影艺术运用声音、色彩、画面以及高科技的拍摄手段，通过视觉造型，将艺术以极强的真实感作用于儿童的感官；通过声、光、色以及逼真的影像和强大的视听冲击力给儿童带来强烈的感受，具有极强的视听性和逼真性。电影为儿童模拟出一个可以真实感觉、感知的世界。这样的艺术形式对儿童来说独具魅力，将电影与儿童写作融合，能使他们在愉快的心境中接受感化，唤起儿童习作的兴趣与热情。

**2. 电影题材的丰富性能够拓展儿童写作素材的广度。**

从目前儿童写作教学现状来看，仍存在素材匮乏、表述不当等问题。究其根源，这与儿童生活经验不足、获取直接材料的途径有限、不善于观察、间接材料的获取困难不无关系。电影是一门综合性的艺术，它题材广泛、包罗万象，是生活艺术的高度综合；它超越时空的界限，沟通过往今来，把鲜活的生活凝聚到小小的荧幕上。题材资源的丰富性，让学生了解到各种不同的知识，体验到各种不同的人生经历，感受到各种不同的情感体验。再者，电影同文学作品一样，源于生活，高于生活。微电影中的某个画面、某种气味、某段音乐，也许能在瞬间唤醒记忆原型，各种熟悉的生活场景一一浮现脑际，有助于弥补儿童日常生活的单调、社会经验的不足，进而打开写作视野，拓展写作素材。

**3. 电影表现技法与文学语言手法的相似性，能提高儿童的写作水平。**

电影的语言与文学的语言有着必然的联系。电影中的远景镜头相当于文学作品的群像描写；电影中的中镜头相当于写作中的个体描写；电影中的特写镜头相当于人物局部描写；电影当中有插入回忆或者倒叙，可以对应写作当中的插叙或者倒叙；电影镜头经常淡出或者淡入，对应于写作当中的承上启下；电影中常用景色铺陈来渲染主人公的内心世界，对应于写作的借景抒情；电影情节的跌宕起伏，对应于写作的一波三折……微电影，就是有声有色的范文；它比范文更有吸引力，更贴合儿童的天性。

**4. 微电影本身的无限创意，能进一步激活儿童的创意思维。**

"麻雀虽小，五脏俱全。"微电影作为一种艺术品，它有着艺术品所有的特质。而且，浓缩的艺术精品，要想引起别人的关注与喜爱，必须要在表现手法上出新。优秀的微电影，必定是创新的典范。用这样的微电影教儿童创意写作，本身就是一种最好的示范。出人意料的结局、充满创意的构图、和谐美妙的配乐……会在潜移默化中传承给孩子们，进而锻造创新的思维方式。

**5. 电影促进儿童精神的成长，又反哺着儿童写作。**

《语文课程标准》指出："义务教育阶段的语文课程，应使学生初步学会运用祖国语言文字进行交流沟通，吸收古今中外优秀文化，提高思想文化修养，促进自身精神成长。"童年时代既是长身体的最佳时期，也是长精神的最佳时期。而优秀的电影作品往往是精神内涵极高的艺术品，可以对人的精神世界产生巨大的影响，甚至可以影响一代人。电影走进童年，更能让儿童在光影的奇幻世界里，得到艺术的熏陶，受到美的感染，提高审美情趣，促进精神成长。同时，儿童的精神成长又能反哺于儿童写作。优秀电影作品通过美好的画面、经典的音乐、动人的语言、流动的故事……以更为直观的方式滋养着儿童的心灵，涵养着儿童的精神，润泽着儿童的生命！试问，一个长期浸润在优秀电影这种艺术作品中的儿童，他的写作能力会差吗？不会！因为电影透过声、光、电的直观形象，已经将真、善、美的琼浆注入儿童的生命中。儿童将这些经典通过身体吃了进去，已然转化成自己的精神血脉。我们也坚信有着精神高度的儿童，一定能发现美、感受美、理解美，更能表现美、创造美……

毫不夸张地说，微电影，是儿童创意写作的最佳范本。儿童成长内在规律与电影的契合，电影艺术语言对儿童写作能力提升的必然关系，电影本身的创意对写作的影响，电影对儿童精神成长不可小觑的力量……这一切，引领着我们将目光投向了电影与儿童创意写作的融合。葆有童心、迷恋电影、心中还装着"永无岛"的我们，悄悄打开隐藏在电影幕布后的那扇秘密花园之门，于是在电影的声、光、色中，我们遇见了童年，发现了儿童，在曲径通幽中欣喜地发现着电影、儿童、写作之间的秘密！

# 光影中的创意写作课

第二编

# 第一课　无处不在的海报

## ——《月亮之上》教学叙事

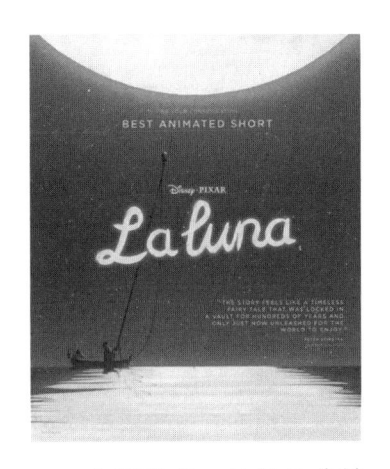

**影片名称**：[美国]月神

**上映时间**：2011年6月（法国）

**导演**：埃里康·卡萨罗萨

**主要特色**：片长7分钟。这是一个由超常的想象力和美不胜收的画面交织而成的温暖故事，描绘出一个纯真的、充满想象力的童话王国，像星星般梦幻，月光般温柔。曾获第84届奥斯卡金像奖最佳动画短片提名。

**故事简介**：深蓝的夜空之下，宁静深邃的大海中央，摇来一艘名叫"月神（La Luna）"的小船。船上坐着祖孙三代：拖着长长白胡子的爷爷、孔武健壮的父亲，以及忽闪着清澈明亮的大眼睛男孩。此时，爷爷郑重地送给男孩一顶帽子，似乎象征着什么。不知不觉间，散发着乳白色光芒的满月从海水中升起，悬浮夜空。爸爸支好梯子，男孩则背着铁锚爬了上去，一个巨大的惊喜正等待着这个男孩。原来，那发出光芒的竟然是遍布月亮表面的星星，它们穿过宇宙，似流星般坠落，装饰着这颗美丽的小行星。月亮之上，他终于发现了他们家族神秘工作的真相！不过，接下来一个困惑摆在他面前，他究竟该循规蹈矩地按照老传统来继续这项工作，还是以自己的方式来完成它……

一句话影评：7分钟，见证一个男孩的成长。

## 资源分析

《月亮之上》一课的教学中，电影资源共运用两次。第一次用剪辑组合约5分钟（0′40″~1′10″+1′30″~2′50″+3′30″~6′20″），主要内容是月神家族祖孙三人去清扫月亮上那些来自宇宙的星星。小男孩卖力地开始了第一次的"继承家业"。爸爸和爷爷都想让小男孩使用自己惯用的工具。面对一个巨大的星星，小男孩举着榔头一敲，硕大的星星顿时化作了无数的小星星撒落而下。

视频组合用于第二板块"欣赏微电影，尝试写海报"和第三板块"聚焦细节，一句话影评"两个环节，第一次观影交流"哪些画面给你留下了深刻的印象"，梳理故事梗概；第二次观影关注第一遍观看时没看清楚的细节，引发深度感受。第二次用剪辑组合3分钟左右(0′40″~1′10″~2′05″+3′45″~5′50″+6′12″~6′20″)。

## 设计思路

本课教学将微电影与电影海报设计融于创意写作中,从俄罗斯动画《世界的另一端》电影海报入课,按"阅读电影海报,发现海报特点→欣赏微电影,尝试写海报→聚焦细节,一句话影评"三个教学层次创写电影海报。通过欣赏微电影,尝试编写故事梗概两步走——梳理关键情节(时、地、人、事);合理设置悬念。接着,提炼浓缩电影片段解决了编写海报的难点——关注细节,进行一句话影评。最后,自编一首小诗走向故事的主题:敢于独立思考,表达自己的想法。

以上设计思路,可提炼为如下导图:

思维导图部分：

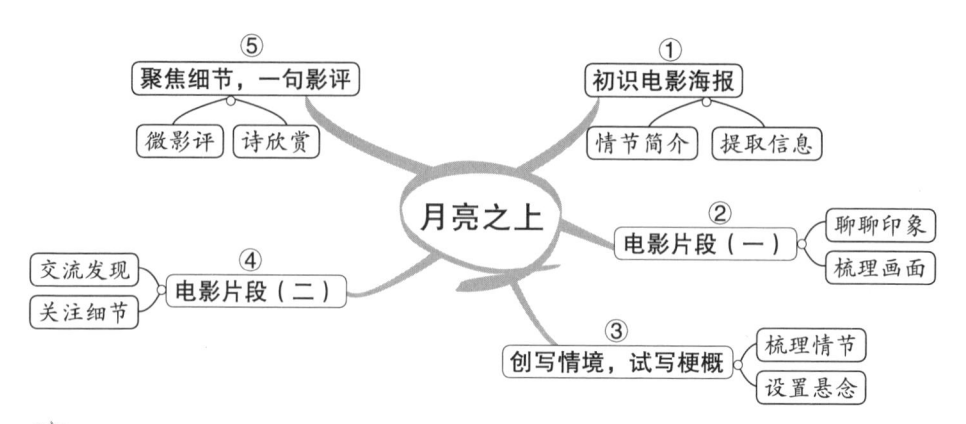

- ① 初识电影海报 — 情节简介 / 提取信息
- ② 电影片段（一）— 聊聊印象 / 梳理画面
- ③ 创写情境，试写梗概 — 梳理情节 / 设置悬念
- ④ 电影片段（二）— 交流发现 / 关注细节
- ⑤ 聚焦细节，一句影评 — 微影评 / 诗欣赏

中心主题：**月亮之上**

## 课堂再现

**教学年级**：五年级

**执教日期**：2015年4月

（课前，师生聊聊花千骨、大白、小黄人）

### 板块一：阅读电影海报，发现海报特点

**师**：（出示海报图片）这是一张电影海报的主打画。海报图的右边还有这样的文字，请同学们认真看，说一说，你捕捉到了哪些最关键的信息？

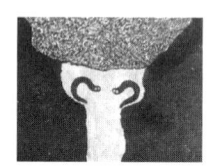

导演：Mikhail Aldashin
编剧：Mikhail Aldashin / Murat Amanov
类型：动画/短片
制片国家/地区：俄罗斯
语言：无对白
上映日期：1994
片长：8分5秒

> 漆黑的泥土中，一只小蚯蚓漫无目的四处爬行，偶然间遇到另一只小蚯蚓。两个小家伙快乐地在泥土中挖起隧道，组成一幅幅精美绝伦的图画，它们甚至连笨重的巨石也征服了。最后，它们按照各自所设想的方向前行，来到外面的世界。天空蔚蓝，草绿水清，鸟语花香，还有笨拙可爱的小蜗牛……
> 
> 忽然，贪婪的大鸟盯上了正在欣赏美景的小蚯蚓……

**生**：这是一部俄罗斯导演的动画电影。（师纠正学生口语一连出现四个"嗯"，以后口头说话要少一点"嗯"）

**生**：主角好像是两只蚯蚓。

师：你根据画面捕捉到信息，非常好。

生：这部电影是无对白的，片长8分5秒。

师：8分钟的电影，一般又叫什么？

生：微电影。

师：（板书：微电影）微电影，一般2~10分钟，在非常短的时间内把一个完整的故事讲清楚，这就是微电影。这张海报还有主体部分，有一段情节简介——

师：请同学默读一分钟，一边读一边思考，当你读到哪一句的时候，你对这部电影产生了好奇之心。

生：我读到了最后一句，"贪婪的大鸟盯上了正在欣赏美景的小蚯蚓……"蚯蚓的命运会怎么样呢？

师：你对蚯蚓的命运产生了牵挂之情。

生：我看到"还有笨拙可爱的小蜗牛"的时候，我在想它们遇到小蜗牛的时候发生了什么事？

生：文字上说"它们甚至连笨重的巨石也征服了"。一般就是十几条蚯蚓也难征服巨石。

师："小小的蚯蚓居然征服了巨石"，这个情节有新鲜之感。你说——

生：我很好奇的是那"一幅幅精美绝伦的图画"。到底是什么图画，我感到好奇。

师：这些描述都带给我们新鲜感，让我们产生一种悬念。（板书：悬念）这个故事讲完了没有？

生：没有。

师：为什么不继续往下写？

生：海报肯定是希望我们接着往下看电影。如果一下子就把结局写出来的话，那这部电影就没有那个意思了。

师：如果把结局写得清清楚楚，就成了"剧透"，咱们看电影最讨厌的就是剧透。再看，海报的文字还有什么特点？

生：非常简洁。不到200字就把故事情节讲清楚了。

师：大家注意看老师标识红色的字。

生：四处爬行—偶然遇到—挖掘隧道—征服巨石—来到外面—大鸟盯上。

师：把故事情节的各个阶段都梳理清楚了。同学们，这部电影的海报其实还有一句话。一起读——

生：活着，就要寻找光明。

师：这句话，就是这部电影画龙点睛的地方。

### 板块二：欣赏微电影，尝试写海报

**1. 欣赏《月神》，梳理情节。**

师：接下来我要推荐一部更棒的电影，叫《月神》。请大家认真看，看完后讲一讲，哪些画面给你留下了深刻的印象。（生观看《月神》）

师：刚才的这部微电影哪些画面给你留下了深刻的印象？

生：圆月亮从海平面上升的时候给我留下的印象很深。

生：我记得是那个小孩敲碎很大的星星。

生：我记得是那个小孩爬上月亮的时候。

生：那个小男孩和他的爸爸、爷爷把那些星星扫成弯弯的月亮。

生：星星突然出现的时候。

师：有谁关注到，月亮表面覆盖着什么东西？（生：星星）而这些星星都在发光。来，把"星星发光"，写到黑板上。刚才我们梳理了哪些画面最难忘？现在我们来标一标序号。排在第一的应该是哪一个？一起说——

生：1.月亮升起；2.爬上月亮；3.星星发光；4.巨星坠落；5.敲碎星星；

6.弯月亮。

**师**：其他的都是四个字,这个(弯月亮)忽然变成三个字。建议改成"一弯月亮",一起读。

**2.创设情境,设计海报。**

**师**：这么有意思的微电影,大家只看了一遍就已经着迷了。如果学校要举办一个电影节,咱们班刚好要播这部微电影。电影节上,学校要考核各个班级,看谁的人气最旺,就被评为最棒的班级。要想吸引大家来观看,我们可以做一张海报。海报的基本框架,张老师已经帮大家设计好了,请同学拿出这张海报。右边方框的文字是它的基本信息。接下来我们要把电影的基本情节梳理清楚。我们第一个微写作的任务是,一起读——

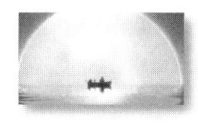

微写作：写故事梗概,完善电影海报。
要求：1.梳理关键情节；(时、地、人、事……)
 2.合理设置悬念。

**生**：写故事,有序梳理,完善故事情节。

**师**：写海报,第一个要求是：梳理情节或者画面。(板书：梳理情节)在梳理情节的时候,想一想,哪些情节是不能丢掉的,哪些情节简单可用一两句话对画面进行描述,一些有新鲜感的画面,多写几句。

**师**：一般梳理故事情节,这些是必不可少的,时间、地点、人物、主要情节。第二个要求,一起读——(生：设置悬念,让观众产生观看期待)

**师**：第三个要求：文字尽可能简洁,不要超过180字。因为电影海报如果太长的话,大家就不容易捕捉到主要情节。

（学生写作，老师个别指导）

**3. 作品点评，指导修改。**

**师**：（请三位同学上台读海报）同学们把自己的作文稿纸反过来，抬起头，看着台上这三位帅哥（生笑），认真听。第一，听同学朗读；第二，听张老师点评；第三，可以补充发表你的看法。

（点评第一位同学作品）

**生**：在平静的海面上，月亮渐渐升起，一艘船上的小男孩，乘着月光爬上月亮。

**师**：描写得很优美，但是，好像丢了两个人哩。爸爸去哪了？爸爸的爸爸去哪了？来，改一下。

**生**：有一艘船上的人……

**师**：在平静的海面上，有一艘船慢慢地划过来，船上坐着——

**生**：爷爷、爸爸，还有小男孩。

**师**：月亮渐渐升起——

**生**：船上的人乘着月光爬上月亮。

**师**：他们是乘着月光爬上去的吗？

**生**：梯子。

**师**：《花千骨》看多了。（笑）当时是乘着天梯爬上去的，要与事实吻合。

**生**：爬上月亮，月亮上有很多星星，静静地闪烁着光芒。突然，一颗巨星坠落，小男孩一下就将星星敲碎了，一家人在月亮上扫星星。过了一会了，月亮变成了皎白的弯月。

**师**：月亮变成了皎洁的弯月。好，底下听众有话说，可以点赞，可以"扔鸡蛋"。

**生**：他把画面写得很优美，但是他把所有的事情概括下来了，没有留下什么悬念。看电影的人一看这个海报就没有吸引力了。

**生**：我认为这个海报还是有一定好处的，因为这电影本身是没有对白的，而他加上了简单的故事情节，可以帮助理解能力稍微差一点的人。

**师**：如果能把你们两个综合一下就好了，既写得清楚，还能留下悬念。

**生**：我想给杨爽一个建议，他可以把小男孩扫月亮那个情节写详细一点。

**师**：杨爽，听明白他们的建议了吗？好，可以下去改一改。

（点评第二位同学作品）

**生**：在一个寂静的晚上……

**师**：听张老师读，"寂静的晚上"，"在一个寂静的晚上"。有什么不一样？

**生**：这样读比较有画面感。

**师**：谢谢你对老师的赞美。"寂静的晚上"和"在一个寂静的晚上"，哪一个更有画面感？

**生**：第二个。

**师**：很多时候，"在一个"都可以去掉。"记得有一天"，你写"有一天"就可以了。"在一个星期天的晚上"，你就直接写"星期天的晚上"。这样可以使你的语言更干净。好，你继续读，"寂静的晚上"……

**生**：寂静的晚上，海面上升起了一轮圆月。海面上有一艘——

**师**：前面刚有一个"海面上"，我们可以把第二个"海面上"去掉。"一艘小船上"……

**生**：上面坐着一个小男孩。

**师**：一艘小船上坐着。"上面"去掉。

**生**：坐着一个小男孩和他的爸爸、爷爷。小男孩顺着梯子爬上了月亮，他们从一个木屋里拿出来一个扫把来打扫月亮，这时，一颗巨星朝他们冲来，立在了月亮表面，发出了蓝幽幽的光……

**师**：你们评一评，觉得哪些地方写得非常好？你说——

**生**："巨星上散发着蓝幽幽的光"这部分写得好。

师：这个地方是细描，很有画面感。下面就是省略号。好，继续。

生：后来他们回到了船上，天空中出现了神奇的景象。

师：此处应该有掌声。他设置了几个悬念？（生：两个）但是有一个地方我要提醒的，他们为什么要打扫月亮？这是因为月亮表面静静地躺着许多闪闪烁烁的星星。这一句加上去就连贯了。好，稍微修改一下。

（点评第三位同学的作品）

生：在平静的海面上，有一艘小船，坐着三位冒险家。

师："冒险家"加引号，很好。继续——

生：月亮升起来了，它的光芒照耀了整个海面。一个小男孩……

师：这里有几个小男孩？

生：一个。

师：那么哪一个词语可以去掉？

生：一个。

生：小男孩在另一个冒险家的——（师纠正：在爸爸的帮助下）

生：登着梯子爬上了月亮。月亮上布满了闪烁的星星。此时，一颗巨星坠落，接下来会发生什么呢？

师：直接用一个问号，怕读者读不懂，你把这个问号改成省略号。好不好？

师：你们的悬念点难道都和这几位同学设置的一模一样？有没有同学觉得自己的悬念设置比他们好的？和大家交流一下。

生：小男孩爬到月亮上，高举锤子……

师："爬到月亮上"还是"爬到巨星上"？（生：爬到巨星上）高举锤子，让人充满着遐想。这个悬念设置非常好。

生：在三人之中，最小的一个人却只躲在一边旁观，而这一切，随着一颗巨星的降临，都改变了。

师：非常好，这位同学采用叙事的方式，"在一边旁观，而这一切，随着一颗巨星的降临，都改变了"。这个改变还预示着故事情节发生着变化。非常好！

生：爬上月亮之后，一幅美丽无比的图案出现在小男孩的眼帘。

师：这个情节留下了空白，我觉得也可以。

（欣赏下水文，指导自改）

师：（出示PPT）深蓝的夜空下，宁静深邃的大海中央，摇来一艘名叫《月神》的小船，船上坐着祖孙三代。不知不觉间，散发着乳白色皎洁光芒的满月从海水中升起，悬浮夜空。爸爸支好梯子，男孩背着铁锚爬了上去。原来，那发出光芒的竟然是遍布月亮表面的星星。突然，一团旋转着的蓝光飞速砸向月球。啊，一颗巨大的星星！巨星立在月球表面，散发出蓝幽幽的梦幻般的光芒。男孩爬上星星，用锤子轻轻一敲，顿时……

师：你觉得老师的海报哪些地方可能会吸引观众？

生：吸引他们的是"顿时……"，这会让读者好奇，后面会发生什么。

生："一团旋转着的蓝光"不仅有情节感，而且还有后面的内容。最后还有省略号，这样蓝光出现的情境也会伴随着悬念。

生："船上坐着祖孙三代"，同学写都是爸爸、爷爷，老师直接概括了。第二点就是，"散发着乳白色皎洁光芒的满月从海水中升起"让看海报的人有画面感。

师：这也是我当时写的时候特意用力的地方。谢谢你的发现。有没有觉得老师哪个地方要修改一下？

生："巨大的星星"，老师写得还不太详细，老师可以把星星的大小描写一下。

师：有道理，应该写得比人还要高，突出星星的大。

生：我觉得老师在上面说"散发着乳白色皎洁光芒的满月从海水中升

起"，可是月亮并不是乳白色的，是金黄色的。

**师**：老师视力有色差。（众生笑）同学们，电影院里的海报可不是只花了 8 分钟就写好的，它是精心修改设计的。花上 3 分钟时间修改自己的海报，重点改一处地方：或者悬念，或者你觉得哪一句话没有写好，把这个地方再改改。

## 板块三：聚焦细节，一句话影评

**师**：同学们，除了电影海报，我们还可以通过微博、微信、QQ 等各种途径分享电影。比如，有一个叫"种豆南山"的先生用微信分享了一部 7 分钟的微电影，让人脑洞大开。同学欣赏时请注意，第一遍观看时，也许有你没看清楚的细节。

（观看两分钟浓缩版的微电影，师提醒关注细节）

**师**：谁发现了第一遍看的时候没有看清楚的细节？

**生**：在那个小男孩正要敲碎星星的时候不可思议的感觉。

**师**：具体的细节，细小的动作。你发现了什么？

**生**：我发现小船飘来的时候，爷爷用一个锚抛到海里去固定，月亮升起来的时候，上去，像是每天晚上都会这么干似的，月亮会在那个地方等他。事后爸爸把梯子架起来的时候，月亮上也有一个锚，说明他们有两个锚，一个在船上，一个在月亮上。

**生**：小孩的帽子，爷爷要正扣，爸爸要反扣。

**师**：后来小孩要上星星的时候有一个小动作你发现了没有？毅然决然地把帽子反扣过来，你觉得这代表着什么？

**生**：代表着独立，代表着按自己的想法去做。

**师**：他们吵了几次？（生：三次）你读懂了三次吵架，你就读懂了这部电影。你觉得这是给大人看的，还是给小孩看的电影？

**生**：让大人们明白，让小孩独立。

**生**：让大人明白小孩要有自己的梦想，不能把自己的梦想强加给小孩。

**师**：有自己的梦想才最闪亮。

**生**：大人都觉得自己最厉害，但是最后只有小孩勇敢地敲碎星星。

**师**：所以有时候不能小看小孩。"谁说小孩小，他比小孩更加小。"这是陶行知说过的。如果让你用一句话分享这部微电影带给你最深的感触，你会怎样写？请用3分钟写一句迷你影评。比如刚才讲蚯蚓的电影就用了一句：活着，就要寻找光明。你不仅仅可以关注主题，也可聚焦情节、人物、风格，还有那些耐人寻味的细节。一句话，要和这部电影的内容相吻合，简练，引人思考，让人看到这句微广告、微评论，就想走进电影院看电影。

（生写微评论）

**师**：想交流的站起来。

**生**：请给孩子们一个独立的空间。（师补充：也许他们会给你一个巨大的惊喜）

**生**：大人也有小的时候，所以人人都想要独立的生活。

**师**：后面一句去掉，大人也有小的时候。

**生**：方法有千万种，所以思路不应只有一种。

**生**：独立生活，自己思考才是人生的真谛。

**生**：世上的每个人都属于自己。

**师**：又一个哲学家诞生了。

**生**：让孩子闪烁出独特的月光。

**师**："月光"改成"星光"。写到黑板上。

**生**：冒险精神比空想更重要，童心比科学更重要。（师：写上去）

**生**：独立是生活的最高境界。（师：写上去）

**生**：永远不要受他人的话影响，尊重自己的选择一定能获得成功。

**师**：前面一句去掉，写上去。

**生**：拥有独立的思维，每个人都可以是自己的月神。

**师**：黑板上写不下了，大声读出来，写在每个同学心里吧。

**生**：大人想改变子孙后代，孩子想畅想自我未来。

**师**：把这句话写进在场每一个人心里。

**生**：孩子的天性，是银子中的金子。

**师**：请解释。

**生**：如果大人想改变自己的孩子们，那顶多只能是……

**师**：我帮你解释，如果顺从孩子的天性，你的孩子一定会闪烁金光。

**师**：同学们，这节课，你们也像电影中的那个男孩子一样，敢于独立思考，表达自己的想法，你们每个人都是那最亮的星星。为自己鼓掌！同学们，迷你影评可以写得很精练，也可以写得很文艺。有一个略有文艺气质的男人，看了《月神》之后，他写下了这样的一首诗——（师配乐朗诵）

**师**：谢谢同学们的掌声。原来，微影评还可以写得这么文艺。如果把这个发到豆瓣网上，大家一定觉得这个人——病得不轻（生笑）——哈，开个玩笑。如果同学们有兴趣的

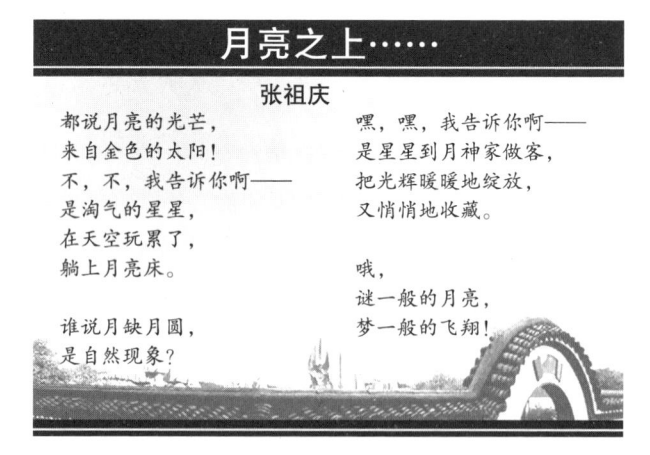

### 月亮之上……

**张祖庆**

都说月亮的光芒，
来自金色的太阳！
不，不，我告诉你啊——
是淘气的星星，
在天空玩累了，
躺上月亮床。

谁说月缺月圆，
是自然现象？

嘿，嘿，我告诉你啊——
是星星到月神家做客，
把光辉暖暖地绽放，
又悄悄地收藏。

哦，
谜一般的月亮，
梦一般的飞翔！

话，可以读一读几米的《月亮忘记了》，那里有一个很温暖的故事。如果大家对科幻类作品感兴趣，可以读读意大利作家卡尔维诺的《月亮的距离》。同学们，带着童心，带着梦想，我们每个人都可以在月亮之上，自由飞翔！这节课就上到这里，谢谢同学们！

## 创意赏析

《月神》是一部如梦似幻却又极具现实意义的电影，可谓理智表现中的缥缈梦幻。张祖庆老师的这节电影课"出神入化"、简洁丰富，可谓理性引领中的多元解读。全课三个板块，学生在"全景镜头"中写海报，厘清情节；在"特写镜头"里谈影评，述说内心的探索。看似漫不经心，实则收获了知识——明晰了海报和影评的概念，而且能力在提升——"观海报、写海报、评海报、说影评"精彩入微的表达，在多向思维中跃进。

"出神"——生活离你有多远，写作就距离你有多远。张老师本课的创意点之一就是从生活原点出发。抓住"电影海报"这个学生熟悉的载体为任务驱动，激发创意写作，不着痕迹地为学生搭建了写作支架，着力在电影元素的挖掘与自我个性表达的训练上。从学生的课堂表现来看，他们盯着海报出神，写着海报入神，眼里有海报，心上有海报。张老师对于"写"的聚焦处理"提供范例海报阅读，发现特点→写海报互评议，厘清情节"是非常有效的。因为在这些板块中，设置悬念，巧用留白，让学生懂得在故事的峰值处戛然而止，可以引人遐迩。更重要的，写作支架的落脚点是帮助学生攻克观影障碍和表达障碍。在互评互议中，学生在看到自己暴露的问题后，借此能轻松解决，他们的写作表达能力也在隐性地螺旋式提升。在"读海报"到"写海报、评海报"这一吸一呼的精妙设计中，学生在为后面环节中的深度理解影片，而不知不觉地做出了智识努力。

"入化"——张老师为引领学生深度观影，丰厚自己的感受，设计了"聚焦细节，一句话影评"的板块，实际上也对电影素材进行了排列组合、提炼浓缩。这个环节可谓是"化影、化人又化我"。影片中，男孩接过长辈的帽子，也许就是他成为男人的证明……这些细节的充分利用，都是张老师的妙思。影片中的成长是一种体验，同时，于观影人来说，似乎也是一种幻觉。这亦真亦幻中，究竟引发了学生怎样的思维冲动呢？通过发现三代人行为细节的迥然，达到激发学生深入思考的目的，影评，就这样水到渠成地来了。学生的影评，摈弃了成人视角的笃定与机械，不再只是技术层面的单一模仿。他们的语言真实而充满童趣，他们的感受似乎在参悟生命密码……孩子们从细节中提炼出的个性影评，是对电影的更深层剖析。他们不让自己的脑袋成为别人思想的跑马场。在不吐不快的表达状态下，张老师在课末呈现下水文时自我去魅的调侃，更是激发了学生课后进一步创作的欲望。真可谓余音绕梁！

（整理及点评：钟海红）

## 拓展延伸

经历这样一节"微电影写海报"的课，孩子们一定初步了解了海报设计的方法。但这样只上一节课，也许学生对海报这一文体，还比较陌生。我们还可以策划如下的一些拓展活动。

一是举行"世界上最有创意的海报"分享会。让学生到网上或者其他图书中，搜索最有创意的海报，拿到班级里，与同学们分享，重点阐释创意在哪里。

二是举行"我的海报我创意"的活动。让孩子们创意设计一场有意思的公益活动，并将活动以海报的方式，广而告之。这样，就将海报、写作和电影引向了广阔的生活。写作，就和生活真正接轨了。

# 第二课　当个小小剧作家

## ——《世界的另一端》教学叙事

**影片名称**：[俄罗斯]世界的另一端

**上映时间**：1994年10月

**导演**：米哈伊尔·阿尔达申

**主要特色**：片长8分5秒。无对白，平面化的物体，暗淡的色彩表现，准确的角色动画和声效，适逢其时的配乐，为小虫的遭遇增色不少。

**故事简介**：影片讲述了两条蚯蚓的悲喜"虫"生，初见、欢欣、争执、生离、死别、寡生、终止。相遇时咯咯的笑，死别后封闭自己的放声痛哭，纵使到达世界的另一端也仍是无尽绝望，不起眼的小小蚯蚓在黑暗的地下钻出美丽复杂的神秘花纹，平凡的生命在弱肉强食的生存压力下仍然绽放着耀眼光辉。孤独的蚯蚓在钻土中邂逅伙伴，突破障碍，从黑暗的泥土底下钻出，看到光明，却遭遇天敌失去伙伴，为保住性命又回到地里。可是它的好奇心还是把它带到了地球的另一边，最终还是被地球表面的杀手们发现，真是"虫"算不如天算！

**一句话影评**：是生命，就要寻找光明。

## 资源分析

《世界的另一端》一课的教学中，电影资源共运用三次。第一次播放剪辑片段（0′00″～3′29″），主要内容是：大地深处，一条孤独的蚯蚓，在钻土中巧遇另一条蚯蚓。它们结伴而行，钻出美丽的地下隧道，齐心协力突破障碍后，从不同的隧道来到光明的世界。用于第一板块"电影入课，感受创意"，通过给画面排序、抓关键词简述，交流影片主要内容。

第二次播放剪辑片段（3′30″～5′54″），主要内容是：一条蚯蚓遇见蜗牛，另一条蚯蚓却被大鸟吃了，被拉成一坨粪便。没被吃的蚯蚓，趁大鸟不注意，跑到粪便面前哭泣，被大鸟发现后，拼命逃回地下。大鸟千方百计地掏、踩，震塌了半个土丘。这时，一群昆虫从大鸟头顶飞过。用于第一板块"电影入课，感受创意"，谈影片中出乎意料的画面、情节，逐步清理拥塞、固化的思维，为下一步扩大学生内心创意空间打基础。

第三次播放故事的大结局（5′52″～7′05″+7′30″～8′02″），用于第四板块"还原结局，追问价值"，主要内容是蚯蚓害怕大鸟，把原来开辟出来的四通八达的隧道都堵住，回到了原先出发的地方，一动不动。过了一段时间，

蚯蚓又按捺不住寂寞的心，向世界的另一端钻去，终于来到了世界的另一端，重新看到光明的世界。可没想到，四只更大的鸟正等待着它。

主要探究导演为什么要这样安排故事情节。在讨论中引发大家对人生的哲理思考，再次激起多层次的创意写作，让学生的思维从课堂走向课外。

### 设计思路

本课教学借助微电影《世界的另一端》，按"电影入课，感受创意—头脑风暴，引爆创意—借助提纲，试写剧本—还原结局，追问价值"开展创意写作教学。先通过给影片(画面、关键字)排序，聊电影中意想不到的地方，感受影片的创意所在。再通过头脑风暴，设计一个能让人意想不到又能自圆其说的结尾。借关键词梳理写作提纲，在此基础上，再借助样例示范，让学生学着将关键词扩充，将创意结局写成一个剧本。最后对比原作结局，思考导演为什么要这样安排故事情节。实话实说，如果你就是那只蚯蚓，你为自己的第二次选择感到后悔吗？让学生明白影片制作者的创作意图，激发再次创意写作的目的。

以上设计思路，可提炼为如下导图：

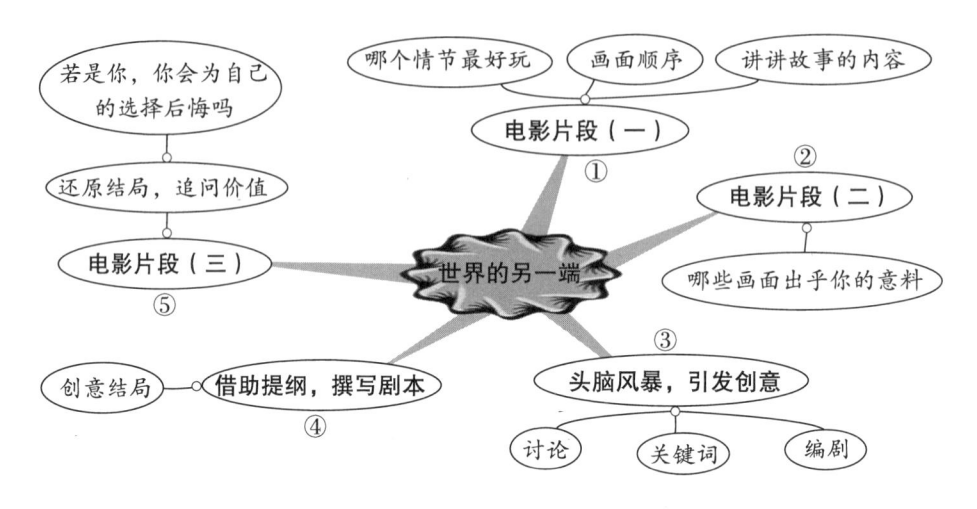

（思维导图：以"世界的另一端"为中心，分支包括：
① 电影片段（一）——哪个情节最好玩、画面顺序、讲讲故事的内容
② 电影片段（二）——哪些画面出乎你的意料
③ 头脑风暴，引发创意——讨论、关键词、编剧
④ 借助提纲，撰写剧本——创意结局
⑤ 电影片段（三）——还原结局，追问价值；若是你，你会为自己的选择后悔吗）

### 课堂再现

**教学年级**：五年级

**执教日期**：2015 年 4 月 15 日

#### 板块一：课前热身，激活思维

师：有一首诗，叫《拥挤的浴缸》，很好玩。哪位同学愿意读？（出示，指名读）

浴缸里孩子太多太多，

有那么多胳膊要搓。

我刚洗了个屁股，

师：你干吗要笑？你看到屁股就要笑，每个人都有耶。把下一句接下去让人发笑，才是你的真本领。谁愿意往下接？

生：我刚洗了个屁股，又多了

060 / 光影中的创意写作

个屁股。

**生**：我刚洗了个屁股，一看，还有很多个屁股要洗。

**师**：你们的想象都蛮有意思的，不过诗人原来的结尾也许更有意思。（出示）

我刚洗了个屁股，

可它绝对不属于我。

**师**：原来他洗的是别人的屁股，因为浴缸里有很多很多孩子。我们来看一下浴缸里有很多孩子是怎样的。（出示课件：哇，那么多胳膊，那么多屁股）一起读：拥挤的浴缸——（生读）

**师**：浴缸里的屁股多得都找不到自己的了，这就是好玩。你觉得这首诗除了好玩之外，还可以送给它什么词语？

**生**：想象力丰富。

**生**：有趣。

**生**：幽默。

**师**：嗯，幽默，平常咱们有没有读过类似的诗呢？它的思维方式跟我们平常人的思维方式是——

**生**：不一样的。

**师**：张老师给这首诗的评价是：非常有创意。（板书：创意）今天就让我们学着创意来写作。

## 板块二：电影入课，感受创意

**师**：咱们的创意写作，从有意思的动画片开始。请同学们认真看微电影《世界的另一端》，用心记住特别有意思的画面和情节。

（播放电影片段一。影片内容：一条孤独的蚯蚓，在钻土过程中遇到另一条蚯蚓。它们结伴而行，突破障碍后，从不同的隧道来到光明的世界）

**师**：脑子快速回闪，想想哪些画面特别有意思？（生根据观看的视频，

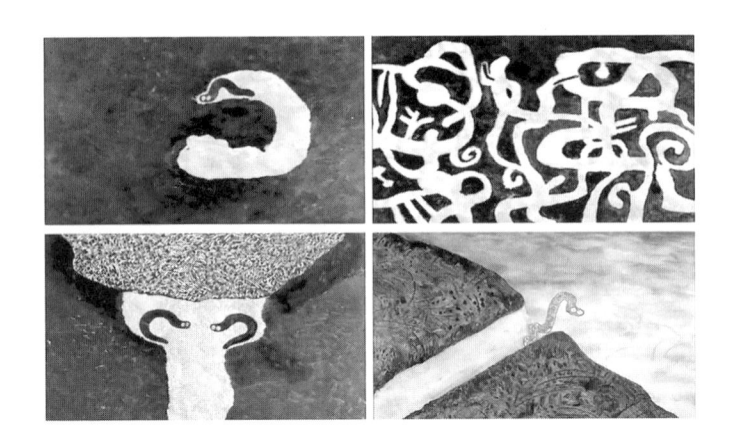

分享最有意思的画面。略）

**师**：同学们，这四幅图（出示四幅图）是老师从刚才看的电影里截取出来的。谁能够把它们按顺序排列出来？

**生**：左上角的画面是第一幅，右下角是第二幅，左下角第三幅，右上角第四幅。

**师**：他说对了没有？

**生**：说对了。

**师**：(标号)现在我要提高难度，你能否看着画面把这些图简单说一说？（生纷纷举手）好，有那么多同学这么能干，我要继续挑战你们！

（课件依次将图片隐去，出示如下关键词）

| 1 | 孤独 | 4 | 光明 |
| 3 | 破障 | 2 | 结伴 |

**生**：有一条很孤独的蚯蚓，在挖土过程中遇到了另一条蚯蚓。它们结伴同行，一直挖一直挖，遇到了一个障碍，它们把那个障碍给破除了，挖到地面，遇到了光明。

**师**：真能干！靠这几个关键词，把故事简要说下来了。我们继续往下看动画片。这一回,看看哪些画面、情节大大出乎你的意料。

（播放电影片段二。影片内容：一条蚯蚓遇见蜗牛,另一条蚯蚓却被大鸟吃了,拉成一坨粪便。趁大鸟不注意,蚯蚓跑到粪便面前哭泣,被大鸟发现后,拼命逃回地下。大鸟千方百计地掏、踩,震塌了半个土丘。这时,一群昆虫从大鸟头顶飞过）

**生**：一只鸟把蚯蚓的朋友吃掉了,后来那只鸟又飞过来了,倏地飞下来,把蚯蚓挖的洞撞得更大了。这个大大出乎我意料。

**生**：那只鸟在土丘上不停地跳啊跳,整个土丘都塌下去了。

**生**：大鸟的身体居然和小土丘一样大,太吓人了!

**生**：它们在地道里分开,当它的同伴受到伤害以后,那只蚯蚓居然爬过来,想救它,但是没有救成,它就在鸟的粪便前面哭。没想到蚯蚓也这么重情义。

## 板块三：头脑风暴，引爆创意

**师**：同学们,如果这部动画片每个地方都被我们料到了,我们就会觉得没劲。这些意想不到的地方,就是动画片的创意所在。那么,这只大鸟后来有没有放弃？蚯蚓有没有获救？这些悬念都等着我们去揭开。现在,我们来做一件比揭开悬念更有意思的事情,那就是当一回编剧,把这个故事继续往下编,让我们来一场头脑风暴。什么是头脑风暴呢？看老师板画：

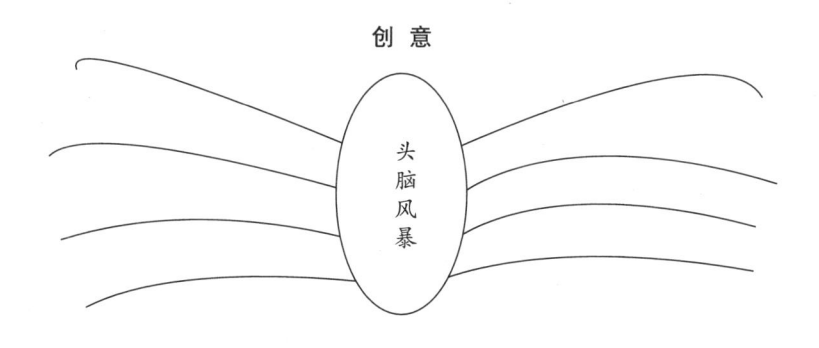

师：围绕一个话题，你说你的，我说我的，彼此不否定，创意纷至沓来，这就是头脑风暴。本次头脑风暴的话题是——（出示，生读）根据线索，发挥想象，设计一个让人意想不到又能自圆其说的结尾。

师：谁来说说这个话题的关键词是什么？

生：让人意想不到的结局。

生：自圆其说。也就是把故事编圆满，让人找不到漏洞。

生：根据线索。

师：这个话题有哪些线索？

生：线索很多，比如断了还会长出脑袋的蚯蚓，有壳的蜗牛，四通八达的洞穴、隧道，突然飞过的昆虫……这些都是留下的线索。

师：好！现在请根据线索发挥想象，先在小组内头脑风暴。怎样风暴？围绕话题，先独立构思。有想法之后，把你的想法说出来。同学们要认真倾听，不打断。（课件出示：倾听）倾听后把自己的想法与别人分享。（课件出示：分享）在分享的过程中，听着听着，可能就会突然产生新的灵感，激活自己的新创意。（课件出示：激活）现在，头脑风暴正式开始！

（生讨论，师播放轻快活泼的配乐《布莱登堡舞曲》）

师：请一位同学当书记员，在黑板上写下同学们创意结局的关键词。

生：天上出现一群昆虫，啄木鸟看见那些昆虫以后，就想去吃昆虫。蚯蚓跑到鸟的粪便旁哭泣。它的眼泪滴到粪便上，结果死去的蚯蚓又突然复活了。

（师引导生板书关键词：复活）

生：啄木鸟看见天上有昆虫，就立马去追了。那只蚯蚓掉下来砸成了两半，变成了两只蚯蚓。两只蚯蚓就在一起思考怎样对付那只啄木鸟。

（板书：一分为二）

生：天上飞的很多昆虫都被鸟吃了，它们在鸟肚子里聚会。两条蚯蚓也在鸟肚子里相遇，最终变成鸟屎被拉了出来。幸好，鸟吃了太多的昆虫，还来不及消化，两条蚯蚓竟是活的。

（板书：胃里相逢）

**生**：蚯蚓哥哥看见弟弟死了，很伤心，准备去救时，被大鸟看见了。它就将自己分成两半。大鸟见它自杀了，就飞走了。蚯蚓哥哥见大鸟飞走后，趁机复活，钻进粪堆，将没消化完的弟弟救了回来。

（板书：自残自救）

**师**：这还是围绕蚯蚓做文章，有没有新的思路？

**生**：一条蚯蚓被鸟吃了，变成粪便。另一条蚯蚓决定找鸟报仇。它先是探出身子，等鸟像飞镖一样倏地飞下来时，就赶紧往下钻。鸟的嘴巴"嗖"的一声撞上石头，鸟嘴骨折了。因为鸟是靠嘴吃东西的，鸟嘴骨折了，那鸟也被送进了骨伤科医院。

（板书：鸟嘴骨折）

……

## 板块四：借助提纲，试写剧本

（师引导生将刚才的创意变为几个相关的关键词，每个关键词代表故事发展的一个阶段，再组织交流）

**生**：合作—愤怒—报仇—复活。

**生**：哭泣—复活—逃离。

**生**：惊恐—伤心—愤怒—计划—实施—成功。

**生**：吃土—变大—打鸟—成功。

**生**：垂头丧气—相继被救—农夫。

**生**：攻击—引诱—合作—复仇。

**师**：有了这些关键词，你的创意结局就有了写作提纲。接下来我们在关键词的基础上再扩充,将创意结局扩充成剧本。比如现在屏幕上呈现了这样一些关键词:沉醉—遭袭—挣扎—被食。这是我根据刚才播放的动画片段提炼出来的,谁能判断这几个关键词讲的是视频中的哪一幕?

**生**:蚯蚓被大鸟吃掉的情景。

**师**:老师试图根据关键词,还原了这一幕。张老师出示一句,同学们读一句。(生读)

蚯蚓深深地吸了一口气,沉醉在从未看见过的美景之中。

突然,一只大鸟扇动巨翅,从天而降,利箭般射向蚯蚓。

可怜的蚯蚓,不知死神早已逼近,还在欣赏四周美景。

大鸟观察良久,突然张开大嘴,叼起蚯蚓,往空中拽。

"啊——"蚯蚓一声惨叫,用绳子拼命勾住洞口,使劲挣扎。

另一只蚯蚓闻声赶来,眼睁睁地看着这一幕,爱莫能助。

大鸟继续拉拽,蚯蚓终于"飞"进大鸟的嘴里,眨眼间……大鸟拉出了一坨便便。

可怜的蚯蚓还没看够这个世界,便成了屈死鬼。

**师**:仔细地看,跟我们平时读到的课文,有什么不一样的?

**生**:句子都是很短很短的,几乎每一个句子就是一幅画面。

**师**:嗯,都用短短的句子。短句子,有画面感,这就是剧本。很多电影剧本就是这样写的。一段话,就是一幅画。导演拿到剧本以后,就可以拍戏了。接下来,就让我们把刚才头脑风暴出来的创意结尾,用短短的句子,分段写下来。(出示)

创意编剧要求:围绕关键词,把故事的创意结局写清楚。

建议:1. 将关键词变成富有画面感的情节;

   2. 使最有创意的部分能够自圆其说。

(生写,师巡视)

**师**：通过同学们的创作，《世界的另一端》大结局诞生了。现在就让我们召开"剧本评审大会"。同学们既是编剧，又是评审成员。

**生**：蚯蚓看到大鸟向自己飞了过来，赶紧钻进了土丘，一直往下挖。大鸟站在土堆上用力地踩。突然，石头因为踩而坠落了下来。(师：这里可以加一句"突然，一块巨大的石头")突然，一块巨大的石头因为大鸟踩得过于用力而坠落了下来。石头非常重，压住了大鸟的两只脚，大鸟拼命地挣扎也无法逃离。过了很长时间，因水分缺失，大鸟的羽毛渐渐掉落，身子变得光秃秃的。不知过了多久，大鸟的肌肉也腐烂了，渐渐成为泥土的一部分。冬天过去了，蚯蚓钻出了土地，看到了一块很大的泥土，样子有点像以前的大鸟，它吓了一跳。可是大鸟却没有飞过来，它尝试去吃，小心翼翼地吃了一口。哇，好吃！它便继续吃。它吃了一个月，最后在大鸟的核心部分遇到了自己的朋友。

**师**：结尾我有点不明白，为什么在大鸟的核心部位遇到了自己的朋友？

**生**：鸟的核心部位是胃，蚯蚓当初被吃掉的时候，还没有被消化，所以还活着啊。

**师**：哦，原来这蚯蚓还在胃里面，老朋友在胃里相逢了。真是有创意啊！

**师**：大家继续欣赏亮点，为他点赞。

**生**：在胃里相遇，而且那只大鸟会变成土堆。这简直是神来之笔啊！

**师**：而且这个土堆像鸟，这也是神来之笔啊！还有吗？

**生**：蚯蚓在胃里那么长时间，竟然没有腐烂。

**生**：它竟然在大鸟的胃里找到同伴。这个地方很神奇，也很有创意。

**师**：各位评委有什么不清楚的，可以提问。

**生**：请问编剧，这只鸟的腿踩着土堆，为什么还会被压住？

**生**：那只鸟跳啊跳啊，下面有很多隧道，脚不就陷进去了？

**师**：好，你在修改的时候，把这个细节加进去。谢谢你，非常有创意的故事。他的精彩故事给我们一个启发：构思一个故事，首先要想一想你的故事靠什么去吸引别人；第二，别人最想不到的，也就是故事最有创意的地方，要把它编得自圆其说，让别人找不到漏洞。

**生**：一只蜜蜂在远处看见了大鸟的暴行，异常生气，于是在召集黑压压的一大群蜜蜂后，直冲大鸟猛扑过来。大鸟吓得刚想展翅高飞，就被整个儿包围了，头上、身上、翅膀上密密麻麻的全都是，不一会儿就冒出一个个大小不一的包。（师：这里应去掉"就"，加上"全身上下"）不一会儿全身上下冒出一个个大小不一的包。大鸟奋力拍打翅膀，刚拍下一批蜜蜂，另一批又冲上来，前赴后继，怎么拍也拍不完。大鸟疼得仰天大叫。一批精英蜜蜂不顾危险，顺势冲入鸟嘴，狠狠地蜇着娇嫩的鸟嘴、鸟舌、鸟喉。在蜜蜂们的轮番进攻下,（师：此处应改为"攻击"）在蜜蜂们的轮番攻击下，变成"巨胖"的大鸟终于轰然倒下，奄奄一息。蚯蚓对着替它报仇血恨的蜜蜂们感激涕零，（师：这个"血"字正常的话，应该是"下雪"的"雪"。不过，这里用"血"字我觉得也挺好。我们得给它加一个引号。这是血淋淋的代价，所以报仇"血"恨，有创意）蚯蚓对着替它报仇"血"恨的蜜蜂们感激涕零，在无数次鞠躬后，又回到泥土深处，永远不受侵扰。（鼓掌）

……

**师**：我们来交流一下，你觉得哪一个结尾最有创意？

**生**：我选择悲剧色彩的那一种，我觉得像这种故事老是以喜剧为结尾的话，那就太没创意了，所有动画片都是这样的了。

**生**：我喜欢的是"蚯蚓报仇'血'恨"，我觉得这里可以看出那只蚯蚓是重情重义的，也充满了正能量，让我们在同学中也要互帮互助。

**师**：为了友情，有时候可以付出一切代价。各种不同的结局，张老师觉得都是有创意的，只要你的新想法是独特的，这个创意就值得肯定。每个同学情感态度价值观不一样，评价的标准不一样，创意的选择也会不一

样。让我们为每一个创意者鼓掌！（众生鼓掌）

## 板块五：还原结局，追问价值

**师**：同学们编的故事真的很精彩。编着编着，我们似乎忘了原来的故事情节了。现在，就让我们看看真正的结局是怎样的，看看是原作编得精彩，还是你们编得精彩。

（播放影片片段三：大结局。主要内容：蚯蚓害怕大鸟，落荒而逃。它把原来开辟出来的四通八达的隧道都堵住，回到了原先出发的地方，一动不动。过了一段时间，蚯蚓又按捺不住寂寞的心，就向世界的另一端钻去，终于来到了世界的另一端，重新看到光明的世界。可没想到，四只更大的鸟等待着它……）

**师**：同学们，你们是不是觉得导演有点残忍啊？你们都是那么好心，让蚯蚓复活、胃里相遇、一分为二、自残获救、鸟嘴骨折……在你们笔下，鸟总是死得很惨，蚯蚓都是获救的。而在这部动画片里，第二条蚯蚓，居然也悲惨地死了。

**生**：确实，导演很残忍啊！

**师**：导演为什么要这样安排故事情节呢？让我们进行第二次头脑风暴：如果你就是那只蚯蚓，你会为自己的第二次选择后悔吗？一定要实话实说。

**生**：我会后悔，因为有很多鸟又要吃我了。还不如待在泥土里安全，不会被吃掉。

**师**：他印证了我们中国一句老话：好死不如赖活着。

**生**：如果安安静静地在土里待着，它不会死掉，还可以多活几年。

**师**：嗯，也许还会碰到新的朋友。

**生**：我觉得不后悔，因为在死之前，我再次见到了光明的、向往的世界。

师：嗯。如果一直待在黑暗的地方，就会永远与黑暗、孤独相伴。

生：与其一辈子孤独地待在黑暗中，还不如勇敢地去欣赏美丽的风景。

师：哲学家啊！请把这句话写到黑板上，末尾署上自己的大名。

生：我不后悔，死的时候，也许在阴间里还可以看到自己的朋友。

师：你相信生命的轮回，所以你不后悔，你要到天堂寻找自己的伙伴？（生点头）哈哈，这是殉情版的答案。

生：我不后悔，因为我在死之前又看到了世界另一端的美丽景色。

师：同学们，大家觉得咱们只是在聊动画片吗？

生：不是！

师：其实啊，这个动画片是在隐喻我们人的一生。人生下来就是孤独的，孤独地在这个世界寻找。终于找到自己的伙伴，结伴而行，遇到了许多障碍，齐心协力，破除了障碍，来到这个五彩缤纷的世界。但这个世界并不全部都是美好，随时都有可能遇到危险。但是，如果你因为危险而永远待在一个地方，陪伴你的也许只是孤独和黑暗。如果你勇敢地寻找光亮，也许，生命的意义就在寻找的过程中。

师：如果你觉得续编一个故事还不过瘾，回去可以从三个菜单中选择一个，继续你的创意写作。

（出示）

创意写作菜单：

1. 仿写"蚯蚓日记"，尝试做一本绘本；

2. 站在大鸟的立场重写这个故事；

3. 把动画短片分享到父母的微信朋友圈。

师：最后，大家可以在网上搜索到很多这样精彩的微电影。

## 创意赏析

### 一、触发学生灵感，形成新构想

法国作家马塞尔·普鲁斯特（Marcel Proust）说："创意的旅程不在于寻找新的景观，而在于得到新的眼睛。"祖庆老师的创意写作就是帮助学生得到那双新的眼睛。

通过图示开展头脑风暴法，不仅清理了学生拥塞、固化的思维，还让"断了还会长出脑袋的蚯蚓，有壳的蜗牛，四通八达的洞穴、隧道，突然飞过的昆虫……"这些事物得到自由飘动、互相联结的机会，使每位同学因重新组合这些漂浮的片段，形成全新而诱人的构想，不再受限于原有的、固定的意义和期待。这就是创意写作妙招一：打通学生的创意思维渠道，扩大学生的创意空间，超越界限，重新联结事物和事物之间的关系。

### 二、指导表达方法，诞生新作品

创意写作分两个部分："创意"代表想象力、幻想力、创造力；"写作"就是学生的表达，即学生的作品。对学生来说，该用怎样的形式将自己的创意一点一滴更好地记录下来，是有一定难度的。

祖庆老师指导学生用关键词为自己的创意结局搭建写作提纲，再通过富有画面感的电影剧本与前面学生头脑中形成的创意点子形成亲密链接，为学生的点子和构思找到最贴合他们"显现"创意的表达形式，让学生的创意仿写顺利落地。这就是创意写作妙招二：利于思维执教，打通学生的创意表达渠道，重新联结创意点子与表达形式的关系，提倡学生自然贴适地表达。

### 三、比较原作，促生新思考

创意写作是否以学生的创意作品的诞生而终结呢？不是的，创意写作应回归写作的本源，追问作者的创作之因，唤醒学生的创意表达意识，即我的创作是在阐述我认识的世界和我对这个世界的看法。

祖庆老师妙在当学生交流完自己的创意结局后，开展第二次头脑风暴：导演为什么要这样安排故事情节？如果你就是那只蚯蚓，你会为自己的第二次选择感到后悔吗？学生通过对比发现每个故事结局的背后，其实都带着创作者的思考。在比较中，学生的创作表达意识得到培养与提升，学生的创作激情再次点燃。课后尝试模仿"蚯蚓日记"做一本绘本也好，站在大鸟的立场重写这个故事也好，都将是学生开启新的基于自身表达需要的创意写作之旅。

（整理与点评：陆麒娟　陶会）

**拓展延伸**

这是一部关于友情、关于梦想追求的电影。电影中孤独的蚯蚓在钻土中邂逅伙伴，突破障碍，从黑暗的泥土底下钻出，看到光明，却遭遇天敌失去伙伴，为保住性命又回到地里。可是它的好奇心还是把它带到了地球的另一边，最终还是被地球表面的杀手们发现，真是"虫"算不如天算！虽然没有逃脱被大鸟吃的命运，但蚯蚓对新世界的勇敢探索还是令人敬佩的。最后的结局也是让人耳目一新的，像这样结尾出人意料的电影有《鸟！鸟！鸟！》《黑洞》《长在花盆里的人》等，也可以用这种方法来教学。它的基本流程是"观看微影，欣赏创意—头脑风暴，激活创意—创写片段，留住创意—比较原作，汲取创意"。

# 第三课　微电影VS微辩论

## ——《更好的世界》教学叙事

**影片名称**：[丹麦/瑞典]更好的世界

**上映时间**：2010年8月26日（丹麦）

**导演**：苏珊娜·比尔

**主要特色**：该片平缓而厚重的讲述，给人一种沉思的空间。片长119分钟，从立意到电影镜头，高远寂寥，将人浸泡于清凉安宁中，是一部典型的北欧作品。由于靠近极地的"低温心理"，因此片中静海流深的叙事，透过生活、生命的细微挣扎，都在引人去思辨人心人智、人世伦理。该片曾荣获第83届奥斯卡最佳外语片奖，第68届美国金球奖最佳外语片。

**故事简介**：故事发生在两个丹麦家庭之间。机缘巧合，陌生的两家人相遇，一段不同寻常还伴随着危险的友情就此萌发。不想，随之而来的还有孤独，人性的弱点、阴暗，以及报复与宽容的抉择。安东是一个丹麦医生，与妻子的婚姻已然接近尾声，是两个孩子的父亲，一年的大部分时间都在非洲的难民避难所工作。十岁的大儿子克里斯在学校里总被欺负，直到转校生伊利亚斯的出现改变了现状。伊利亚斯是因妈妈死于癌症，被父亲带到丹麦。

孩子成为朋友后，两个家庭也走得近了。安东是个和平主义者，面对工作地所发生的不平事与暴力事件，他总是默默地忍受，选择走开。两个儿子在伊利亚斯的带领下，决定对无赖 Lars 展开报复，没想到发生了许多意料之外的惨状。最后，两个孩子的行为不但影响了自己，还影响了他们的父母。

**一句话影评**：暴力 VS 人道，哪个才能重塑更好的世界？取决于你看到的人性。

## 资源分析

《更好的世界》一课教学中，电影资源共运用两次。第一次剪辑片段（38′20″~40′34″）的主要内容是：安东的儿子和修车工儿子因玩秋千而发生争执。安东介入两个孩子中，正在调解，修车工不分青红皂白地扇了安东一个巴掌。这一片段让学生直面两个截然不同的父亲：容忍的安东，暴力的修理工，自然而然引出了辩论的主题。

第二次剪辑片段（45′07″~48′15″）：安东的孩子愤愤不平，找到了修车工的工作地点。安东带着孩子来修车处，修车工又扇了安东巴掌。安东反而教育孩子说："他打我是不痛的，是不可怕的。他就那么点本事，他输了。"面对两次受辱，作为父亲的安东是如何在孩子面前做出表率，让矛盾没有进一步激化。这个片段再次加固了选择退让来解决问题的父亲形象。

这两次场景均为第二环节微辩论做铺垫，影片中的父亲安东，这样的做法你是否支持？这便水到渠成地引发了学生的讨论。

## 设计思路

本课教学中,教师借助电影片段,在有限的时间内引出微辩论、微采访、微拓展,并以这些为基础回归到生活写作。

课伊始,从电影片段入课,根据剧情引出了"你是否支持安东的做法"的辩论主题。紧接着在学生激烈的辩论基础上进行现场采访,以成人的角度提升理论高度。最后,用电影专家任为新老师的观点进行阐论,回归主题。这一系列的教学环节由扶到放,并与生活产生勾连,以"微信朋友圈写作"的时尚元素驱动微写作。

以上设计思路,可提炼为如下导图:

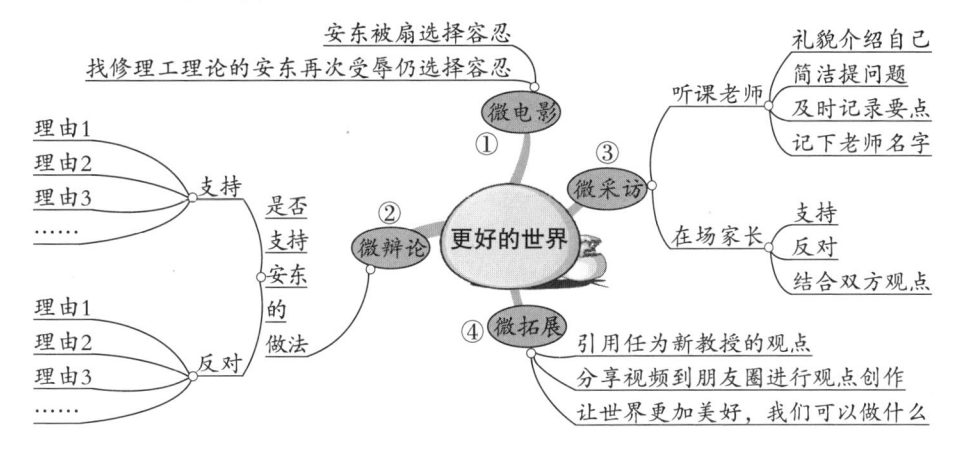

## 课堂再现

**教学年级**:六年级

**执教日期**:2014 年 10 月 22 日

### 板块一:观看微电影

师:张老师看了一部电影,有一个片段,深深地触动着我。于是,我将它剪辑成微电影。现在,让我们静静观看这一部 4 分半钟的微电影,请同学关注每一个画面，留心每一句台词。

（生观看）

**场景一**：安东的儿子和修车工儿子因玩秋千而发生争执。安东介入两个孩子中，正在调解，修车工不分青红皂白地扇了安东一个巴掌。（具体对白略）

**场景二**：安东找修车工理论，又一次遭打。

**师**：不知道同学们有没有看明白，影片当中有两个爸爸。（PPT出示）这一位叫——安东，另一位是一位——修车工。谁来说说他们之间发生了什么事情？

**生**：安东的孩子和修车工的孩子因为争抢秋千打架，父亲安东过来询问时，修车工也来了。修车工以为安东在欺负自己的孩子，于是打了安东一巴掌。对此事耿耿于怀的安东的两个孩子找到了修车工的工作地点，于是和父亲一起到修车处。不料，修车工又扇了父亲安东一巴掌。安东教育孩子说："他打我是不痛的，是不可怕的。他就那么点能耐，他输了。"

## 板块二：展开微辩论

**师**：同学们，对于父亲安东的做法和说法，你认同还是反对？认真地思考，拿起笔，在贴纸上写上"认同"或"反对"。

（生书写）

**师**：再请写下一个词语或者短句，把你认同或反对的理由写出来，可以写一条，也可以写两条。

（PPT出示：你认同并理解父亲安东的做法、说法，还是坚决反对？独立思考，用关键词写出认同或反对的理由）

**师**：表示反对的请举手。全班只有两个同学反对？

（师巡视，还是只有两个学生表示反对）

**师**：同学们，假如这是一场辩论，也许大部分同学选择正方，但真理也许会在少数人手里。在场的同学有没有愿意改变立场加入到这两位同学这一方来的？（十来个学生纷纷上台，支持反对方）这么多同学马上改变立场了，这不叫背叛，这叫审时度势！（笑）

（教师指导学生当场换位置，支持方坐在一起，反对方坐在一起）

**师**：现场马上安静下来，抬起头，看着屏幕上呈现的概念图——

**师**：这幅图我会发到组长那儿。中间写观点，直接写反对或者支持。先各自把支持或反对的观点说给组内同学听，请一个同学把大家的贴纸粘到贴理由的地方，要发言的同学把理由相近的合并在一起，如果有新的理由就加上去，相邻的六个同学组成一个小组。

**分享与统整**

理由粘贴处

理由1　理由2
理由6　观点　理由3
理由5　理由4

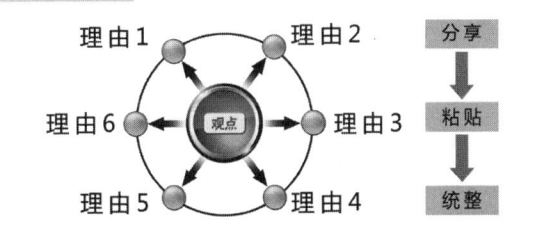

分享 → 粘贴 → 统整

开始交流，时间4分钟。

（生六人一组：说理由，粘理由，确定一个上台发言的人，氛围热烈）

**师**：微辩论现在开始。（PPT出示）我们的辩题是——

**正方**：理解并认同父亲安东的做法和说法。

**反方**：坚决反对父亲安东的做法和说法。

**师**：我们采用自由辩论的方式，原则上台上的同学每个人只有两次发言的机会，两次发言之后，底下的同学可以补充你们的观点。双方发言交替进行。要做到：有理有据阐述观点，有礼有节反驳观点。（PPT出示）辩论正式开始，先请认同的一方表达你们的观点。

**正方**：我们认同安东的做法和说法。因为父亲安东宽容待人，使得孩子们懂得随便找人修理一顿对谁都没有好处，他宁愿自己受苦也不要给孩子造成负面影响。（板书：宽容）

**反方**：其实安东已经给孩子造成不良影响了，他面对强大的敌人一味忍让退缩，使孩子受到了不良的教育。（板书：不良影响）

**正方**：没错，父亲安东的行为会影响下一代。有其父必有其子，安东在待人处事方面肯谦让，肯吃亏。在这个社会上肯吃亏，对你是有好处的。他的孩子以后也会懂得谦让。（板书：吃亏是福）

**反方**：我认为安东欺骗了自己的孩子，使他们和自己一起受辱，这样会纵容修车工更加猖狂，也会使孩子们长大以后没有坚强的内心。（板书：纵容）

**正方**：安东被打，却没有怀恨在心，也没有还手。安东是孩子的榜样，教会了孩子不要冲动。（板书：不冲动）

**反方**：安东受到屈辱却一味妥协，其实他可以用法律来维护自己的权益。如果他一味地向修车工妥协，那么他的孩子会变得更加懦弱。（板书：懦弱）

**正方**：我觉得安东的做法是对的，因为安东从头到尾都没有用武力去解决这件事情。他没有用武力解决事情，不会对孩子的成长造成负面影响，也不会误导孩子以后用武力解决问题。

**师**：我这里小小地提醒一下，你们都将自己观点抛出来，这很好！最好能够针对对方的观点来反驳，这才叫真正的辩论，不要只管自己讲自己的。

**反方**：我反驳对方辩友的观点，如果从小这样教育孩子，就会使他们的性格变得懦弱，处处让着别人，长大以后不是处处吃亏吗？我觉得有时候也要勇于斗争，认为在理，就要去和对方对抗。（掌声响起）

**正方**：按照对方辩友的意思，一味用武力解决问题的话，那么世界岂不是一片混乱，所谓的文明世界又何在呢？！（掌声响起，师板书：混乱）

**反方**：对方辩友请注意，安东的做法并不是什么放弃武力，也并不是什么宽容，而是一种纵容，他纵容修车工打自己的巴掌，说明自己是懦弱的，那么今后孩子就会懦弱地逃避一切问题。（掌声响起）

**师**：台下的同学可以发言。

**正方**：我反驳对方辩友的观点，因为扇巴掌是不道德的，就像修车工这样扇别人的巴掌。如果安东也是反扇巴掌，就是教孩子反扇巴掌。

**反方**：我觉得安东是懦夫的行为，我们推崇为自己斗争并不是说所有问题都用武力来解决，如果他多次扇你的巴掌，你忍无可忍，你可以站在讨回公道的立场去扇回来。（掌声响起）

**正方**：我觉得安东这次事件并没有彻底输给修车工。虽然他在肉体上是失败的，但是他在心理上却占了很大的便宜。安东在对方扇自己巴掌的时候，做了无声的抵抗。（台下观众掌声响起，师点评并板书：无声的抵抗）

**反方**：我们并不是强调要用武力解决问题，安东可以不用武力，他可以用正当的法律来维护，他的孩子给他提出了很好的建议，他可以去报警，用法律来维护自己的尊严。只可惜他并没有采纳孩子的意见。

师：还有很多同学想表达自己的声音，各方最后一次机会。

正方：请对方辩友注意，安东是父亲的角色，而懦弱并不等于宽容，如果安东此时接受孩子的建议去报警的话，就是教会孩子今后遇到任何困难都可以采用报警的方式，这才是教会孩子长大后不要懦弱。

反方：请对方辩友注意，扇巴掌这件事是十分伤自尊心的，假如说一再打巴掌，被对方打个半残，你还不去报警吗？

师：辩论告一段落，请辩手回到自己的座位。让我们为他们的精彩辩论鼓掌，谢谢他们！

### 板块三：现场微采访

师：本次辩论会没有主席，只有大众评审团——全体听课老师。接下来，让我们采访现场的老师。怎么采访？

（PPT出示）

采访任务：随机采访一位现场听课的老师，了解老师们对父亲安东所作所为的看法。

师：要想让老师开口，你们有什么办法？

生：我觉得我们可以有礼貌地询问，让他们表达出自己的见解。

师：有礼貌地询问，能不能板着面孔？

（生露出七颗牙齿笑）

（PPT出示）

采访提示：1. 礼貌介绍自己；2. 简洁提出问题；3. 及时记录要点；4. 记下老师名字。

师：有礼貌地介绍自己，简洁地提出问题，还可以边听边记录关键词。如果这个老师愿意，请把他的名字记录下来。千万不要拿着话筒问：你幸福吗？（笑）现场采访，开始。

（生现场采访老师们，场面十分壮观）

**师**：掌声感谢老师们接受我们的采访。现在，请你再一次诚实地面对自己的心灵。听了老师的一番观点，有没有同学改变自己的立场？请从自己的位置上站出来，走到另一方。

（两位改变观点的学生，从位置上站出来）

**师**：你听了老师的什么观点而改变了自己的立场？

**生**：我听了董老师的发言，改变了自己的立场。老师的话让我明白，父亲安东的做法虽然教育了自己的孩子退一步海阔天空，但这样却对修车工的孩子造成了不良的影响，因为这样的话，修车工的孩子会觉得自己的父亲可以帮助自己解决一切，以后他也会像父亲一样去打别人。

**师**：嗯，崭新的视角！所以，你改变了你的态度。张老师弱弱地问一句：假如你今后生活当中碰到了你很喜欢的一个男人，但是他像安东一样懦弱，你愿意嫁给他吗？（生哈哈大笑）请回答。

**生**：不愿意。

**师**：为什么？

**生**：因为跟着这样的男人生活的话，那么我在生活中总会被瞧不起的。

**师**：没有安全感，是不是？

**生**：嗯。

**师**：请回到位置。（问另外一位学生）你呢？为什么改变观点？

**生**：因为老师跟我讲，他观察到了一个细节，安东自己也是非常难受的，他躺在水面上时他的心里非常烦躁。他还是带着儿子去修车工那里，这样的话他的孩子受到了心灵的伤害，所以，我认为他这样做是懦弱的。

**师**：好，亲爱的同学们，我们的课堂还荣幸地请到三位特别的大人，他们是三位同学的爸爸或妈妈！哈哈，这是张老师设的一个"埋伏"。全场掌声热烈一点,欢迎爸爸妈妈上台。(热烈鼓掌)现场选一位小记者来采访吧。

（现场选一位学生当主持人采访家长）

**生**：亲爱的爸爸,您好！看了这部微电影,请问您是支持安东还是反对？

**家长**：孩子们,老师们,今天看了这部微电影后,我还是站在安东的一方。我觉得对孩子的教育应该是用爱去传播爱,而不是用暴力去传播暴力,我一直觉得爱是世界上最永恒的一种力量。(台下掌声响起)虽然对孩子暂时的影响是一定存在的,安东能够解决的问题完全能够通过暴力去解决,我相信他做得到,但是他选择了忍让的办法,这并不代表生活中时时处处都要去忍让。当我们核心的根本的利益受到伤害的时候,我们应该拿起法律武器来维护自己的权益,而不应该用暴力去传播另一种暴力。谢谢！(掌声)

**生**：吴妈妈,您的看法是？

**家长**：老师们,学生们,你们好！我看了这部微电影以后,我是支持反对方的。人与人之间应该学会谦让,但是在这样的文明社会中,要看面对什么样的人。像修车工这样的家长,这些无视法律、没有道德、没有修养的人,可以通过我们国家的制度来保护自己的合法权利,这样也可以教育孩子如何平等地去与人交流。从维修工的角度来看,他这样教育孩子是不合适的,这样教育出来的孩子会用暴力手段来解决问题,这位孩子会失去朋友,没有朋友。

**生**：蒋爸爸,您有什么感受？

**家长**：我支持安东的做法,有句话叫：理想很丰满,现实很骨感。(笑)安东应该是一个理想主义者,他所表现出来的,在我脑海里面,有四个画面对我比较深刻。第一幅是：退让。他的宽容和退让使事态没有进一步恶化。第二幅：他跳入水中,清醒自己的脑袋,展示出他忍辱负重的品质。第三幅：他在与小孩交流中,没有用父权强逼孩子接受自己的意见。第四幅：再去忍受时，他亲吻了小孩的额头，敢于迎难而上，说了一句：我不怕你，这里不痛。所以我说他展现了一个好父亲的良好品质，但是我对他的建议是：如果这部片子，小孩子的父亲安东能在亲吻小孩以后，进行适度合理的反击，我想对小孩的心理教育会更有帮助。谢谢大家。（台下掌声响起）

生：谢谢三位家长！感谢你们在百忙中来到上课现场进行交流，感谢你们精彩的发言。全班起立，向这三位家长鞠躬致谢。（掌声）

## 板块四：分享微拓展

师：不同的人看同一部电影会有不同的看法。同学们，请看大屏幕——

（PPT出示观点）

打人永远是错误的。因为暴力解决不了问题。别人打了你，许多人的第一反应就是要打回来，这是不对的，因为"冤冤相报何时了"，事情会闹到失控的地步。他打你错了，你打回来时，你同时也失去了道德优势。你比他好不到哪里去，你放弃了"暴力解决不了问题"的理性准则。俄罗斯谚语说："不要和傻瓜打架，打到后来别人会分不清谁是傻瓜的。"

别人打了你，你可以采用多种办法，例如告诉警察，让法律和规则去惩罚他们，而不是马上打回来。这才是强大和勇敢。

当然，也有特例。如果危及生命，或者日本人打过来，那又另当别论了。

——电影爱好者、杭州师范大学教授任为新

（看到最后一句的时候，台下笑声、掌声）

师：同学们，今天我们看到的微电影，选自电影《更好的世界》。如果我们把刚才看过的微电影，分享到父母的微信朋友圈，你最想在微信上写下什么？回去把今天的感受写成了一段凝练的话，借助父母的微信，把这段视频分享给更多人。有兴趣的同学，还可以在父母的陪同下，一起看完《更好的世界》。边看边思考：让世界更加美好，我们可以做什么？

## 创意赏析

### 一、基于生活场景的真实话题

张老师利用"微电影"的形式，播放了一小段视频，内容引起学生的思考，就有了情感的共鸣和生活的基础。把"生活事件"引进教学，作文教学与生活融为一体，将教学资源的"用件"价值发挥到最大限度。学生口语交流与写作时就具备了"真实的言语人物""真实的言语情境""真实的言语成果"，能使学生以愉悦的心情、高涨的热情、认真负责的态度积极参与到写作中来，真正做到情动心动，乐于动笔。

### 二、基于实际交流的读者意识

张老师组织学生"微辩论"的交流对象十分明确，说与写的目的清晰：有理有据阐述观点，有礼有节反驳观点。更妙的是教师把教学的视角扩大到部分听课教师和家长。这样，课内课外、场上场下融为一体，创造了现场口语交际的情境，让学生在真实的交际过程中更深刻地体会到用话语、文字交流的必要性与重要性。课后作业"写微信"，让学生有了强烈的读者意识，更有表达的欲望和动力。

### 三、基于多元文化的价值融合

教学中，家长的引入，听课者的介入，对于形成多元的认识也有着独特的作用。在这样多元文化的撞击下，学生思维的闸门被迅速打开，敢想、敢说，说得有理有据，十分精彩。学生真正成为学习的主体。为了让学生看问题更客观、更全面，教师引入家长进行采访。学生深刻的见解源于思想的深刻与思维的缜密，也得益于在课堂的现场思辨与生成。

最后张老师出示了杭州师范大学任教授的一段话，使学生的认识更趋于辩证、合理。

### 四、基于教学实践的"微课"因素

一节课的时间相对有限。张老师巧妙地引进了"微课"的理念，采用"微电影""微辩论""微采访""微写作""微整合"的方式，让学生观察、思考、辩论、交流、写作，巧妙地处理了教学内容多与课时少的矛盾。见微知著，学生较好地经历了一个"口语交际与创意写作课"的全过程，在思维的扩散性、深刻性上，在语言的流畅性、严密性、条理性上都得到了较为扎实的训练。

（点评：陈宝铝）

### 拓展延伸

这个教学设计，可以移植到韩国电影《外婆的家》进行类似教学：针对电影片段中的七岁的小男孩相宇来到又穷又哑的外婆家至转变前这一部分展开微辩论。可选择以下几个片段引入辩论主题：1. 为了买游戏机的电池，相宇偷走了外婆的银头簪；2. 相宇不顾一旁难以穿针缝袜子的外婆，在地板上玩起了溜冰；3. 外婆为了满足想吃炸鸡的相宇费劲了所有，煮了一只鸡却被相宇推翻了饭碗……外婆，只是不停地用手势表示对不起。这三个画面，引入辩题：外婆和相宇，究竟谁应该说对不起？辩论之后进行拓展延伸写作，同样也可以从孩子天性的改变来提醒人性的善。

# 第四课　写对话，有妙招
## ——《查理和巧克力工厂》教学叙事

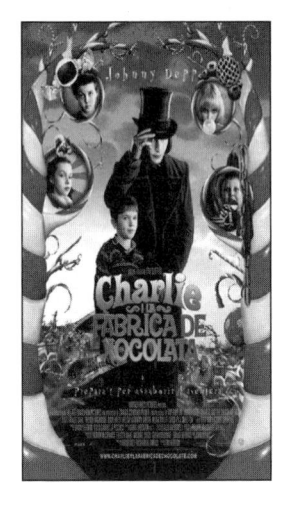

**影片名称**：[美国]查理和巧克力工厂
**上映时间**：2005年7月15日
**导演**：蒂姆·波顿

　　**故事简介**：本片片长115分钟，荣获2006年奥斯卡金像奖最佳服装设计提名。影片讲述了小男孩查理·巴克特和父母、爷爷奶奶、外公外婆住在一起，虽然家境贫困，一家人居住在一栋摇摇欲坠的小木房里，但是相互之间和睦融洽。好运降临，查理购买巧克力获得了一张金奖券，他与其余4张金奖券的获得者一起开启了参观巧克力工厂之旅。参观巧克力工厂的过程是一次奇特的经历。小查理、爷爷和每个参观者都对眼前的景象和扑鼻而来的香味惊叹不已，他们的体验充满了无限的着迷、狂喜、好奇、惊讶和迷惑不解。飞流直下的巧克力瀑布，龙头船航行在棕色巧克力糖浆的河流，郁郁葱葱的口香糖草地，还有漫山遍野的牛奶糖。巧克力工厂里的工人全是来自蛮荒丛林、酷爱巧克力的矮人国的小矮人。巨大的"糖衣炮弹"让其他四个孩子都失去了自制,他们有的掉进了巧克力河,有的变成了糖果,有的被送进了废品炉,有的钻进电视变成了信号微粒。对于这一切,小查理不为所动。最不可思议的事情发生在最后,通过考验的查理获得了旺卡先生赠送的大礼——巧克力工厂。

一句话影评:巧克力的饕餮盛宴,人世间的至真至美。

## 资源分析

《查理和巧克力工厂》一课的教学中,电影资源共运用两次。第一次用一个剪辑片段(14′24″~18′55″),主要内容是:威利·旺卡先生张贴告示,允许五个小朋友参观他的巧克力工厂,其中有一个小朋友可以赢得大奖,超乎任何人想象的大奖,有五张金奖券藏在五块普通包装的旺卡巧克力的包装纸里面,获得金奖券的孩子就获得参观权。这五块巧克力可能在世界上的任何一个国家,于是世界各地的孩子开始疯狂地购买旺卡巧克力。查理前两次购买都没有获得金奖券,第三次用捡来的钱购买时意外获得金奖券。

第二次播放"维鲁卡是个坏坚果"(72′38″~75′09″),用于第四板块,关注点:威利·旺卡为什么不选其他四个孩子,而是选择了查理呢?最后收获"娇生惯养导致固执,太贪婪,不懂得控制自己的欲望"的道理。

## 设计思路

本课教学将电影与名著融于创意写作中,从一家人的画像入课,按"片段引路,创设对话情境;补白写作,想象人物对话;阅读原文,提升对话质量;欣赏电影,激发读写热情"四个教学层次创编故事。关注对话,创作对话是本节课的读写结合点。第一次对话创作于查理获得金奖券之后的激动表述,第二次创作是向家人介绍糖果的样子和功能。基于特定情境下的表达,学生有话可说、有话想说,在想象中获得言语训练。

以上设计思路,可提炼为如下导图:

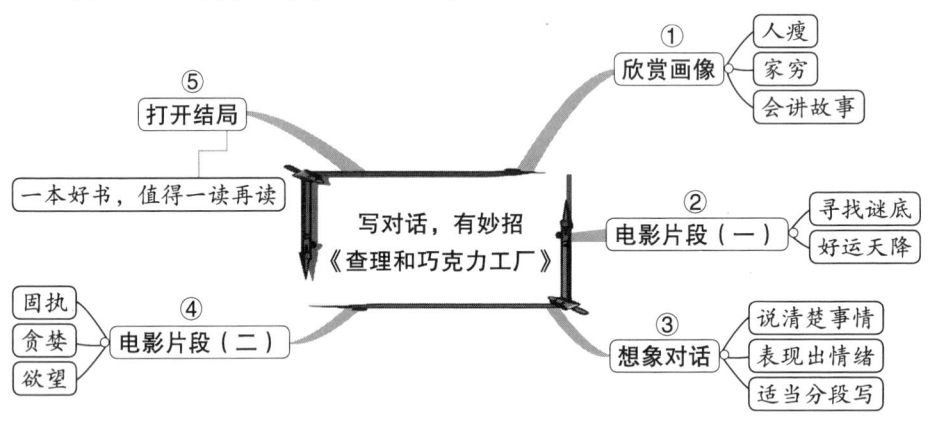

## 课堂再现

**教学年级**:四年级

**执教日期**:2013 年 12 月

(课前,交流老师最盼望的和最不希望得到的圣诞礼物)

088 / 光影中的创意写作

## 板块一：片段引路，创设对话情境

**师**：同学们都看过《查理和巧克力工厂》了，张老师要来考一考同学们，屏幕上将会出现一些人的画像，你猜一猜，他是谁？请看——

（逐一出示查理一家人的画像以及简介）

**师**：这是谁？

**生**：约瑟夫爷爷和约瑟芬奶奶。

**师**：你是怎么知道的？

**生**：因为我在《查理和巧克力工厂》第一页里面看到过。

**师**：两个老人有什么特征？谁看见了？

**生**：一直躺在床上。

**师**：再看他们的长相有什么特征。

**生**：瘦得像具骷髅。

**师**：再说一遍。

**生**：瘦得像具骷髅。

**师**：太吓人了。瘦得像骷髅，因为家里穷，没啥好吃的东西，所以这样瘦，一起读。（课件出示文字）这两位很老的老人家，预备起——（生齐读）

**师**：他们就是查理的爷爷和奶奶。这两位老人又是谁呢？大家一起说。

**生**：乔治姥爷和乔治娜姥姥。

**师**：乔治姥爷和乔治娜姥姥，也就是外公和外婆。（生一起回应）这两个人是谁？

**生**：是查理的爸爸和妈妈。

**师**：对啦，巴克特先生、巴克特太太。（出示课件）这一位就是咱们的主人公，一起说。

**生**：（齐）查理。

师：查理·巴克特。这家人啊很特别，很特别。谁知道他们特别在哪儿？

生：我觉得他们家比较小。

生：查理的外公外婆、爷爷奶奶睡在一张床上。

师：对啊，四个人居然睡在同一张床上，很特别。

生：他们家特别穷。

师：特别特别的穷，穷得叮当响。

生：每个人都很瘦很瘦。

师：对，而且还有一个很特别的地方。查理的爷爷特别，特别地会——

生：（接）讲故事。

师：现在呀，张老师就要模仿查理的爷爷，来给你们讲故事啦。

（出示课件，抽一生合作，分角色读）

生：爷爷，那么究竟旺卡先生雇佣什么人在工厂里干活呢？

师：没人知道，查理。

生：那不是太奇怪了吗！没人问过旺卡先生吗？

师：再没人见过他。从那儿出来的只有各种巧克力和糖果，这些巧克力和糖果写明发往地点，码得整整齐齐地从墙上的一扇特别的活板门出来，每天都由邮局的车队来把它们运走。

生：爷爷，在那儿干活的到底是什么人啊？

师：亲爱的孩子，这是巧克力制造界最大的奥秘之一。我们只知道一点，那些人很小。那些不时在窗后出现的影子，尤其是在晚上亮灯的时候，看得出是些很小很小的人，还不及我的膝盖高……同学们，你们听明白了，爷爷和查理在对话的时候，说了一件什么事情？谁听清楚了？

生：关于旺卡的工厂的一个故事。是讲旺卡里面没有工人，但是巧克力还是一如既往地出来。

师：爷爷的话引起了查理的好奇心，是不是？同学们，有几句话，没有写清是谁说的，你怎么知道第二句红字的就是查理说的呢？

**生**：因为查理继续回答爷爷的话。

**师**：有时候对话特别紧凑的时候，提示语就直接不写了。你看，通过对话，让我们明白发生什么事情。（请学生看电影片段。片段主要讲威利·旺卡先生张贴告示，允许五个小朋友参观他的巧克力工厂，其中有一个小朋友可以赢得大奖，超乎任何人想象的大奖，有五张金奖券藏在五块普通包装的旺卡巧克力的包装纸里面，获得金奖券的孩子就获得参观权）

**师**：他们都在看什么呢？哦，原来是一张告示。这帮人疯掉似的在干什么？

**生**：抢巧克力。

**师**：在疯抢巧克力。如果你们也在电视的情境当中，你们也会加入这个队伍吗？

**生**：会！

**师**：为什么？为什么就疯狂地去抢巧克力？

**生**：因为旺卡先生说有五个小朋友可以在他生产的巧克力中各拿到一张金奖券，可以到他的工厂里去参观，还有一位小朋友可以得到神秘的大奖。

**师**：而且这个神秘大奖是超乎任何人想象的。每个小朋友都会愿意为这份神秘大奖而疯狂地去抢巧克力。疯狂在继续，我们往下看，会发生什么样的事情呢？

（继续播放）

**师**：（教师结合电影补充画外音）大家都笑了。于是生日提前过，静静期待，会不会发生奇迹？见证奇迹的时刻到了！没有，一家人一脸的失望。约瑟夫爷爷决定打一次赌，他把自己藏的私房钱拿出来啦。私房钱，藏了好多年，为了这份大奖，值！这回，查理会如愿以偿吗？让我们一起为查理默默地呐喊加油。奖券，出来！没有，只有一块巧克力。

## 板块二：补白写作，想象人物对话

**师**：第三次，查理无意当中捡到一张钱，好运会从天而降吗？哇，这就是金奖券耶！（影片停止播放）同学们，查理在无意当中得到了金奖券，如果你就是查理，那一瞬间，你会有什么表现？

**生**：就是把金奖券拿回家给爸爸妈妈看。

**生**：我会喜出望外，然后马上跑回家给爷爷奶奶、外公外婆、爸爸妈妈一起看。

**师**：一起分享这激动，喜出望外。

**生**：我会把它举高，让大家都看看我拿到了最后一张金奖券。

**师**：你就不怕别人把它抢走吗？你说，你会怎么反应？

**生**：我肯定会以最快的速度跑回家，告诉爸爸妈妈，并且把这张金奖券给他们看。

**师**：假如你就是作者，在这个关键情节之后，查理会对爸爸妈妈，或者爷爷奶奶、外公外婆说什么呢？拿起笔来，我们来当一回作家，把查理要说的话写下来，（出示课件）看清楚要求：1.把事情说清楚；2.把查理当时的情绪充分地表现出来。5分钟时间，计时开始。直接写查理要说的话，可以对一个人说，也可以对家里所有的人说。

（学生习作，教师巡视指导）

**师**：我们来请几个"查理"到台上来读他们刚才写的句子。（邀请两位）直接读查理说的话。其他小朋友抬起头来，一边听，一边想：查理有没有把事情说清楚？有没有把当时的情绪充分地表现出来？

**生**：爷爷。

**师**：唉。

**生**：金奖券！这可是最后一张金奖券，被我找到啦！

**师**：别，别，爷爷心脏不好，你说得慢一点。

**生**：这是最后一张金奖券！

**师**：被你找到啦？

**生**：真的！你说我幸运吗？被我找到啦！我们家可以告别贫穷啦！整整一车的糖果，够我们吃许多年。

**师**：(怀疑)告别贫穷了，这就脱贫致富啦，我就不用再睡在这张床上啦？打死我也不信！你哪来的钱啊？

生：路上捡到的。

师：还是不相信。（对另一生）好，这位同学，你对谁说？

生：我也是对爷爷说的。

师：好，我继续当爷爷。

生：爷爷，爷爷，我拿到最后一张金奖券啦！我可以和你一起去旺卡先生的巧克力工厂参观啦！

师：这孙女乖巧，首先想到了我，家里还有六个人，她就想到了我。孙女，继续说。

生：奇迹终于发生了，最后一张金奖券终于降临在我的手上啦！我也可以和其他的伙伴们去努力得到那意想不到的礼物啦！这张金奖券来之不易，我一定会好好收藏起来！

师：收藏起来干吗？赶快去查理的巧克力工厂啊，对不对？

师：好，同学们，这两位同学有没有把事情写清楚？

生：写清楚了。她把怎么把它获得的，还把她的情绪也写出来了。

师：很激动、很兴奋的情绪写出来了，是不是？刚才第一位同学没有把钱从哪儿来的讲清楚，后来老师一追问，他就把它加进去了。同学们，还有谁愿意继续向家人汇报这天大的喜事？

（再选择给妈妈、爸爸说的片段，生朗读，师适时提问）

## 板块三：阅读原文，提升对话质量

师：刚才同学们替作者写了一个片段，确实把事情写清楚了，在老师和大家的对话之下，慢慢地把这个事情讲清楚了，而且能够把查理当时的心情写出来了。那么，我们看一看，作者到底是怎么写的？

（出示课件，请生与师分角色朗读，师适时指导有感情地朗读）

师：（示范，激动地）妈妈！妈妈！妈妈！瞧，我得到它了！瞧！妈妈，瞧！就需要这样疯狂地读。我们一起来。妈妈！妈妈！预备齐——

生：（齐）妈妈！妈妈！妈妈！

师：瞧，我得到它了！

（生齐读）

师：你说这个查理是不是兴奋过头了？明明就是很简单的话：我在地上捡了钱，得到了最后一张金奖券。他却翻来覆去、翻来覆去地说了那么长长的一段话，为什么？

生：因为他实在是太兴奋了。

师：太兴奋了，把高兴的话翻来覆去地说，是不是？你看，翻译者在翻译的时候，标点符号都很特别，你们（课件显示：所有的"！"标红）发现没有，一共有几个感叹号？

生：（兴奋地数）1,2,3……12。

师：十二个感叹号。你看，标点符号会表情达意。同学们，写文章用好对话，会使这个文章非常的有意思。我们小结一下。好的文章，对话至少有这样两个特征：（课件）第一，能够把事情讲清楚；第二，能够在特定的场合下把人物的情绪充分地表达出来。还有一点，不知道同学们有没有发现，他们的对话是放在一段写呢，还是有时候分段来写？适当地分段写，这样读者读起来就轻松一点。

师：同学们，查理获得了最后一张金奖券，和其他四个小朋友一起，在大人的陪同下，进入了威利·旺卡的巧克力工厂，见到了许许多多有意思的事情。同学们印象最深的是什么事情？（该部分略）

师：是呀，同学们，查理的巧克力工厂里边的每一种东西都那么神奇，连里边的一些饮料也是那么神奇。

（师生合作读，绘声绘色，全场笑声不断）

师：下一道门上写着：升高汽水。噢，那些东西真是不可思议！它们使你的肚子里充满着气泡。这些气泡里充满着一种特殊的气体,这种气体有很强的升高能力,可以使你像气球一样从地面上升起来。升啊升啊,直到你的头碰到天花板才会停下来。来,我们一起来做一个喝饮料的动作。预备起,喝。(生作喝的动作)喝了之后,你们就会怎么样?飘起来,飘起来,飘起来,飘起来,飘到哪儿?(生进入情境,兴奋不已)飘到上面的钢管上,你们都挂在那儿了。(生大笑)快下来,这时候,查理会问一个问题。

**生**:可是怎样才能可以再下来呢?

**师**:很简单。当然是打嗝啰。(发出打嗝的声音)你狠狠地用力打嗝,气体上来,你就下去了!但千万不要在室外喝这种汽水!如果喝了,你就会无止境地升高。有一次,在后院里,我给一个奥帕伦帕老人喝了一点儿,他升啊升啊,升得连人都看不见了!真叫人难过。我到现在都没有再见过他!(全场大笑)如果你是查理,你还有问题问旺卡先生吗?

**生**:那他为什么不打嗝啊?

**师**:对啊,你跟作者想到一块了,他为什么不打嗝呢?有一个词语叫飘飘然,你们知道吗?

**生**:(齐)知道。

**师**:这个奥帕伦帕老人飘飘然,飘飘然,就忘了打嗝,结果他就到月亮上去了。(全场笑)你看这段话,全部都是用对话,把这种好玩的升高汽水写得清清楚楚,让我们觉得是那样的有意思。同学们,如果现在我们的教室里真有这种好玩的升高汽水,你会喝吗?你敢喝吗?敢喝的请举手。(生踊跃举手)同学们,这里好玩的糖仅仅只有这一种吗?好玩的汽水饮料仅仅只有这一种吗?

**生**:不止。

**师**:不止。文章里边有这样一段话,(文字以缓缓上升的方式呈现)请大家默读。椰子溜冰场、补牙软糖、发光硬糖、薄荷枣味胶糖、黏嘴糖、隐形巧克力糖、糖衣铅笔、柠檬汽水游泳池、彩虹糖豆……如果允许你在里边买一种,你最想买哪一种?

(生回答)

**师**:好,同学们,你们想象的糖,书当中没有写出来,但事实上,威利·旺卡的工厂里也许真的存在。现在,我们又要当一次作者,你的身份是查理,站在查理的角度,把你想象出来的这种糖告诉家里的一位亲人。(出示课件)请以查理的口吻,根据文中对各种糖果特点的提示,通过想象,把某种或者两种糖果的样子和它最特别的功能,清楚地介绍给查理的妈妈,或者姥姥、姥爷、奶奶,请用对话的方式来写,要求:一起读,预备齐——

**生**:(齐)1.把事情讲清楚;2.充分表达情绪;3.适当地分段写。

**师**:明白了吗?选一种糖,告诉爸爸、妈妈,或者姥姥、姥爷、奶奶。拿起笔来,注意,这一次有对话,不再是一个人在说话,对话可以多个回合。开始,写作时间8分钟,倒计时。

(学生写作,师巡视指导)

**师**:你要想象,查理在说这番话的时候,他的表情,他的声音,你要通过文字,通过标点符号,把查理的情绪充分地表现出来。我要表扬这个同学,你看,"爷爷!爷爷!爷爷!"连着三个"爷爷",而且都感叹号,他兴奋得不得了。这就叫会学习。

**师**:写好的小朋友看看题目左下方的提示,想一想,有没有把事情说清楚,有没有把查理当时的情绪表达出来,有没有做到分段来写对话。同桌写好的相互交换,彼此提提建议,想想对方哪些好的地方值得学习。(学生同桌交流)

(请四位学生上台朗读他们的片段并评价)

**生**:"爷爷,"查理大叫,"你看这糖衣铅笔是不是能用来写字啊?而且它是不是可以吮吸?这样,在上课时,我就可以吃到糖果,这多么好啊!"

师：我觉得这个地方可以把它换成："爷爷，你看这糖衣铅笔，它能用来写字，还可以用来吮吸呢。这样，我在上课的时候，就可以吃到糖果，这多么好啊！"好，再往下读。

生：谁知道呢，茶理。旺卡先生创造的糖果总是让人难以捉摸，而且数不胜数。

师：爷爷相信还是不相信？有一点不相信。注意，查理的"查"字写错了，不是绿茶的"茶"。

生：啊，旺卡先生真是厉害啊，一个人创造了这么多不可计数的奇怪糖果，我想把每一种都尝一尝、看一看，体验这奥秘。

师：同学们来说一说，你觉得他这一段对话写得怎么样？

生：他分段了，而且说得很清楚。

师：有没有意见？

生：他有一些字写错了。

师：张老师想问你，最后一句话，你有没有针对爷爷的问题来写？（转生，生沉默）好像没有，是不是？这里爷爷要问一个问题，或者是说了什么话之后呢，他话题紧接着上去，这样，对话才自然。（生点头）

生：爷爷，爷爷，爷爷，你再也不用去医院了。

师：（师扮演爷爷，朗读学生习作）为什么呢？

生：旺卡先生工厂里的补牙软糖可以给你补牙，不用再像以前一样，你说话总是漏气。

师：哦，我牙齿掉了，所以说话漏气。

生：你就不会像以前那样疙疙瘩瘩地说话啦。

师：真有这种糖吗？

生：是的。

师：哎哟，这东西真不可思议，居然能把牙齿给补好呀！这样，我们

以后就可以节省许多钱了。谢谢你，小查理。（后面的学生略）

师：同学们，刚才，我们替作者把文章当中没有写出来的内容写出来了。所以，我们在读一本书的时候，就要边读边发挥自己的想象，走进这本书当中去，把一些空白点补出来。这样，阅读就更好玩。

### 板块四：欣赏电影，激发读写热情

师：同学们，这本书当中，好玩的事情还有很多很多。进工厂的一共有几个人？

生：（比手指，兴奋）五个。

师：这五个人最后谁获得了大奖？

生：查理。

师：那么，为什么其他人得不到奖呢？（逐一出示四个小朋友图片）

师：像进入电视。（揭示谜底）这个是被巧克力工厂吸走的奥古斯塔斯，这是变成超级大蓝莓的维奥莉特，这个小女孩是被松鼠当作坏坚果扔进垃圾槽里的维露卡，这个小男生是被传送进电视机的迈克·蒂维。同学们，威利·旺卡为什么不选他们，而要选查理呢？他的原因是什么？

生：我觉得是因为他们都太淘气了。他们不顾别人的劝告，只想着做自己想做的事情。

师：太淘气，所以旺卡选择了查理。

生：我觉得他们有点娇生惯养，被宠坏了。

师：尤其是谁，你觉得谁特别娇生惯养？

生：就是那个维露卡。

师：维露卡娇生惯养。一会儿，我们来看一段视频，好不好？其他同学还有别的理由吗？

生：因为他们对这个工厂里面的东西都很好奇。

**师**：查理就不好奇吗？（生沉默）你的意思是：查理虽然好奇，但是能控制自己的好奇心。是不是？

**生**：而且他们都做了这些事情，本来他们都好端端的，可是他们在最后出来的时候，却变成了另一副模样。

**师**：变得很难看，是不是？

**生**：我觉得因为他们是有点笨手笨脚的那种。

**师**：笨手笨脚，或者特别贪婪、特别任性、特别固执。而查理呢，没有这些毛病。刚才这个同学说，这个女孩子叫维露卡，在巧克力工厂里边啊，就闹了笑话。我们来看两段视频。请同学关注视频当中的人物对话，同时关注视频当中的一些镜头。

（播放维露卡进工厂的视频片段，师实时解说）

**师**：同学们，旺卡先生为什么不选维露卡为最后获胜的人？

**生**：因为她太任性了。人家要她不要下去碰那些松鼠，她偏偏要下去。

**师**：嗯，太任性的孩子是得不了大奖的。

**生**：因为被娇生惯养，所以变得很固执。

**师**：娇生惯养导致了固执。

**生**：如果选她的话，她可能什么东西都想要。

**师**：同学们，威利·旺卡先生淘汰了一个又一个选手，最后只剩下查理。查理获得了一项难以想象的大奖。威利·旺卡做出了一个惊人的决定。这个决定就是——（出示课件，文字如打字机打字般呈现）

你知道吗，我亲爱的孩子，我决定要把整座工厂送给你。等你长大有能力经营它的时候，整座工厂就是你的了。

**师**：这份大奖激动人心吗？

**生**：激动。

**师**：激动人心。可是，在文章的最后却写道"一家人谁也不愿意离开这座破房子"，最后的结局是怎么样的啊？（生七嘴八舌）用一个吊车直接把他们一家人送进了电梯里面。故事就这样喜剧性地结束了。

**师**：同学们，故事到这儿就完了，但是留给我们的思考却是意味深长的。这个故事虽然是虚构的，但是里边藏着的东西却需要我们回去慢慢地、细细地品味。这就是一本好书值得我们一读再读的原因。这本书的名字就叫——一起读。（课件出示封面，并逐一出示经典情节的图片）

**师**：这是一本非常畅销的风靡全世界的儿童小说，而且有一点玄幻色彩。有那么多个不同的版本，不仅小孩喜欢读，大人也喜欢读，还被拍成了电影。带来这么有趣故事的人是谁呢？（出示作者图片）一起读他的名字——

**生**：罗尔德·达尔。

**师**：他可不是一般的作家，在英国，曾经有一年评比最受欢迎的作家，你知道《哈利·波特》的作者是谁吗？

**生**：J.K.罗琳。

**师**：J.K.罗琳。她只获得了第二名，而第一名就是这个罗尔德·达尔。有人试图从他的一堆书当中找出一本最棒的，可是意见不统一。有人说，他最棒的书是——（出示书的封面）

**生**：《了不起的狐狸爸爸》。

**师**：也有人说他最棒的书是——

**生**：《女巫》。

**师**：还有人说最棒的书是——

**生**：《玛蒂尔达》。

**师**：当然，其他的书也有很多人喜欢。

（依次出现罗尔德·达尔的其他作品的封面，孩子兴趣盎然）

**师**：今天的课就上到这儿，回去以后，把这两个片段好好修改。

### 创意赏析

从设计框架上来说，本节课将电影与原著勾连在一起。用电影作为训练的生发点，通过师生互动，从而让学生明白说话首先要说清楚。如开头首先带着学生回顾电影，进一步走近人物，以爷爷"会讲故事"这个特点为切入点，分角色来回顾电影中爷爷所讲的故事，从而引出今天训练的重点——对话，抓住电影留白进行对话描写。那么原著链接有什么作用呢？老师瞄准了原著中一个看似简单却很传神的话语："妈妈！妈妈！妈妈！瞧，我得到它了！瞧！妈妈，瞧！就需要这样疯狂地读。我们一起来。妈妈！妈妈！"带领学生一起感受文字所传达的情绪，知道说话不光要说清楚，还要准确表达说话人的情绪。"电影遇见书"，并不是简单的握手，而是有指向性的有机结合。

从目标设定上来说，本课目标非常聚焦。从回顾电影中的对话片段引出第一次对话练习；由原著相应片段的品读提升第一次对话描写的质量；再以有趣的饮料为说话支架，拓展让学生介绍有趣糖果的练习。"对话练习"这一目标犹如一记重锤，有力地砸下去，在学生的心中扎根、生长。

从价值挖掘来说，本课在挖掘电影和原著的创意写作价值之后，并没有忽略人文价值。第四板块以"为什么选择查理"的提问引发学生的思辨，树立学生正确的行为取向。尤为巧妙的是，老师这时候也没有忽略本课的关键词"对话"，通过对话来感悟人物的形象。

回溯全课，一条线回顾电影读名著，一条线学习对话写对话，让学生明白对话的技巧——适时表达情绪，适当分分段落；对话的作用——了解事物特点，介绍事情梗概，体现人物形象等，扎实、清晰、轻松、有趣。

（整理及点评：魏青　张芃）

### 拓展延伸

对话在影视作品中是重要的组成部分，它让观众产生强烈的代入感。演员通过自身精彩的演绎让观众了解事情的梗概，展现人物的形象……本次影片中，就有多处精彩的对话，让我们能够了解故事的发展。如果我们看过《大圣归来》，一定也会被孙悟空和江流儿的对话吸引。这些对话特别有味儿，符合人物的性格。我们在观影、读书的时候，可以好好品味对话部分，看看能从中读懂些什么。在我们日常的习作中，也可以通过对话的方式来表达我们想要表达的内容。而对话的内容需要我们平时用心积累，观察说话人的表情、动作，让文字更加传神。

# 第五课　做个情绪万花筒

## ——《我的"头脑特工队"》教学叙事

**影片名称：**[美国]头脑特工队

**上映时间：** 2015 年 6 月 19 日（美国）、2015 年 10 月 6 日（中国）

**导演：** 彼特·道格特

**主要特色：** 导演从自己女儿的成长经历中找到了创作这部影片的灵感，时长 102 分钟的电影有两条线：一条是人物线，一条是情绪小人线。这是这部电影最大的创意所在。影片主题表达了"所有情绪的融合即爱可以挽回一切"，给观众留下了一场五味俱全的情感风暴。本片荣获第 88 届奥斯卡金像奖最佳动画长片。

**故事简介：** 影片讲述了小女孩莱利从小在父母的呵护下长大，脑海中保存着无数美好甜蜜的回忆。然而这些记忆的产生和保存还与人类的五种主要情绪有关。乐乐作为掌握莱利情绪的团队领导，协同其他伙伴致力于为小主人营造更多美好的回忆。某天，莱利随同父母搬到了旧金山，肮脏的公寓、陌生的校园、失落的友情让莱利无所适从，她的负面情绪逐渐累积，内心美好的世界渐次崩塌。为了保护莱利内心的美好，乐乐和她的伙伴只有行动起来……

**一句话影评**：学会接纳和平衡每一种情绪，感受生活的美好。

### 资源分析

《我的"头脑特工队"》一课的教学中，电影资源共运用两次。第一次剪辑片段（27′45″~30′07″），主要内容是：莱利一家在吃晚饭，妈妈问莱利一天在学校过得怎么样？

莱利想起了自己在学校的尴尬场面，想对妈妈倾诉，爸爸却心不在焉，爸爸还说了最关键的一句："小姑娘，我不知道你这种无礼的态度是从哪儿学来的！我可不喜欢你这种态度！"

这是莱莉情绪失控的导火索，用于第三板块"共赏片段，品读细析电影经典情节"，教师引导学生找到莱莉情绪失态的语言和动作，让学生回忆和交流自己情绪失控时的片段，为下面提炼出情绪写作小锦囊并让学生牛

刀小试做了铺垫。

第二次剪辑片段(80′10″~83′11″),主要内容是莱莉在离家出走的车上,想起了曾经和父母在一起的快乐时光,回忆起了那些记忆深处温馨的画面,在车子即将出发的前一秒决定不离家出走,回到家告诉了爸爸妈妈她内心深处的想法,向他们敞开了心扉,爸爸妈妈终于明白了莱莉的感受,安慰女儿,莱莉的情绪得到了恢复,投入爸爸妈妈的怀抱,幸福地笑了。

这一部分影片用于第六板块"生活延伸,教学生学会平衡情绪"。每个人的内心,都住着五个情绪小人,他们就是你的头脑特工队,掌控着你每天的喜怒哀乐,好好地照管他们,让他们彼此和平相处,你才会获得真正的幸福。

## 设计思路

本课教学将微电影与绘本元素融于创意写作中,由电影《头脑特工队》导入课堂,设计了"再现情绪,理清电影故事情节—聚焦镜头,回忆中交流观影感受—共赏片段,品读细析电影经典情节—引入绘本,发现表达方式的共同特征—活学活用,用文字表现真实的情绪—生活延伸,教学生学会平衡情绪"六个教学环节。

这部同时拥有人物线和情绪小人的电影,学生在理解上会有一定难度。前两个环节,通过理清故事情节和聚焦镜头谈感受的方法可以很好地解决这个问题;接着共赏电影片段"莱莉生气的导火索",让学生细析莱莉情绪失控的原因,观察莱莉情绪失控时的声音、举止、心态之后,让学生回忆自己情绪失控时的表现,让学生融入角色,唤醒情绪体验;随后引入绘本《苏菲生气了》,让学生找到苏菲生气时情绪失控的表现,并且对比电影中莱莉和苏菲在情绪失控时的共同之处，进而让学生发现表达方式的共同特征，总结出描写情绪大爆发的写作小锦囊，从而顺势进入第五个环节，让学生活学活用，用文字表现自己的不同情绪。最后，共赏莱莉是如何找到自己的情绪表达出口的片段，并用背景音乐渲染情感的形式总结出每个人都会有情绪，每一种情绪的存在都没有错，我们要学会找到宣泄情绪的表达出口，走向故事的主题：学会接纳和平衡每一种情绪，感受生活的美好。

以上设计思路，可提炼为如下导图：

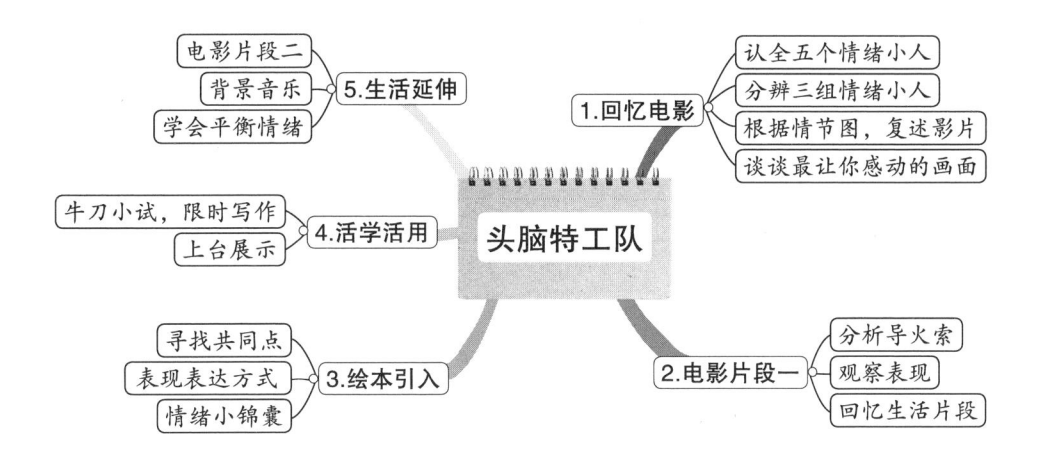

头脑特工队

1. 回忆电影
  - 认全五个情绪小人
  - 分辨三组情绪小人
  - 根据情节图，复述影片
  - 谈谈最让你感动的画面

2. 电影片段一
  - 分析导火索
  - 观察表现
  - 回忆生活片段

3. 绘本引入
  - 寻找共同点
  - 表现表达方式
  - 情绪小锦囊

4. 活学活用
  - 牛刀小试，限时写作
  - 上台展示

5. 生活延伸
  - 电影片段二
  - 背景音乐
  - 学会平衡情绪

### 课堂再现

**教学年级**：五年级

**执教日期**：2015 年 11 月

（影前，回忆影片中的五个情绪小人，谈谈给你印象最深的是哪一个）

**板块一：再现情绪，理清电影故事情节**

师：前几天，老师让大家去看《头脑特工队》，这部电影可不太好懂，一会儿是现实生活中的场景，一会是头脑中的五个情绪小人。老师考考大家，看你们是不是认得全这五个小人，叫得出他们的名字吗？

（出示五个情绪小人，帮助学生识别）

**生**：我认识那个跳得最高的，穿着淡黄和绿色夹克，蓝蓝的头发，她叫乐乐。

**师**：这位同学的描述很是仔细。他是从外貌来描述的，谁还可以从另外的角度试试？

**生**：我认识怒怒，他每次发火的时候，头上总是有火苗。

**师**：那用一个词语来形容就是——怒发冲冠。

**生**：我认识那个趴在地上的。她长着蓝色的头发，戴着一副很大的黑框眼镜，她是忧忧。

**师**：蓝色——忧郁。还有两个呢？

**生**：我认识怕怕。他长得瘦瘦的，小小的。联系生活实际，我们害怕的时候也是这样的。

**师**：那就是眼睛瞪得大大的，身体缩得小小的。

**师**：最后一个就是我们刚才讲过的叫厌厌，她是绿色的。我给所有的情绪小人都写了名片，让我们一起读一读。

（出示课件，学生齐读情绪小人的名字与特点）

**师**：这五个小人掌握了人的所有情绪，所以又叫——头脑特工队。再给大家一个挑战，这个故事里的情绪小人分为几类？你认得出吗？（示图，学生分辨三组情绪小人分属于爸爸、妈妈、莱莉）

**师**：你是从哪儿认出来的？

**生**：情绪小人都有主人的特征。比如妈妈的情绪小人有妈妈的头发样式。

**师**：仔细观察，爸爸的情绪小人还有什么特点？

**生**：他们有爸爸的粗胡须。

**师**：看来难不倒你们啊。那我再提高点难度，你可以根据情节图，讲讲电影的内容吗？（出示情节图）

（学生自由准备）

**师**：（提示）莱莉以前住在哪儿？后来搬家去哪了？她因为什么离家出

走？谁连起来说说？

（无人举手）

**师**：有一点点难度，但是一定难不倒你们。

（有孩子勇敢地举手。学生在老师的引导下简述了电影的主要内容：莱莉和家人本来住在明尼苏达，后来搬到旧金山。但是她很想念自己的故乡，就离家出走。可离开父母后，她却很难受，最后又回到了家里）

**师**：非常好，讲得清清楚楚。其实五个情绪小人的经历也是一波三折的。自从他们和莱莉一起来到旧金山，情绪小人们就分散了。随着一次又一次的磨难，许多记忆岛都塌陷了。最后情绪小人随着莱莉的回家，才重聚在一起。同学们，这部电影有两条线，一条人物线，一条情绪小人线。这就是这部电影最大的创意所在。

### 板块二：聚焦镜头，回忆中交流观影感受

**师**：电影中一定有很多难忘的镜头，请你打开"记忆仓库"，把你最难忘的记忆和大家分享。

**生**：怒怒生气的时候烧掉了镜子，这个场景我最难忘。

**师**：嗯，怒怒发作让你最难忘。

**生**：我最难忘的是乐乐和冰棒摔下去的时候。（师：冰棒是谁）冰棒是情绪小人们的朋友——棉花糖小象。

**师**：还有谁让你难忘？

**生**：怕怕在每一次害怕的时候就会一惊一乍的，还会倒在地上装死。

**师**：这画面让你太难忘啦！

### 板块三：共赏片段，品读细析电影经典情节

**师**：张老师也把其中一个片段搬到了大屏幕上，让我们用放大镜去看。

它和谁有关？

**生**：（齐答）怒怒。

（师生一起回忆这张图的背景。莱莉来到旧金山，老师让她在课堂上自我介绍，她讲着讲着就哭了。她觉得很尴尬，回到家里就发火了）

**师**：现在我们要观察：1.莱莉发火的导火索是什么？ 2.莱莉发火时说了什么？做了什么？（播放并观看电影片段一）

**师**：你们要仔细地，一会儿是故事情节，一会儿是头脑里五个情绪小人的对话。今天来听课的老师第一次看的话，不一定看得懂哦。你们等会儿得给他们解释解释。

（播放并观看莱莉和父母发生矛盾的片段，即 27′45″～30′07″）

**师**：莱莉在生气的时候，她说了些什么？做了些什么？她说话和平时一样吗？哪儿不一样？

**生**：不一样。平时都是低声细语的；今天是大声嚷嚷的，语气特别差。

**师**：那她做了什么动作？

**生**：她使劲儿拍桌子，上楼梯回房间了。（师：还蹬蹬蹬地上楼梯）

**生**：回房间后用力地关上门。（师：用个词形容就是——摔门）

**生**：她还大声地嚷："给我闭嘴！"

**师**：为什么她这样？

**生**：她的情绪失控了。

**师**：莱莉生气的导火索是什么？（出示图）

**师**：第一个画面是莱莉在学校遭遇尴尬的场面；第二个画面是莱莉向妈妈倾诉，希望得到妈妈的关注，结果爸爸却心不在焉；第三个画面是爸爸说了一句关键的话。

（学生交流、讨论莱莉发怒的导火索是什么）

**生**：我认为有三个原因。第一是她在学校里发生了不好的事情；第二是爸爸说了不该说的话；第三是怒怒控制了她的脑子。

**师**：实际上爸爸的话让她无法控制自己体内的"洪荒之力"，所以她发飙了，这就是莱莉生气的导火索。生活中，你们有没有被某种情绪牢牢控制，自己就像变了一个人似的情况？是什么时刻什么场景呢？

（小组讨论，学生回忆和交流自己情绪失控的片段）

**生**：同桌特烦我，我在课间写作业时，他每次都向我请教："你教教我嘛！"搞得我的解题思路被打断，情绪失控。

**师**：嗯，这是愤怒的时刻。

**生**：小时候吃饭和爸爸赛跑，结果有次着急，头碰到墙角破了，然后哇哇大哭。

**师**：嗯，非常忧伤。

**生**：爸爸接送我上下课时总会唠叨，让我非常心烦。

**师**：厌恶，生气。

**生**：2013年我参加比赛，开始我以为自己没获奖，坐在地上哇哇大哭，后来知道获奖了，开心得不得了。

**师**：内心的忧忧和乐乐同时掌控着你。

## 板块四：引入绘本，发现表达方式的共同特征

**师**：喜怒哀乐的情绪在我们的生活中经常会遇到，我们怎样在作文里表现出喜怒哀乐的感情，让大家真切地感受到呢？电影，为我们提供了很好的范例。张老师还找到了一本绘本。我们一起看看绘本，它能教会我们什么写作秘密？你在看绘本时，要特别注意苏菲说的话和做的事。

（师生一起看绘本《苏菲生气了》，师述故事内容）

**师**：绘本上方呈现的是莱莉的故事，有画面有文字。仔细观察：电影和绘本，它们是怎样表现人物情绪失控的？你发现了什么？仔细看图。

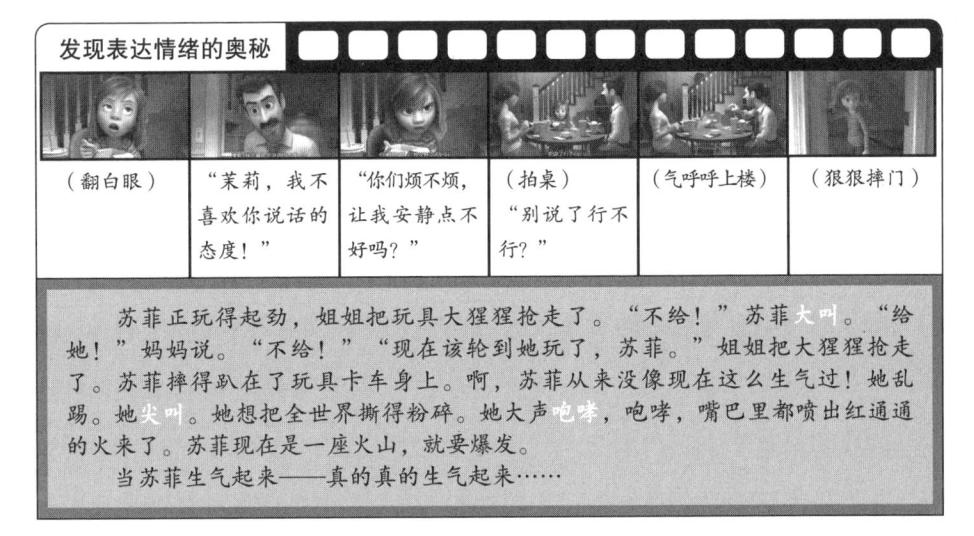

| 发现表达情绪的奥秘 | | | | | |
|---|---|---|---|---|---|
| （翻白眼） | "茉莉，我不喜欢你说话的态度！" | "你们烦不烦，让我安静点不好吗？" | （拍桌）"别说了行不行？" | （气呼呼上楼） | （狠狠摔门） |

　　苏菲正玩得起劲，姐姐把玩具大猩猩抢走了。"不给！"苏菲大叫。"给她！"妈妈说。"不给！""现在该轮到她玩了，苏菲。"姐姐把大猩猩抢走了。苏菲摔得趴在了玩具卡车身上。啊，苏菲从来没像现在这么生气过！她乱踢。她尖叫。她想把全世界撕得粉碎。她大声咆哮，咆哮，嘴巴里都喷出红通通的火来了。苏菲现在是一座火山，就要爆发。
　　当苏菲生气起来——真的真的生气起来……

**师**：绘本作家和电影导演是怎样表现人物的情绪的呢？联系写作谈自己的发现。

**生**：绘本在描写情绪的时候，用上一些表现情绪的词语，更能表达主人公当时的情绪。

**师**：比如——

**生**：大叫，乱踢，尖叫，咆哮，表现了苏菲的愤怒。

**生**：绘本运用适当的夸张的手法表现。比如：苏菲嘴里都喷出红通通的火来了。

**师**：运用夸张的手法表现人物的情绪。我们发现，电影和绘本共同的表现手法：先交代情绪爆发的原因（导火索），然后再写情绪爆发的过程。

（师生总结描写情绪的小锦囊，出示并进行三招详解）

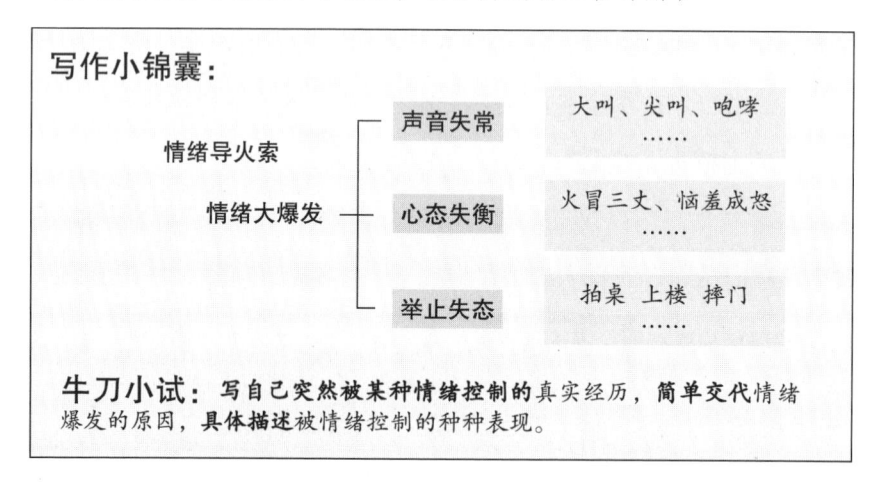

> **写作小锦囊：**
>
> 情绪导火索 —— 声音失常 —— 大叫、尖叫、咆哮……
>
> 情绪大爆发 —— 心态失衡 —— 火冒三丈、恼羞成怒……
>
> —— 举止失态 —— 拍桌 上楼 摔门……
>
> **牛刀小试**：写自己突然被某种情绪控制的真实经历，简单交代情绪爆发的原因，具体描述被情绪控制的种种表现。

## 板块五：活学活用，用文字表现真实的情绪

**师**：学到电影与绘本的表达手法后，接下来请同学"牛刀小试"。

（学生现场作文：写自己突然被某种情绪控制的真实经历，把学到的方法用进片段写作）

（教师提供五种颜色的纸，学生选择自己想要描写的情绪相应的颜色：愤怒——红色纸、伤心——蓝色纸……8分钟时间完成创作。师巡视，个别指导学生通过声音、举止写出被情绪控制的片段）

**师**：愿意分享的同学请举手。其他同学仔细听，他的哪一招用得好。

**生**："来，吃一点儿绿豆。绿豆对保护视力最有用了。"妈妈一个劲儿地往我盆子里夹绿豆。我火冒三丈，我最厌烦绿豆了。"我不要吃，不要！"我的身体里仿佛有一团不断燃烧的火焰要喷发出来，我的眉头皱到了一起。我瞟了一眼绿豆："哼，这个坏妈妈，给我这么多的恶心物！"接着，我用力一拍桌子，甩开碗，愤怒地回到房间。我看到房间里自己的小汽车（师提示：把"自己的"去掉），它是如此不顺眼，我恨不得把它摔得粉碎。"你这个破汽车！都是你惹的祸！"过了好久，我才平息下来。

**师**：为什么没有摔？（生：太贵了，舍不得）（笑声）请大家分析写得好的地方：哪招用得好？

（学生点评、欣赏，略）

**生**："这道题教教我嘛，教教我好不好？就两道题。"同桌又向我发出了救助炮弹。真讨厌！一道特别难的题，我马上就要解出来了，却被他打断了思路。我觉得自己就是一座欲喷未喷的火山，心里充满岩浆。（师：这个欲喷未喷预示着山雨欲来）"你能不能不要总是打断我的思路啊？！"可是没过多久，他又向我发出了求救信号。我终于忍不住火山爆发，大声嚷道："你好烦啊！叫你上课不好好听，光想着订正作业，现在下课了，却来烦我，你有没有脑子啊！平时忍了你那么久，你就不能自己解出这道题嘛！"我过于愤怒，嗓子都沙哑了。

**师**：我们在愤怒时，常常会大声喷出一连串的话。你再把你嚷嚷的话大声嚷嚷一遍！

（生再读嚷叫的话语，教师让学生把作文在黑板上进行张贴、展示）

## 板块六：生活延伸，教学生学会平衡情绪

**师**：同学们，人有各种各样的情绪，我们的情绪是需要找到一个表达

出口的。有的时候可以去看看风景，有的时候可以和亲友倾诉一下，这样有助于情绪的恢复。我们来看看，电影中的莱莉，是怎样恢复自己心中的情绪的。

（播放并观看电影片段二，即80′10″~83′11″）

**师：**（师借助幻灯动情讲述）莱莉回忆起欢乐的往事：散步、溜冰，曾经和父母一起快乐的时光……可后来忧忧控制莱莉的大脑，她哭了。爸爸妈妈明白并劝导女儿，一个温暖有力的拥抱，让莱莉忧伤的情绪得到缓解。于是莱利的情绪小人乐乐回来了，生活又回到了常态。

（老师让学生把自己的情绪卡纸贴到黑板上）

**师：**五种情绪对我们来说都是不可缺少的。也许当我们情绪不佳的时候，可以看看电影，读读绘本，比如《苏菲生气了》《生气汤》《儿童情绪管理图画书》，它们会让你渐渐心平气和。只有当五个情绪小人手拉手，和平相处，我们才能快乐地生活，我们才能幸福每一天。

> 伤心痛哭没什么错
> 这是对快乐缺席的正确表达
> 它能让我们释放压力
> 获得安慰、鼓励和理解
>
> 一个温暖的拥抱
> 对忧伤的人来说
> 就是最好的心灵慰藉
>
> 每个人的内心
> 都住着五个情绪小人
> 他们就是你的头脑特工队
> 掌控着你每天的喜怒哀乐
> 好好地照管他们
> 让他们彼此和平相处
> 你才会获得真正的幸福

## 创意赏析

课堂教学中的一条线索是祖庆老师用智慧的眼睛将电影与绘本中的表达情绪主题的资源高度整合，通过影片的动态展示与绘本的静心倾听与静态观察的方式，把精心剪辑的电影片段镶嵌在课中，分两次呈现；同时将与之有关的绘本完美地衔接，不断升华主题，带领学生对难懂的电影进行了深刻的理解：人人都有情绪，每种情绪必不可少，不良的情绪需要宣泄，重要的是学会转化。另一条线索是让学生发现电影导演与绘本作者在表现人物情绪时使用的共同方法，引导学生总结情绪大爆发的写作小锦囊，就是让声音、动作异于平常，也可以加上自己的心态。课堂与学生的创写交互，让学生在习得写作方法的同时进行写作，做到活学活用。

本节课的精彩处还在于生活的延伸。张老师注重"以生为本"，让情商点亮孩子们生活的智慧，为学生的终身发展奠定基础，从而一步一步领悟电影的深意：成长的道路上要善于与自己的情绪和解，感受生活的美好。

纵观课堂，我们有如下发现：一是祖庆老师非常善于捕捉电影中的写作元素。他截取电影《头脑特工队》中莱莉情绪失控的片段，建立电影片段与创意写作的关联点：观察—分析—运用，让学生在课堂中运作头脑，无形中锻炼学生的观察能力、分析能力、感悟能力和实践能力；二是艺术地叠加。影片片段 27′45″~30′07″和 80′10″~83′10″在课中恰到好处地设计在第三版块和第六版块，环环相扣，层层递升，进一步打开学生的创写视野和精神世界；三是祖庆老师将电影、绘本等媒体，及时与学生们的生活联系起来，教孩子们学会平衡情绪，学会诗意地生活。写作来源于生活，让学生在生活中发现写作的奥秘——写作即生活。

（整理及点评：杨潜）

### 拓展延伸

学生写作，常常写不好人物的情绪变化，往往只会很直白地写"我很生气""我很难过"，却不懂得借助动作、表情的细微变化来描写人物情绪变化。本节课，教师通过一段电影和一个绘本，教给学生描写人物情绪的基本方法。其实，写人物的情绪变化，还可以通过语言来展现，比如，电影《百万英镑》中，那位老板给流浪汉亚当斯边换衣服边喋喋不休说话的场景，就是最典型的段落。教师可以让学生看电影，读原文，研究通过语言写人物情绪变化的方法。再如《更好的世界》电影中，主人公安东被修车工扇了一个巴掌，他没有选择还手，而是用退让的方式来处理。电影中，有一个镜头：他跳到湖里游泳，浮在水面上好长时间。这，就是主人公平息自己的情绪的方法。这个片段，可以让学生通过细腻的心理描写，还原人物情绪变化的过程。

# 第六课　看电影，写探险小说

## ——《亚马逊河探险记》教学叙事

**影片名称**：[中国] 冲出亚马逊

**上映时间**：2002年7月1日

**导演**：宋业明

**主演**：侯勇、穆立新、汤姆·巴特勒

**主要特色**：《冲出亚马逊》根据两名中国军人在委内瑞拉国际反恐怖学校历险训练的故事改编。取景真实，视觉震撼。在亚马逊的旖旎风光中处处藏着危机，身在其中的人最需要的是智慧和勇气。本片获得第22届中国电影金鸡奖最佳故事片、第8届中国电影华表奖优秀故事片等多个奖项。

**故事简介**：亚马逊河是位于南美洲的一条世界著名的大河，联合国相中了这里恶劣的气候和异常艰苦的环境，在委内瑞拉境内创办了国际特种兵训练中心，代号"猎人学校"。中国政府派遣了两名特种兵到这里接受两个多月的"非人"军事训练。学校规定，如果谁不能完成训练，可以中途退出，但要摘掉悬挂的那个国家的国旗。特种兵战士王晖和胡小龙在超乎生理极限的军事训练和极其艰苦的生活条件面前，时刻抱定"祖国的利益高于一切""我代表的是中华人民共和国"的信念，用钢铁般的意志坚持下来，维护了国旗的尊严。最后，训练中心只剩下了两面国旗，其中一面就是高高飘扬的五星红旗。凭借超凡的意志和毅力，两位中国特种兵顺利毕业，并被训练中心授予"勇士勋章"。他们为中国，为中国军队赢得了荣誉。

**一句话影评**：胜利的鲜花从来就在血汗中绽放，荣誉的桂冠总是在拼搏中用荆棘编织。

## 资源分析

本课教学中，电影资源截取于《冲出亚马逊》68′44″～68′48″和66′02″～67′01″，主要内容是：特种兵们来到了表面宁静美丽的亚马逊河。齐腰深的水域、垂着藤蔓的树木、不知名的昆虫、火红色的螃蟹……奇异的景致背后，却危机四伏。一个特种兵惊恐地发现，水面泛起了特殊的纹路——他们的到来惊动了亚马逊河可怕的"主人"，一条条鳄鱼悄无声息地袭来。

视频片段使用在课堂的第一板块——"电影入境，诱发探险欲望"。亚马逊河于学生而言遥远而又神秘，此处与亚马逊河的风光片相结合，通过直观形象的展示，形成了强烈的视觉冲击，拉近了学生与"探险地"的距离，为精神上"闯入亚马逊"奠定基础。

## 设计思路

本课教学将微电影与风光片融于创意写作中,从风光片和电影短片《冲出亚马逊》入课,激发探险欲望。进而借助音效,学生想象画面,进行初次习作(异域风情、惊喜发现、绝处逢生、难忘插曲)。教师出示范文,从而突破难点——如何让故事有身临其境的感觉,即细节的展开(写动物,要写神态、眼睛、牙齿、爬行的样子;写人,写出心理活动、队友之间的对话),学生进行二次习作。最后,用自创的小诗作为学生作品集的序言,激发发表意识,激励探险志向。

以上设计思路,可提炼为如下导图:

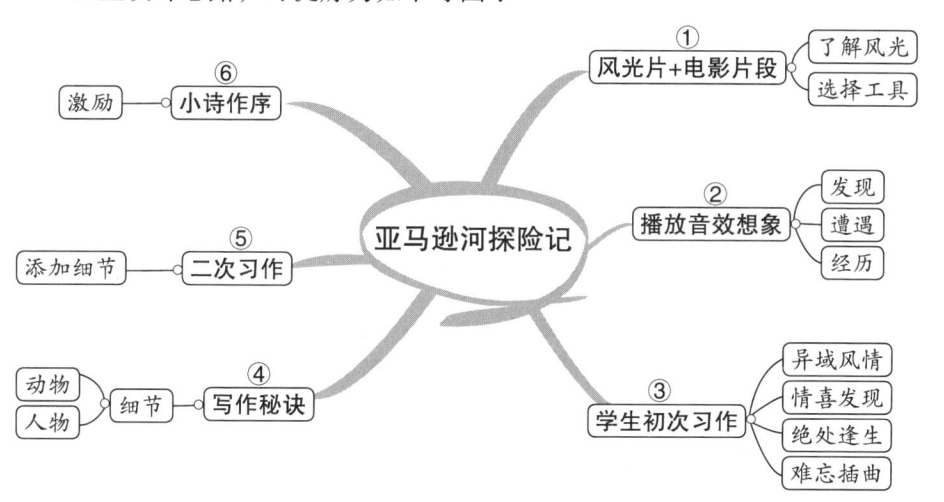

亚马逊河探险记
- ① 风光片+电影片段:了解风光、选择工具
- ② 播放音效想象:发现、遭遇、经历
- ③ 学生初次习作:异域风情、情喜发现、绝处逢生、难忘插曲
- ④ 写作秘诀:细节(动物、人物)
- ⑤ 二次习作:添加细节
- ⑥ 小诗作序:激励

## 课堂再现

**教学时间**:六年级

**执教日期**:2004 年 11 月 26 日

(课前预热:谈话切入,聊聊对亚马逊河的印象,拉近师生距离,激发表达欲望)

## 板块一：电影入境，诱发探险欲望

**师**：在古今中外的探险家当中，你最佩服谁？

**生**：我最佩服郑和，因为他七下西洋。

**生**：我很佩服马可·波罗这位探险家，因为他来过我们中国，深受忽必烈的喜爱。

……

**师**：是的，同学们，这些探险家确实值得我们佩服，因为他们是勇敢、顽强、刚毅、智慧的化身。事实上，我们每一个人的内心深处都藏着一个探险的梦。今天这堂作文课呀，张老师就要和同学们一起去圆这个梦，我们要进行一次假想探险。到什么地方去探险呢？（生回应。师板书：亚马逊河）

**师**：同学们，探险可不是一般的冒险，咱们得先做好充分的准备。那你说，应该先要做哪些准备呢？

**生**：我们应该准备足够的食物和充足的水。

**生**：我们也需要带一些药物，以便防御。

**师**：你跟他其实说的是一方面的内容，准备一些东西。除了准备东西之外，还有一点非常重要，就是先要对去探险的地方有一个充分的了解。这项任务你们已经在课前完成了，通过查阅大量的资料去了解亚马逊河。现在，我想请问同学，你所了解的亚马逊河是怎样的？用一句话或者是两句话来介绍一下。

**生**：亚马逊河是世界上流量最大的河。

**生**：亚马逊河是全世界第二长河，它的全长是 6480 千米。亚马逊河里有 2000 多种鱼类。科学家们认为尚未发现的鱼类还有 1000 多种。亚马逊河里的鱼，不仅是当地印第安人的重要食物来源，而且是亚马逊一带的特产。

**师**：我怀疑你是不是去过亚马逊，知道得特别清楚。（笑声）

（其余三位学生分别从亚马逊河的鱼奇特、动物多、森林茂密进行交流）

**师**：是的，亚马逊河被誉为"地球之肺"。那里有郁郁葱葱的原始森林，就是白天进去也伸手不见五指；那里有许许多多的支流，很容易迷路；那里有许许多多的沼泽，很容易陷进去；那里有许许多多的昆虫、许许多多的谜团等着我们去揭开。相信看了老师为大家制作的片子后，你们对亚马逊河一定有更真切的了解。

（课件播放亚马逊河的风光片和《冲出亚马逊》电影片段）

**师**：（结合课件画面叙述）这，是风光旖旎的亚马逊河；这，是资源丰富的亚马逊河；这，是神秘莫测的亚马逊河；这，是危机四伏的亚马逊河。

**师**：有些同学看得连大气都不敢出。真正考验大家的时刻到了，愿意跟着老师到那样的地方去探险的同学，请勇敢地举起手来。

（生勇敢举手）

**师**：都是一群"敢死队员"。（全场笑）不过，同学们，生命只有一次，可不要冒无谓的险。为了让这次探险能够顺利地进行，我们要带一些必要的东西去。究竟要带些什么东西去，我们要在小组内商量一下。先自由组成一个探险队，商量一下。老师屏幕上呈现的是为大家提供的一些东西，算是工具超市，你们可以商量一下，选择三件必须带的探险工具。

（学生讨论，选择探险工具，代表向领队——老师汇报。师引导学生从了解的野外生存的知识和亚马逊河的特点来选择，注意不要伤害这里的动物。全场气氛活跃）

## 板块二：借助音效，想象探险经历

**师：**同学们，各位考察队员，咱们把自己的工具打包好，因为飞机是不能运这些工具的，咱们用国际邮递，把它先投递到亚马逊河，好吗？都准备好了吗？（生回应）准备好了咱们就可以出发了。在出发之前，我有三点要求：第一点，考察队员们之间要相互合作；第二点，不要破坏那里的生态；第三点，用心去发现。

（生闭目，想象。师播放音效，用富于启发性的语气描述）

**师：**各位探险队员，经过紧张的筹备，咱们的亚马逊河探险之旅即将起程了。咱们先乘大巴，奔向沈阳机场，然后乘坐首都航空公司的飞机，飞往香港，再由香港转机到智利国际机场。飞机即将起飞了，请队员们系好安全带。

（飞机起飞的声音）香港机场到了。咱们马上转机，飞往智利。飞机已经平稳地在智利机场降落了，我们将由智利进入密密层层的亚马逊河原始森林。

（鸟鸣声渐起）终于见到了魂牵梦绕的亚马逊河……

（音乐舒缓，师深情讲述）让我们进入这郁郁葱葱的原始森林吧。在这密密的丛林当中，你都看到了些什么呢？也许更多的秘密在丛林深处，让我们继续往里走，你又发现了什么？

（音乐节奏明显加快）也许我们深陷在沼泽里，也许我们迷失在丛林中，也许我们遇到了许多昆虫猛兽，（音乐明显带有恐怖感）也许我们发现了许许多多的秘密。

（音乐优美宁静）天色已晚，让我们踏上回大本营的路吧！

**师**：好，请大家睁开眼睛，在刚才的假想探险当中，你发现了什么？遭遇了什么？经历了什么？把你看到的、想象到的，和你的队友分享。

（生交流）

**生**：我看到了口香糖树。我查找的资料是，口香糖树是指人形果树，果实甜而香，树皮划破后，会流出像奶一样的汁液，它是做口香糖的原料。

**生**：我在亚马逊河探险时，看到了那些凶猛的动物，看见了一只叫大鹏鸟的鸟，我从来没有这种大鹏鸟的资料。

**师**：（插话）不知道鸟的资料，你怎么知道叫大鹏鸟？姑且称为大鹏鸟，是吧？

**生**：因为这只鸟很大，所以我管它叫大鹏鸟。这只鸟的巢很大很大，有三层大楼那么大，里面至少可以装五十到六十只鸟。我们在去鸟巢探险时，已经被一些鸟蜇住了。其实我现在就被蜇住了，被其他的同伴用担架抬着。（全场笑）

**师**：这叫心有多大，鸟巢就有多大。（大笑）

**生**：我看见了食人族，他们向我们慢慢走来，他们的嘴里还叼着吃了一半的鸡和蜥蜴皮。他们的眼睛非常红，好像要把我们吃掉似的，然后我们拿着麻醉枪，最后把他们消灭了。（全场笑）

**师**：把他们打晕了。请枪下留情。

**生**：我看到了亚马逊红土，一般人去亚马逊河时，往往会最先注意周围的环境，不会注意脚下的红土。据我所知，亚马逊红土是由巴西的东北部留下来的，感觉那里的红土是特别特殊的，比一般的土壤红。有区别。

**师**：你发现了红土。真不简单。

**生**：起初走进亚马逊河的时候，我看到了遍布满地的坎涂花。据资料显示，这是秘鲁的国花，我特别自豪能看到秘鲁的国花，终生无憾了，那种花贼好看了。（全场笑）

**师**：你说得贼精彩了。（笑声）

**生**：（继续）它长得跟个蝴蝶似的，这个可以治疗风湿，我就寻思给我们身边得了风湿的人治病。然后我也抓一朵，万一被野兽咬了或者擦伤了，就可以解除疼痛了。我又往前走走走，看到了猴子，猴子在用藤条又是爬又是荡的，可自在可轻松了。这时我挺自豪。这时低调的事情发生了……

**师**：停，咱们把低调的事儿先放下，好不好？我估计一路上最精彩的都给你遇上了。（笑声）

## 板块三：动笔记录，描述探险之旅

**师**：同学们，从愉快的表情上、从精彩的讲述中，我已经知道咱们的亚马逊探险之旅非常有意思，我相信这一段想象人生，也是独一无二的。让我们一起用文字记录探险人生，留住难忘时光。

（师提示可以写异域风情、惊喜发现、绝处逢生、难忘插曲。注意：第一，你在探险的过程中，用心地去发现了吗？第二，你的经历，能给人身临其境的感觉吗？能让那些没有去过亚马逊河的人，看到你的片段，他就仿佛置身于那片原始森林吗？第三，你获得了野外探险的生存智慧了吗）

（师加入一组学生中，与学生共同动笔习作。师即提示12分钟完成，将队员的真名实姓写进去）

## 板块四：交流赏评，重温探险时刻

**师**：请各位探险队员，放下手中的笔，咱们在大本营里席地而坐，开始分享咱们的探险之旅。我记得英国伟大的作家萧伯纳曾经说过这样的话，他说："你有一个苹果，我有一个苹果，咱俩把苹果交换了，每人还是只有一个苹果；你有一种思想，他有一种思想，把两种思想交换以后，每个人就拥有了两种思想。"我想说，如果咱们同学把所有探险经历进行分享，那么,咱们同学就同时拥有了三十段美妙的经历。你愿意和大家分享吗?

(生推荐徐文珏分享,师提示学生关注:三条写作提醒中,最欣赏哪条)

**生**:我的探险之旅开始了,刚刚走进亚马逊森林,就听见动人的鸟叫声。(师现场模仿鸟叫声,惟妙惟肖,全场掌声)我闭上眼睛,仿佛置身在鸟的世界,似乎自己就是一只小鸟,自由自在地飞,自由自在地歌唱。当我睁开眼睛,映入眼帘的是一片一片紫色的花,我走近一看,哦,它就是久闻的秘鲁国花坎涂花。我赶紧拿出数码相机照下了,以便保存。我怀着自豪的心情,竟在无意中发现了我梦中的百合花——蝴蝶百合,听说这种花,可以治风湿,还可以减轻伤口疼痛,因为担心自己在旅途中受到伤害,所以我摘了下来……

**师**:同学们说一说,她这个片段哪一条做得最好,值得你欣赏?

**生**:我觉得第一条做得我最为欣赏,因为她用心地去发现了秘鲁的国花,还有她最想看到的百合。

**师**:探险的过程当中,我们要用我们的眼睛、我们的心灵去发现。

**生**:老师,我觉得她第二条做得不错,她刚刚说她看到了蝴蝶百合,我仿佛我也看到了蝴蝶百合。

**师**:这就是身临其境。

(一生念自己习作片段——和食人族搏斗。师适时指导。全场笑声)

**师**:这个片段哪一点给你留下的印象最深?

**生**:我觉得第二点写得最好,因为打食人族的场面非常激烈。

**师**:场面非常激烈,还让一个同学不小心负了重伤。(笑)

(学生继续交流习作。教师点评,全场笑声不断)

**生**:我们走进了亚马逊森林……

**师**:一开始读气势就不凡,她这样的朗读,就把我们给征住了。

**生**:这里树木千奇百怪。树枝遮住了一部分的阳光,但是温暖的阳光还可以从树叶的缝隙中透过，走着走着，我们看到了口香糖树，我们拿出了小刀在树干上划了一道，乳白色的汁液流了出来，香甜可口，用现代的语言来说，那是相当诱人呀！正当我们满心欢喜的时候，突然，可怕的动物来了，那就是蛇。它伸着带着黏液的舌头，(师提示："舌头"改为"信子")它伸着带着黏液的信子，使人毛骨悚然，它瞪大眼睛——

师：不要朝着我瞪。（师生大笑）

生：真是无巧不成书，哈哈！我们的队员看着此景，赶紧点着了火，这才转危为安，我们又继续探险去了。

师：刚才你们在写的时候，老师也在这台电脑上写出了自己的探险人生：（绘声绘色读）它张开了沾满番茄酱似的血盆大口，仿佛要吞掉整个世界。"啊！不好，快跑，食……食……食人花，食人花来了！"高佳明尖叫一声，吓得脸色苍白，昏了过去，我连忙喊："小心……"听到喊声，冷静的白添衣连忙转身，见到这可怕的食人花，他十分警惕地向陈光捷走去……忽然，他猛地转过身来，将随身带着的手电筒向食人花扔过去……看着队员们忙碌地为高佳明疗伤，我欣慰地笑了。

（全场掌声）

师：我写的这个片段，你比较欣赏什么地方？

生：老师，我比较欣赏你写得让人有身临其境的感觉。

师：具体是哪儿？

生：大家为高佳明疗伤。

生：我比较喜欢你写的食人花，就是那种形态比较凶狠的地方……

师：那种感觉写出来了。同学们看，这个食人花呀，它一张一合，"那沾满番茄酱似的血盆大口，仿佛要吞掉整个世界"写得很细，这就叫作细节。

（板书：细节）

师：同学们，在写文章时，把细节写好了，就能给人以身临其境的感觉。

来,还有谁?还有谁接着想说的。

**生**(文中的高佳明):老师,我觉得你写的我说的话特别好。(笑)"啊!不好,快跑,食……食……食人花,食人花来了!"

(高佳明笑岔气了。师提示此时高佳明是笑不出来,生再次朗读)

**师**:高佳明,你心里一定想,刚才他让我受伤,现在你又让我受伤,为什么受伤的总是我?(全场大笑)

**师**:看了张老师的这个片段,我相信对大家的作文一定会有所启发,那就是,要想把这个片段写得让人有身临其境的感觉,就得把文章当中的一些细节展开来写。如果写动物,你要把这些动物的神态、眼睛、牙齿,还有它爬行的样子写出来,越具体越让人身临其境;如果是写人,你要把心理活动、队友之间的对话写具体,这个细节写好了,也会给人身临其境的感觉。是吗?

(师让生在原片段中选择一处地方,添上细节,限时3分钟。3分钟后,全班交流,师提示先读原文,再读修改后的地方;其他同学听修改后的,感受是否更加让人身临其境)

**生**:我一开始是这样写的:我们一进大洪潮,就被一群大鹏鸟围了起来,在它们来吃我们的时候,我们用麻醉枪射它。我改后的样子是:我们一进大洪潮,就被一群大鹏鸟围了起来。就在它们要张开血盆大口,伸出舌头,要吃我们的时候,我们一群人用麻醉枪把它们射倒了。

**师**:有没有注意到,加了两处:它们的嘴巴,它们的舌头。

**生**:我原先写的:可没有想到的是,一条五步蛇吐着信子向我走来。……就有五步蛇的味道,后来改的是:队友王思奇揪住五步蛇的尾巴,可是它一甩一甩地,却把王思奇甩了出去。

**生**:我原来写的是:突然,有名队员惊叫起来,而蚂蚁不见了。后来我改的是:突然,有名队员惊叫起来,而蚂蚁还在桌子上摇摇摆摆地散步,突然,"轰"的一声,一个人用一个棍子把那只蚂蚁套住了。

**师**：时间关系，咱们不交流了，回去好好地修改，加上开头、结尾，就是一篇很好的文章。刚才有一位同学，对老师的片段产生了疑问，你的疑问在哪里？

**生**：我的疑问是，刚才老师在结尾写到同学们都在忙碌地为高佳明治伤，而你却在旁观，不去帮他们。所以我认为这儿写得不算太好。

**师**：首先我特别高兴，咱们的同学敢指出老师的问题，我从来没有见过像你这样的同学，提问题还带着笑容，我非常欣赏你！但是我也有自己的理由。我是应该出手时才出手，他们已经能自己解决了，还用得着我帮忙吗？（掌声）

**生**：那我觉得你也不应该在旁边旁观。

**师**：你觉得应该怎样改？谁来帮帮我？

**生**：我觉得你可以帮着秦浩来给高佳明疗伤。

**师**：你说我马上改，我连忙和陈景川、秦浩、施佳铭一起来到高佳明身边，为他疗起伤来。高佳明，你满意了吗？其他同学满意了吗？这位同学，你满意了吗？哦，还有意见？

**生**：老师，我的意见是这样的，我感觉在这篇结尾的时候，我不知道您的身份是怎样的。首先你说不帮他们是不合理的，其次大家不用同时都给高佳明疗伤，你可以干些疗伤之外的事情，比如找些食物、找些水……（掌声）

**师**：我这才深深地知道当领队也真不容易。（全场笑）回去张老师要好好地吸收同学的意见，好好地修改修改。我也要练练当领队的本领。真的特别谢谢同学们。

## 板块五：课外延伸，激励探险志向

**师**：同学们，老师忽然产生了这样一个想法，把你们所有的片段合起来，咱们就做了一件很了不起的事，一起合作写了一本书，书的名字就叫《亚马逊河探险记》。（板书：探险记）当然，如果你们还能想出更好的书名，那是锦上添花。这个题材咱们还有很多内容可写，建议大家再继续写这个题材的时候，不妨去看一下最经典的探险小说。

（课件显示推荐书目，师简要介绍书名）

| 阅读套餐 ||
| --- | --- |
| ［法］凡尔纳 | 《气球上的五星期》《神秘岛》《大木筏》《两年假期》 |
| ［英］史蒂文森 | 《宝岛》《金银岛》 |
| ［英］詹姆斯·希尔顿 | 《消失的地平线》 |
| ［德］卡尔·麦 | 《荒原追踪》《印第安酋长》《恐怖的大漠》《沙漠秘井》 |

**师**：如果大家的片段组合成了这本书，我愿意为你们写下这样的话作为序言：

（屏幕上陆续出现以下诗句）

在今后的岁月里

也许我们不能亲历惊险的故事

也许我们不能成为传奇作家

但是

乘着想象的翅膀飞翔

带着探险的精神前行

我们的生命

将更加

精彩

### 创意赏析

这是一节借助电影片段创设虚拟情境的想象作文经典课例。

遥远的亚马逊，遥远的探险，以学生现有的生活经历和知识储备是很难自如驾驭这样的写作题材的。电影片段的使用，真实地再现了热带丛林的美丽和危机，神秘与非凡，配合学生课前的阅读，恰到好处地让学生将文字表象与虚拟情境联系起来。从这里开始，到组建团队，讨论所携物品，以至探险之中种种险境奇遇，学生不会意识到这是作文课——完全是基于情境中的探险之旅。这节课中电影片段的使用在无形中铺垫了学生缺乏的知识基础，引导着学生思维的方向和空间，带着学生走入"另一方天地"。

在本课中，截取的电影片段其实并不长，但是却为本课的习作定下了基调。它与后面的音效完美地结合，成功地营造出一种需要谨慎"探索"的效果，学生自然地进入即将面临危险、需要勇气和坚强的状态。展示环节里，从学生作文中我们也可以看出，孩子们确实是在"探险"而非"游赏"，文中表现出的更多是"坚强、团结"而非"快乐、舒适"。所有的教学手段都为达成目标服务，本课的成功是对目标高度完成的成功，也是老师准确地选择光影结合的成功。

老师现场和学生一起习作也是本课一大创意。其所带来的"强烈的真实感、深刻的平等感、宝贵的生成感"（王崧舟老师评语）对学生起到的引领作用是不言而喻的。或许，在作文教学中我们都需要这样的探险精神，才能让自己和学生走入"另一方天地"。

（整理与点评：李欣　彭建）

**拓展延伸**

哪些电影资源可以用这个范式来教？

在浩如烟海的电影资源中，许多纪录片，因其逼真的画面、惊险的情节、鲜活的资讯，在电影王国里显得那样与众不同。因此，教师可以精心选择这样的纪录片，选取大漠探险、海底遨游、太空漫步、玛雅考古乃至外星人等精彩的视频，把孩子们带往遥远而神秘的地方。鲜活的画面和音效，会给学生以别样的观影体验。在体验的基础上，让孩子们根据自己课前所积累的生活素材，张开想象的翅膀，写出一个个好玩的故事。这样的一种写作训练，近似于穿越写作。背景是真实的，期间的景物、人物、事物是逼真的，但故事情节是虚拟的。张老师在多个班级尝试过这样的创意写作训练，孩子们都欲罢不能，有的甚至写了三四万字的中篇小说。《沙漠求生记》《玛雅的消失》《太空游记》《火星上的十五天》《罗布泊惊魂》等，就是学生在看了相关的纪录片之后写出的探险小说。

# 第七课　头脑风暴与创意写作
## ——《畅想图书馆》教学叙事

**影片名称**：[荷兰]神奇的荷兰图书馆椅子

**上映时间**：2008年网络论坛发布

**主要特色**：片长1分53秒，展示了荷兰设计师Jelte van Geest设计的一张椅子的先进功能，背景音乐节奏明快，画面神奇，科技感十足。

**内容简介**：这是荷兰设计师Jelte van Geest所设计的一张椅子。只要透过每人独有的图书馆证上的RFID，就可以驱动一张专属的沙发椅，它会紧紧跟着你，你走到哪儿，找到书就能马上坐下来，再也不用去找位子，而且也不怕一旦离开位子一下就被人占去的问题，因为这是你专属的椅子。一旦人离开图书馆，椅子就会自动归位。更妙的还有——如果想在图书馆内办个小型论坛，图书馆人员可以一次召唤多张椅子到指定场所，完全不用人手搬运，既节省人力又方便。

**一句话影评**：科技改变未来，创意点亮生活。

## 资源分析

《畅想图书馆》一课的教学中，视频资源共完整运用两次，均用在第一板块"视频引路，描述荷兰图书馆"之中。第一次播放，意在激趣启思，整体感知荷兰图书馆的特点，交流观后感受；第二次观看，为动笔给视频撰写解说词做铺垫，任务驱动，关注细节。

## 设计思路

本节课教学将一段科技微电影植入到想象习作教学之中，开课伊始从一张感应卡入手，引入《神奇的荷兰图书馆椅子》微视频，两次播放，引导学生动笔描述视频中的荷兰图书馆；再展开头脑风暴，畅想未来图书馆，第二次动笔写想象片段；最后又回到现实，走近中国国家图书馆，领略中国国家图书馆二期的无限创意。

以上设计思路，可提炼为如下导图：

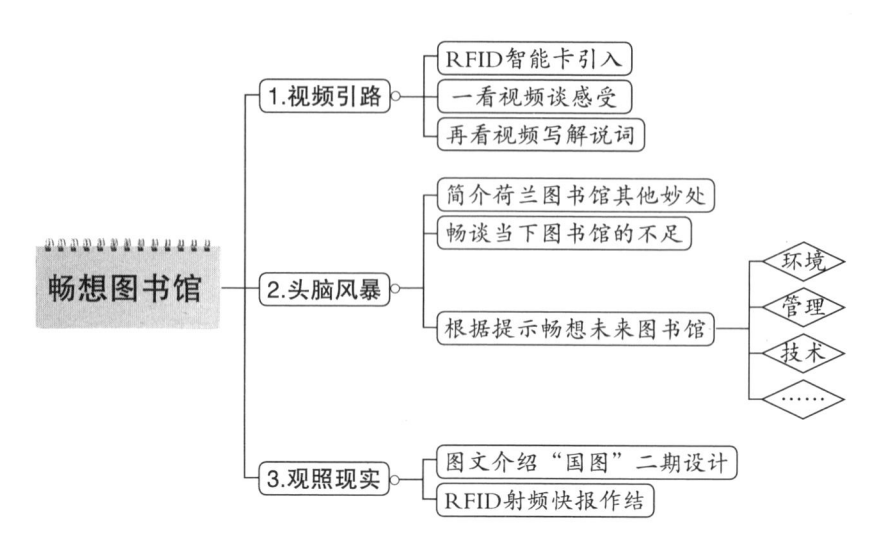

```
                    ┌─ 1.视频引路 ─┬─ RFID智能卡引入
                    │              ├─ 一看视频谈感受
                    │              └─ 再看视频写解说词
                    │
                    │              ┌─ 简介荷兰图书馆其他妙处         ┌─ 环境
畅想图书馆 ─────────┼─ 2.头脑风暴 ─┼─ 畅谈当下图书馆的不足           ├─ 管理
                    │              └─ 根据提示畅想未来图书馆 ───────┼─ 技术
                    │                                                └─ ……
                    │
                    └─ 3.观照现实 ─┬─ 图文介绍"国图"二期设计
                                   └─ RFID射频快报作结
```

## 课堂再现

**教学年级**：四年级

**执教日期**：2008 年 12 月 25 日

（课前，教师把该班孩子在图书馆借书看书的镜头拍成照片，并呈现在大屏幕上，而且让孩子们谈自己在图书馆借书、读书的感受，并简要说说自己所看到的图书馆有哪些值得改进的地方）

### 板块一：视频引路，描述荷兰图书馆

师：（出示一张图片，图中物品外形像银行卡）同学们，猜一猜，这是什么？

生：我猜这应该是借书卡吧？

生：我认为这是计算机键盘。

生：我觉得它既不像计算机，也不像借书卡，怎么有点像外国的银行卡？

师：像银行卡？哈哈，它究竟是什么呢？就让我为大家揭晓谜底——这是荷兰图书馆的 RFID 智能系统的一张卡。这卡是怎么回事呢？它是智能图书馆的借阅证，也是进出图书馆的通行证，里边存储了读者的相关资料信

息。它的作用可大着呢。下面就让我们跟随视频走进荷兰图书馆，见证这张 RFID 智能卡的神奇之处。请看——

（播放《神奇的荷兰图书馆椅子》视频片段，学生边看边笑）

师：谁来说说，你觉得荷兰图书馆怎么样？用一个词语或者一句话来表达你的感受。

生：我认为荷兰图书馆非常先进。

生：我用一个词语来表示我对这个图书馆的评价吧，那就是：人性化。

生：太棒了！如果中国有的话，我一定去。

师：其实荷兰图书馆你也可以去，只不过代价高一点。

生：我觉得荷兰图书馆的椅子实在是太神奇了，只要用卡感应一下，那张凳子就会跟着走。

生：我对这个荷兰图书馆的评价非常简单，就两个字：好玩。

生：我觉得荷兰图书馆给一些看书的人提供了方便。

师：是的，同学们，这个图书馆的确给人们带来了很多方便。我们可以用很多词语来形容它、评价它。（课件打出下列词语）比如说：很舒适、很好玩、很有趣、很奇妙、很巧妙、很独特、有人情味、别具一格、独具匠心……

师：接下来啊，张老师要让大家来做一件有挑战性的事儿。请再仔细看一遍这段视频，给视频配一段或者几段解说词，把荷兰图书馆这种先进的设计介绍给全世界热爱阅读的人。有信心吗？

生：有。

师：请大家关注视频中的每一个画面、每一个细节、每一根线条！好，让我们静静地再看一遍视频。（重播视频）

（生专注地看视频）

师：请打开小练笔，用一段或几段话将荷兰图书馆椅子的特点介绍清楚、具体。限时12分钟。

（学生动笔）

师：动笔的速度要快，一气呵成。

（教师巡视指点，学生写文章约12分钟）

师：哪些同学愿意和大家分享自己的作文？（教师请两个孩子上台，并用实物投影仪将文章展示出来）在台上同学朗读的时候，大家要边听边思考，这个片段有哪些地方值得欣赏，哪些地方你可以提出建议。老师在听的时候，也会提出我的感受与建议。好，开始！

生：（读）荷兰图书馆，有什么特点值得我们介绍呢？看完你就知道了。（师：停，张老师有一个小建议，"看完你就知道了"这样的话，文章中尽可能地不要出现。有些同学总喜欢在文章开头写"这是怎么一回事呢？看了下文你就知道了"。其实，这句话写了等于没写，不够简洁。所以，老师建议直接改为"荷兰图书馆，有什么值得我们一写呢"，然后另起一行，简洁明了。你同意老师的观点吗）（生：谢谢老师）（师：你接着往下读）如果你是这家图书馆的常客，就必须手持一张特有的"感应卡"，里边储存了读者的相关信息，（师：稍停，请大家看大屏幕。"储存了读者的相关信息"，这个地方应该用句号，因为一句话讲完了）它的作用可大了！当你一进去，走到一片"椅子区"，把感应卡轻轻刷一下，这个椅子就会跟着你走了，你看到一本好看的书，不用找座位，只需要坐在那个柔软舒适的小沙发上就行了。（师：你们看，"柔软舒适"写得多么贴切）当你看完书后，（师："当你看完书后"这句话，直接把"当"和"你"删掉，是不是更简洁）看完书后，准备离开，过了一条图书馆的红色感应线，那它就会乖乖地回到自己的"家"，（师：张老师特别欣赏这个地方，你看"乖乖地回到自己的'家'"，把这椅子当作人来写，写得特别棒）等待下一个主人。更神奇的是，只要一被主人命令，它就会乖乖地排成一排，（师：嗯，又是一个"乖乖"的，很神奇，不过"它"后面得加一个字，加什么字呢）（学生齐声："们"，是"它们"。师：对，这里应该是"它们"，因为不是一张椅子，你再把这句话读一读）它们就会乖乖地排成一排，开一个小型会议。怎么样，神奇吧？我相信它会名声大噪，响彻世界的。（师：这里的"怎么样"应该另起一行。感谢这位同学）（掌声）

  师：听了她的文章，其他同学有没有要发表的观点？

  生：我认为她的文章中写的"只要一被主人命令"，这句话写得有点不确切，应该改成"只要一接收到主人的命令"更顺一点。

  师：嗯，接受命令和被命令，好像意思不太一样，一个主动，一个被动。一字之差，意思大不一样。好！

  生：我觉得吧，这篇文章如果把椅子的外形或者说样子描写一下，那就更好了。

  师：你接受她的建议吗？

  生：我接受，谢谢你！

  生：我认为适当地把椅子跟着主人走路的样子写具体点，会更可爱一点。

  师：（问点评的这位学生）你的文章里面写到了吗？

**生**：对不起，我也忽略了这一点。

**师**：其他同学有写到的吗？看来大家都没有很细致地去写。这个同学的建议很好，椅子会怎样地走，把这点写具体了、写细致了，就把它的特点写清楚了。不然人家还不知道这椅子究竟神奇在哪儿呢！这个点子，真是金点子！总体来说，张老师认为，这位同学基本上把荷兰图书馆椅子的特点介绍清楚、具体了，而且有的地方写得还蛮生动的。不错！掌声谢谢这位同学。我们来看另外一篇作文。（投影出示）

**生**：（读）走进荷兰图书馆，我发现在大门口不远处，有几张看似小沙发的东西，排成一排，这时——

**师**：对不起打断一下，想一想有一个标点符号该怎么改？（老师在静静等待，大概5秒钟后，孩子指着屏幕上的"排成一排"后面的逗号，告诉老师，这里应该用句号）

**师**：对了，一句话讲完了，应该用句号。

**生**：（继续读）这时，一位读者用手中的一张卡在沙发的中间轻轻刷了一下。这下我就奇怪了，他要干什么呢？（师：嗯，这位同学把自己的感受融入进去了。很好！你们看，这些地方就是感受）后来，我才发现，是在感应啊！小沙发跟着读者到处走，接着又停下来了，一看，原来他要坐下看书，我不禁在心里深深赞叹道：荷兰图书馆真是太奇妙了，（师：这里也有一个标点要改，怎么改呢）（生：感叹号）这位读者走后，那小沙发又回到它的感应区了。太酷了！后来，我又发现，小沙发不仅能到处行走，还可以组织成一排，成为一个讨论区，这样做为人类节省许多不必要的辛苦。

**师**：为什么说"为人类节省许多不必要的辛苦"呢？

**生**：因为我看到很多图书馆都是用人力去搬运的。

**师**：对了，你应该把这个写清楚。"这样，就不用为搬椅子而辛辛苦苦了。"这样交代得更清楚。

**生**：（接着读）我见过也去过许多图书馆，但从没见到过这么高科技服务周到的图书馆，要是以后有机会，我一定要亲自去那里享受一下哦。

**师**：嗯，很不错。"以后"两个字，可以去掉，这样更简洁。（掌声）文章还可以分一分段，哪儿可以分段呢？（教师在学生的作文纸上做分段的标记）"后来，我才发现"，这个地方应该分分段，因为这里所写的功能不一样了。好，请大家发表高见，或者欣赏，或者建议，最好说说，这篇文章和刚才那篇文章相比，最大的亮点在哪里？

**生**：她善于把自己的感受写出来。

**生**：我觉得她应该用拟人的方法，这样会更生动。

**生**：我认为刚才那位同学用了不少拟人的写法，这位同学写了不少自己的感受。两个同学的作文，虽然用了不同的方式来写，但是都写得很生动。

**师**：嗯。你点评得头头是道。（笑）

**生**：我认为她写自己的心理活动写得很多，这样写能反衬出荷兰图书馆椅子的奇妙。让读者更加了解这些椅子给大家带来怎样的好处。

**生**：我认为这位同学把刚才的整个视频都写了下来。而且中间加了自己的心理感受，我认为她是一个很会写文章的人。

**师**：我认为你是一个很会评文章的人。（笑）（还有很多学生举手）我知道很多同学还想继续展示，告诉大家，展示的机会等一下还有。

**师**：同学们，张老师事先也根据这个视频，写了几段文字。请一个同学来读一读。

（生读教师范文）

荷兰图书馆的椅子真奇妙！

它们像小狗一样忠实可爱。你进入图书馆时，它们早已列队静立一旁恭候你的光临了。这时，你只需通过图书馆证上的RFID驱动其中一张，它就能成为你的专属椅子，紧紧跟着你在书架中穿梭寻找你想要的书籍。

它中途绝不"易主",会一直忠心耿耿陪伴你左右。当然,这只"小狗"也很机敏,遇到障碍物它会迅速调整方向,绝不会让自己撞个鼻青脸肿。等你找到书以后,它又会立刻体贴地跟上来,用软软的椅子面迎接你,让你坐在上面惬意地阅读。

不过你可别指望它会傻傻地跟你回家。当你离开图书馆时,它会礼貌地送你到出口,不过一到出口的红色警戒线位置,它就会优雅地和你告别,转身回到入口,继续恭迎下一位读者。

更妙的是,如果你想在图书馆办个小型论坛,还可以一次召唤多张椅子到指定地点集合。它们会在第一时间排列整齐,热情地迎接你的客人。

它们不只是椅子,还是你贴心的朋友。

师:感谢这位同学精彩的朗读。谁来说说,张老师的文章,哪些地方值得你们学习?

生:张老师这篇文章,用了拟人化的写法。(师启发:比如——)比如,你把椅子比作小狗,这样会体现出它更可爱。

师:这里把椅子这种东西比作小狗,这种写法,叫作"拟物",就是把一些非动物类的事物,当作会动的动物来写。如果当作人来写,就叫"拟人"。

生:这篇文章写得实在太好了,用了"拟物"的方法,把本来没有生命的椅子比作了小狗。而且,开头也很有新意,"荷兰图书馆真奇妙!"这第一句,就设下悬念,让我们想看一看它到底是怎样的奇妙。(沉默了3秒钟)谢谢!

师:谢谢!(笑)你评得真好,都让我有点心跳加快了。

生:我觉得老师的这篇文章词语用得很恰当。比如说"恭候""专属",还有"易主""鼻青脸肿"……这些词语用得都很恰当,绝不会不合适,也不会过于夸张,还可以把荷兰图书馆的奇妙表现得淋漓尽致。

师:真好!你有一双善于发现的眼睛,更有一张善于夸人的嘴巴。(笑)

**生**：我为刚刚的那位同学做一点补充。"忠心耿耿"这个词语用得非常好，满足了我们的虚荣心，让我们当了一回小主人。

**师**：你补充得真好。同学们，有一点，我要自我表扬一下。我在这篇文章里，把很多细节展开了。怎么样驱动椅子，怎么样紧紧地跟着你，怎么样迎接主人坐下，然后怎么样送主人出图书馆的门，以及怎么样举行小型论坛。把这一个又一个细节展开来，写具体了，那么这些椅子的特点就写清楚了。写文章，切忌浮光掠影，要展开来细细地写。对我的文章，大家有没有什么建议？

**生**：我认为你应该融进自己的感受，让文章更具体。

**师**：刚才哪位同学在文章中把自己的感受写得很好的？（一生站起来）你姓什么？（生：我姓沈）沈老师，向你学习！（笑。教师和学生握手）

**师**：还有吗？

**生**：我认为顺序有点乱。（师插：顺序有点乱，是我的思维有点乱，哈哈）（生笑）应该把出门和举行小型论坛换一下。

**师**：嗯。这样更符合实际对吧？我同意你的观点！

**生**：我认为文章应该有详有略，你的文章虽然写得很好，但是没有详也没有略。（台下老师大笑，鼓掌）你一直都是详写的，没有略。每一个细节都详写，这样可能不是很好！（台下台上笑成一片）

**师**：哈哈。我对你的评价大部分接受。但是你说"没有详也没有略""都是详"，这怎么解释？

**生**：你的每一个自然段，都会介绍这个物体它怎么样，怎么样跟着你到图书架，怎么样开会，还用了很多"拟物"的方法。虽然这些方法都很好，但是你如果有详有略，比如说，你把椅子跟着你走，一直到你看完书这段弄得更详一点，把开会这部分略写一点，会更好！

**师**：我终于听明白了。谢谢这位同学的指点。（热烈鼓掌）他的意思是，把最能体现这个事物特点的地方、最亮的地方更加详细地写出来；而有些地方则适当地压缩篇幅，因为文章的篇幅是有限的。真好，这位"老师"，我要向你学习！

## 板块二：头脑风暴，畅想未来图书馆

**师**：同学们，其实啊，我们所看到的，只是荷兰图书馆其中的一个妙处。荷兰图书馆还有很多精妙的地方。（教师播放演示文稿，出示相关的图片，简单介绍荷兰图书馆的巧妙之处）

**师**：这是利用RFID系统借阅图书；在完成借阅过程后，打印机会主动打印出图书详单，由读者保存；图书管理员可以实时查阅借阅情况。目前荷兰已经有数十家图书馆利用RFID系统管理图书馆，读者在借阅和归还图书时，会更加便捷；图书管理员在整理图书信息时也更省力和高效。

**师**：同学们，这就是创意！创意来自对现实的洞察和美妙大胆的想象……有的同学会说，假如我们中国也有这样的图书馆，那该多好啊！接下来就让我们畅想图书馆。先来说说，你所看到的图书馆，有哪些不足？

（学生自由发言，总结出当前图书馆的如下不足之处）

——环境嘈杂，不够温馨，没有休闲的地方；

——管理不够人性化，冷冰冰；

——找书太难，借、还手续复杂。

**师**：那就让我们当一回图书馆的设计师。如果你是图书馆的设计师，你会有哪些全新的创意设计？让我们展开"头脑风暴"！"头脑风暴"就是围绕着一个话题，你说你的我说我的，彼此不否定。这样，奇思妙想会不断地涌现。张老师给大家提示一下。（屏幕提示创意思路）

环境：有哪些全新的设计？

管理：有哪些人性化举措？

技术：有哪些突破性创新？

……

**师**：只要你敢想愿想，未来的图书馆就诞生在你的创意中。老师把大家分成左、右两大阵营，看看哪一边同学点子最多。让我们开始"头脑风暴"！

**生**：我觉得图书馆应该放几个机器人。如果你想拿书，就可以请机器人帮你找出那本书。比如说……（学生有点语塞，教师拿起学生放在桌上的一本书，提示：比如说你想找《小豆豆频道》，就可以输入"小豆豆频道"这些字）这样机器人就能帮你找出这本书。而且当你想坐下来看书的时候，你又可以叫机器人帮你把椅子搬过来，这样你就可以更加舒适了。

**师**：机器人管理员，这是个好点子。

**生**：我认为现在的图书馆可以贴一些可爱的墙纸，这样就比较温馨。而且椅子也要多种多样的，这样不会单调的。这样更人性化，更有人情味儿。谢谢！

**生**：我认为每一种书都要放一个房间。如果我想找关于太空的书，就可以进入"太空的房间"（教师一旁补充：把这个房间也打扮得像太空一样）对，很黑，还有一块晶莹透亮的玻璃，里面是宇宙，是我们至今发现的4万个星球的位置。我也认为要放几个机器人，因为房间里很黑的，所以找几本书很难。你要书的时候，可以躺在那里，舒舒服服地躺着，就能让书来找你。（师：让书来找你，这个创意多妙！不过看书干吗要躺着）因为在等书的过程中，你可能会郁闷，（教师及台下老师们大笑）因为书柜很大，等书的过程你可能会觉得有点单调，（教师提示：我们还可以坐在那儿看看有关太空的视频，是吧）然后在你看书的地方要放几盏灯，因为在太黑的地方看书，会影响视力的。

**师**：考虑得可真周到，又神奇，又很人性化！

**生**：我的理想一点也不遥远，我只是要求：第一，冬天要有暖气，夏天要有冷气，免得看书的过程不能被这本书吸引，十分矛盾；第二，我觉得最好放一些和谐的音乐，用一种美好的心情看书，效果会更好一些！

**师**：（微笑着对该生说）非常的现实。（笑）

**生**：我觉得目前大部分人是比较懒惰的。（教师：呵呵，不过有时懒惰也会让人进步）现在互联网已经普及，所以我就想干脆把所有图书的资料输入电脑就行了。来借书的人只要在电脑输入书名、关键词或者主要内容、介绍什么的，就可以在电脑里畅游书海了。这样不是比捧着一本书更好吗？

**师**：而且，到哪儿哪儿就是图书馆。真好！

**师**：请最后一位同学。（学生纷纷高高举手）

**生**：我觉得图书馆就是要多一点书，而且座位要够大。所以有的地方要把地方昂起来（师提问：什么叫"昂起来"）（生笑着）就是把它吊起来，那里有一个机械手帮你把书拿下来。这样节省空间，而且也方便很多。

**师**：哈哈，利用每一寸空间。请坐！看来同学们的奇思妙想不断地涌现，"头脑风暴"的确能带给我们很多的灵感。那么就让我们（出示文字）拿起笔，捕捉你的灵感，让我们畅想图书馆——

（出示习作要求）

围绕你的创意设计，将你的设计特点介绍清楚、具体，能运用适当的说明方法。

**师**：像张老师那样运用拟人或拟物的方法，运用举例子的方法来介绍。好，开始动笔，用8分钟的时间一气呵成。

（学生认真写作，教师巡视并提示：把刚才我们总结出来的一些方法运用到你的作文中去，比如用上贴切的一些词语，比如注意运用拟人的手法，注意展开细节）

**师**：好，就请两位同学来展示他们的作品。

（两位学生将其创意写作进行展示与分享，略）

## 板块三：观照现实，走近中国国家图书馆

**师**：真是奇思妙想啊！其实每一项科技的进步都离不开畅想。咱们中国国家图书馆二期就是一个富有创意的设计。在很多科技人员、设计师的共同努力下，终于在2008年9月9日掀起它的盖头来。让我们一起来欣赏它的创意。（配乐、图片连续播放，学生边看边惊呼，教师随着屏幕描述、介绍中国国家图书馆二期的设计。具体内容略）

**师**：让我们畅想图书馆、畅想未来！下课！

### 创意赏析

一段网络论坛上流传的微视频，一般人看了，也就止步于对设计者创意的一番惊叹；而张祖庆老师，却把它作为一个宝贵的教学资源带入到了写作课堂，成就了一节微电影习作课的经典。

这节课之所以成为经典，最重要的原因就在于微电影资源的介入营造了一种"陌生的熟悉感"，吸引了学生的眼球，洞开了他们的创意思维，激活了他们的言说欲望。

图书馆的椅子，是熟悉的；可是荷兰图书馆的椅子不一样，一刷卡，它就像小狗一样跟着人跑，忠实地、乖乖地为读者效劳，这是陌生的。身边的图书馆，是熟悉的；可是荷兰的图书馆、学生各自畅想中的图书馆，以及中国国家图书馆二期的无限创意，又是陌生的。畅想未来的习作，是熟悉的；可是一段令人脑洞大开的微电影被引入想象作文的课堂，又是陌生的……学生的思维与表达就在一个个"陌生的熟悉"中走向了无限的可能，听课的老师也正是在这一个个"陌生的熟悉"中如痴如醉，走向视听享受的极致。

在第一板块"视频引路，描述荷兰图书馆"的教学过程中，两次播放

微电影，一为激趣启思，二为观察描述。从写作的视角来看，虽然属于写实类训练，但视频素材的新奇、新鲜，令学生产生耳目一新的意外之感。这意外，自然就成了唤醒记忆、激活思维的触发器。

（整理及点评：王华星）

### 拓展延伸

"陌生的熟悉感"，有利于人们直面现实，大胆畅想。当科技与想象美丽邂逅，必然会撞击出创新的火花。科幻类、科技类电影资源比比皆是，祖庆老师的这节课启发我们：在教学畅想类、想象类、习作课的时候，完全可以引入此类电影资源，为学生推开那扇科技创意之门，在对客观现实的观照中，恣意构建未来生活的美好，抒写自己理想生活的愿景。

# 第八课 曼陀罗创意写作法

## ——《神奇飞书》教学叙事

**影片名称**：[美国]神奇飞书

**上映时间**：2011年1月30日

**导演**：威廉·乔西

**主要特色**：片长15分6秒。无对白，音乐节奏与剧情变化完美结合，创意中蕴含深意。本片荣获2012年奥斯卡金像奖最佳动画短片。

**故事简介**：影片讲述了一个男子与书的故事，他叫莫里斯。在一个平静的小镇，头戴礼帽的莫里斯正坐在阳台上读书，突然飓风来袭，晴朗的天空被滚滚乌云遮蔽，房屋窗棂剧烈晃动。奇怪的是，连书上的文字也随风飘散。莫里斯和那些书一起卷入了一个未知的地方。不久，他落在了一片荒芜而奇怪的黑白世界，书上的字也不见了。他正四处游荡，看到一个美丽的女孩，牵着会飞的书飞翔，其中的一本书带他来到了一栋神奇的书屋。黑白的世界恢复了曾经的色彩斑斓。莫里斯给书准备早餐，为书做修补，他沉浸在书中，他喜欢和别人分享这些书。夜晚，当所有的书都休息了，他再次翻开自己的那本书，写下欢乐与悲伤、理想和希望。时光一天天过去，他已满脸皱纹，而书，一点儿都没变。当他不得不离开的时候，书带着他飞了起来，重新回到了来时的路。一个故事结束了，一个新的故事又开始了……

**一句话影评**：书因被阅读而获得生命，人因阅读而获得重生。

## 资源分析

《曼陀罗创意写作法》一课的教学中，电影资源共运用四次。前两次用剪辑片段组合（5′07″~6′50″+7′38″~8′02″），主要内容是：莫里斯来到一个图书馆，那里的书都会飞、会跳舞，他和书一起翩翩起舞。他发现有一本老书病了，想救这本书。视频片段分别用于第一板块"电影入课，看明白了什么"和第二板块"再观电影，自由提出问题"两个环节：第一次观影交流"看明白什么"，梳理主要内容；第二次观看提示关注颜色的变化，提出问题，引发头脑风暴。

第三次播放"修书片段"（7′38″~9′30″），用于第五板块，关注点：故事的高潮部分是如何展开的？哪些画面特别有创意？第四次观影设在课的尾声，绘本与影片巧妙结合，最后部分用电影呈现，跳过修书细节

（4′53″~6′50″+11′23″~13′54″），强调莫里斯身上颜色的变化，把主题引向深处。

## 设计思路

本课教学将微电影与绘本元素融于创意写作中，从电影短片《神奇飞书》入课，按"自由提问，记录问题—整理问题，按序入格—自问自答，串联故事"三个教学层次创编故事。接着，电影片段"修书"部分也是故事的高潮，解决了创编的难点：如何把故事拉长，即细节的展开。这个环节中，教师顺势导出写作秘诀：愿望—阻挠—转机—结局，这是帮助学生建立故事支架。最后，用"绘本＋电影"的形式呈现完整的故事，走向故事的主题：阅读，把生命照亮。

以上设计思路，可提炼为如下导图：

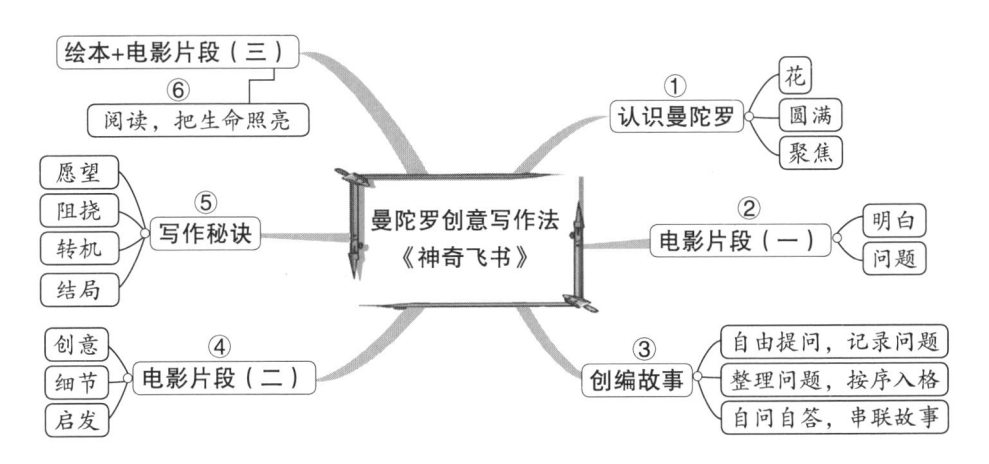

## 课堂再现

**教学年级**：五年级

**执教日期**：2017 年 4 月

### 板块一：电影入课，看明白了什么

（上课伊始，教师由曼陀罗花的形与义导出"曼陀罗创意写作法"）

**师**：学习这个方法，我们将从欣赏一段电影开始。这段电影是张老师从一部动画短片中截取的，请同学们在观看的时候想一想：哪些是自己能看懂的，哪些是不明白的。一会儿我们来交流。现在，就让我们走进电影片段。

（播放电影片段一）

**师**：说一说，你都看明白了什么。

**生**：首先，一个人进了一个神奇的图书馆，然后所有的书都会飞，后来他看到了一本在钢琴上演奏的书，他跟这些书一起跳起了舞。

**师**：这位同学用非常简要的语言，把这部微电影的前半部分讲得清清楚楚，非常棒！后来又发生了什么事情？哪位同学看明白了？

**生**：后来那个人发现有一本书已经老得不行了，他就想办法帮它治病。

**师**：把两位同学的内容相加，大概就把这部微电影的内容讲清楚了：一个人来到了一个图书馆，那里的书都会飞，还会跳舞。后来他发现有一本书病了，于是他想救这本书。

### 板块二：再观电影，自由提出问题

**师**：看完电影，你的脑子里一定会冒出许许多多的问题。我们再看一遍，抓住细节，相信你脑子里会有更多问题冒出来。

（再观电影片段一，师提示：关注颜色）

（当莫里斯走进这间图书馆的时候，神奇的事情发生了，他身上的灰色变成了彩色。这里的书都会飞、会舞。他跟着音乐，和书一起跳起了舞。书架上，有一本老书摇摇欲坠，散落下来。他准备救这本老书……）

**师**：好，开始提问题。每位同学有四张贴纸，每张贴纸只写一个问题，

每人至少写三个问题。你可以问关于地方的，关于人的，关于是什么的，关于怎么样的……要尽量关注别人可能关注不到的问题。好，开始！

（老师巡视，提示：关于书，你可以问；关于这个图书馆，你可以问；关于这位先生的身世，你可以问；关于这本老书，你也可以问……）

**师**：张老师把话筒随机递过去，递给谁，谁就把正在写的问题读出来，好吗？

**生**：小男孩是怎样来到这里的？

**生**：书本来是没有生命的，它为什么会跳舞？

**生**：为什么这个人一开始是灰色的，而渐渐地又有颜色了呢？

**师**：非常棒的一个问题！

**生**：后来发生了什么？

**生**：为什么这些书会飞？

**生**：为什么那个人非要救这本老书？

**生**：为什么那位先生一来图书馆那些书就活了？

……

**师**：好，提出三个问题，任务已经完成的请举手！（生纷纷举手）

### 板块三：整理问题，按序排入九宫格

**师**：接下来，我们要做一件更有意思的事情。四位同学一起，组成一个故事创作小组，把你们的问题贴到九宫格内。（课件出示九宫格）注意，这

是九宫格,"神奇飞书"几个字在中间。你们组要想一想:哪个问题应该排在第一?哪个问题排在第二?把问题理清楚,你会发现,有些问题是多余的,扔掉。有些问题和问题之间好像衔接不上,再提一个问题,把整个故事完整地连起来。(跟学生一起重复步骤)这个环节,我们用5分钟来完成。

**师**:每个小组同学聚在一起,先找到第一个问题,这个很重要哦!

(生小组讨论,把问题贴到九宫格内,每位同学都兴致勃勃。师巡视,提醒)

**师**:刚才的头脑风暴中,大家的思维不断地迸发出火花。现在,我们请两组同学,把他们的问题顺序报一报,其他同学认真听,看看问题排列的顺序,是不是有道理。好,开始。

**生**:我们的第一个问题是:这个人是从哪儿来的?他有怎样的身世?

**师**:来自何处?

**生**:还有一个问题,这位先生是跟着谁进的图书馆?

**师**:也就是怎么来的。从哪来?怎么来?两个问题了,第三个问题——

**生**:第三个问题是:为什么这里的书是有生命的,而且会唱会跳?

**师**:会唱会跳会飞。第三个问题了。第四个问题——

**生**:为什么这个人一开始是灰白色的,而渐渐地又有颜色了呢?

**师**:第五个问题是——

**生**:那本书为什么病了?病得怎么样?

**师**:好,第五个。第六个问题?

**生**:为什么要修书?第七个问题是,他修书时遇到了什么困难?这位先生想出了哪些办法修书?第八个问题:后来怎么样了?

**师**:好,对于他们的问题有没有什么想法?(生摇头)没有吗?都觉得很合理是不是?其实他这么一问,一个故事的框架就出来了。好,一会儿你们小组进行第二次合作,把问题回答出来,你们的故事就出来了,明白了吗？掌声感谢这个同学！

（生鼓掌）

**师**：好，再看看这一组的问题，有什么不一样的地方。（请第二组的代表汇报）这次你们要听的是，他们提的问题，哪一个特别有意思？

**生**：一，这是个什么地方？二，他是怎么来到这里的？三，这个人为什么进了这个地方，衣服就变了颜色？

**师**：这个问题好像跟刚才那一组是一样的。

**生**：那本弹钢琴的书，属于谁？老书和小书是什么关系？

**师**：我想问这位同学，老书和小书指的是什么？

**生**：老书就是后面主人公修的那本书。

**师**：那小书从哪里来？

**生**：小书就是，扶它下书架的那本书。

**师**：他关注到了一个细节，老书摇摇欲坠的时候，一本小书挡住了它。这个细节提问非常好，继续。

**生**：那本老书会被治好吗？后来它跟这些书一起生活了吗？后面发生了什么事？

**师**：大家说一说，哪一个问题是很特别的？

**生**：我觉得小书扶着老书那个问题很特别。

**师**：为什么你觉得很特别？

**生**：因为我们没有提到。

**师**：你们没有提到，他们关注到了！从这个点深挖下去，想一想，这本小书和老书是什么关系？它为什么要扶着它？这里边会不会有编故事的空间呢？这个细节捕捉得非常好。还有没有特别的地方？（生摇头）有没有需要完善的地方？

**生**：我觉得他们最后两个问题有一些重复。

师：你太厉害了！你来说，为什么最后两个问题有些重复？

生：因为他问："后来它跟那些书一起生活了吗？"这个问题就和"后面又发生了什么"重复了。

师：那你能不能帮他加一个什么问题？

生：这位先生和这本书，后来……

师：之后又发生了什么故事？是不是？好，（对汇报的孩子说）张老师也给你提个建议：这个图书馆后来又发生了哪些有意思的事情？这样，就能把我们的思路引向更广阔的天地。好，同学们请注意，我们用曼陀罗写作法完成了两步。第一步，一起读——

生：（齐读）自由提问，把问题记下来。

师：第二步——

生：（齐读）整理问题，按序排入九宫格。

## 板块四：自问自答，将答案连成故事

师：好，现在到了最关键的第三步：自问自答，将答案连成故事。故事的提纲，就在你们的九宫格里面，你们一起讨论。注意，你的每一个想象都充满着无限可能。大胆想，且要自圆其说。现在，让我们再一次用4分钟左右的时间集体讨论编故事，看哪一组编的故事最有创意。

（学生热烈讨论）

师：来，想上台分享故事的，请抓紧！可以整个团队上来，也可以一个人上来。（老师请了两组代表后，很多学生还在举手）如果你们觉得你们讲得能够胜过他，再上来好不好？先聆听，专注地听别人的故事，也是一种学习。好，你先讲。

生：那是一个未来的人，他正在看一本书，那本书突然活了起来，那个绅士就跟着这本书，穿越了时光隧道，来到了这个充满魔法的图书馆。

那位先生为什么来这个地方？是因为这本书正好有这个情节，他看到了这个情节，这本书就带他来了。

师：跟着故事情节就来了。

生：小男孩的脸色一开始是白的，后来跳了舞，书给了他力量和自信。最后这个小男孩救活了这本书，并和它们快乐幸福地生活在了一起。

师：啊，最后是童话的结局。从此，他们过上了幸福的生活。掌声！觉得这个故事怎么样？评价一下。

生：他们一开始用的"绅士"和"先生"，后来变成了"小男孩"。

师：哦，这就是逆生长啊！绅士、先生变成小男孩了。（问讲故事的学生）你们是刻意安排的还是无意的？

生：刻意安排的。

生：其实他刚才说了，一个未来的人穿越时空到了过去，他原来是个绅士，后来是个小男孩也是可以的。

师：你帮他们解释了，让他自圆其说。有没有觉得故事的后半部分，好像匆匆忙忙就过去了？开头先声夺人，后边好像缺少那么一种味道。还有没有同学想提出建议？

生：我想提个建议，后面把细节和情节写出来可能会更好。

师：你给他们提供了一个金点子——展开故事，不要让故事折叠起来。好，回去再讨论讨论。谢谢！（对第二组说）两位男生，把干活的机会让给了女生，我建议，你们过来当故事支架。（师示范，学生笑）拿着这张纸，你们过来蹲下，双手举着。谁来讲？

生：我先介绍一下：他们两个是支架，她是深情助演，我是负责讲故事的。

师：主角最后才介绍，厉害！

生：（开始讲，助演配合表演，惟妙惟肖，全场笑声不断）有一天，一位英国绅士正在书房读书的时候，突然打了个大喷嚏，那些书就全部飞了起来，飞到一座奇妙的图书馆。他感到很奇怪，就跟了过去。他发现那个图书馆里有一行字，写着"奇思妙想图书馆"，上面还有一个告示：一旦走进这个图书馆里面，身上的颜色就不止两种。他走了过去，发现这里的书开始跳舞，蹦蹦跳跳的，跳着《蓝色多瑙河》。（学生表演，全场掌声、笑声）这位先生很奇怪：这些书怎么可能有生命？怎么可能蹦蹦跳跳的？这时，一本小书告诉他，原来呀，他们正在举办庆典，迎接他这个新主人的到来。这位先生非常高兴，他就和这些书一起跳起舞来。也不知过了多长时间，先生一个人在图书馆里逛的时候，看到了一本老书，那本老书又老又旧。（师加入表演队伍，配合学生表演那本老书，捶着背，呻吟着。全场大笑）这本老书已经很老了，需要一本小书搀扶着。小书扶住了那本老书，（师表演的"老书"突然没站稳，摔了一跤。全场大笑，热烈的掌声响起）然后这个英国绅士就给他看病。那本老书，不知道经历了什么，变得如此沧桑……最后，这本旧书和其他书，还有这位先生，快乐地生活在了一起。谢谢大家！（全场响起持续不断的掌声）

师：来来来，你们两个够累的啊！（对两位捧着纸条的孩子说）来，团队一起完美谢幕。谢谢大家！（掌声）先说说这个团队的故事亮点在哪里，可以点赞他的表演，可以点赞他的讲述，也可以点赞两位故事支架。

生：我觉得他们表演的是搞笑版。

师：你是赞赏还是不赞赏？

生：我赞赏。

师：嗯。演得非常棒！

生：我觉得他们的讲述当中加入了表演，让我们看得更加明白。

师：嗯，更加形象直观。就故事本身的构思，能不能发表你的观点？

生：我觉得他们真不容易！四五分钟的时间，就能编出一个五六百字的故事，相当于一篇作文了，他们还能表演得这么好。

师：你说了张老师想说的话。之前，你们并不知道老师今天要上什么内容，别人还怀疑你们有剧本呢！没有剧本，即兴创作，再一次掌声！还有谁想就故事本身的构思发表观点？

生：我就是想说一下，他们表演得挺好的，很有画面感。表演的同学，一会儿这个角色，一会儿那个角色，让人看得很清楚。

师：这位讲故事的同学，（面向讲故事的孩子）我想偷偷地跟你说一句话：有的时候，遇到一位天才的演员，讲故事的人是要受委屈的。（全班笑）实际上，她讲得也非常棒，是不是？两个人可真是珠联璧合，这叫绝配。张老师也蛮拼的，你们为什么不表扬我一下？我差点摔骨折呢！

生：老师真棒！（笑声）

师：都是赞美的！我们可以送鲜花也可以"扔鸡蛋"，是不是？（笑声）给他们提点建议，让他们的故事更加完美。

生：我觉得这两组的结尾都一样，不太有意思。

师：哦，落了俗套了。那你来给他们一个不俗套的结尾好不好？

生：我们组的结尾是：最后，老书和小书一起在阳台上晒太阳。

师：老书和小书在阳光下晒着太阳，温暖美好。非常棒，掌声！

（学生踊跃举手，还想表演）

师：在他们两个这么精彩的演绎之后，有人居然还敢挑战，那需要多强大的内心啊！同学们，你们想要表演我非常理解，但是呢，夜色告诉我们（此时夜幕已降临），应该适可而止，是不是？（笑声）你们可以把精彩的故事用剧本的方式，用文章的方式展现出来。因为接下来还有更给力的东西，留点遗憾可不可以？谢谢你们的被迫同意。（笑声）

## 板块五：书影结合，意味深长结尾

**师**：对于一个完整的故事来说，必须要呈现它的高潮。比方说，我们今天编的故事，要想一想，这个故事哪一个部分要浓墨重彩地去写？这个地方，我们就要把它展开、拉长，写出它的波折。就如刚才视频当中看到的救老书的这个情节，画面戛然而止。如果把它展开的话，这一部分就会很吸引人。我们来看，电影是如何把这个情节拉长到两三分钟的。

（观看电影片段二：修书）

（莫里斯为了救活这本老书，想了很多办法。听诊器、胶带纸都无济于事……最后，莫里斯用心阅读，情不自禁地被卷入书中，穿梭于字母间，莫里斯脸上的表情，也呈现着喜怒哀乐的不同变化，最后，老书重获得新生。"修书"的电影片段，有多处精彩的细节，人物动作和表情变化丰富，音乐的节奏随情节跃动，把创意演绎到极致）

**师**：刚才这个片段，哪一些画面特别有创意，带给你启发呢？

**生**：主人公在看那本书的时候，有很多动作变化，我觉得特别有意思。

**师**：动作变化，而且是表情的变化，这就叫喜怒哀乐，这个细节被你捕捉到了。还有吗？

**生**：掉进字母的书海里面，非常创新，让观众意想不到。

**师**：嗯，在字母当中跳跃，非常棒的一个创意。

生：这本老书里面包含了很多小书。

师：老书里边有小书。我想问同学，他用了那么多方法，又用听诊器又用胶带纸粘贴，都无济于事！最后，为什么阅读就把它读活了呢？

生：因为一本书只有被阅读才有存在的意义。（全场掌声）

师：说得真好！你是一个哲学家啊！一本书，存在的意义就是被阅读。就像刚才这组同学演绎的一样，这本书，曾经是三朝重臣啊！最后一朝的主人不重视它，它就觉得自己的心死了。心死了，书也就死了。你看，这样就把故事高潮展开了。实际上，这里边包含着写作的秘诀：主人的愿望是什么？（生：想把书修好）遇到什么阻挠？（生：胶带纸、输墨水、听诊器都不行）出现了什么转机？（生：一本小书中，有一个长得像鸡蛋的人提醒他，要去阅读）最后愿望实现否？（生：书被救活了）一起读——（课件出示）

生：愿望是什么？遇到了什么阻挠？出现了什么转机？愿望最终实现。

师：当然你也可以写，愿望没有实现，那么故事又有了一种新的发展。

……

师：同学们，这部电影其实是节选自获得奥斯卡金像奖最佳动画短片的电影，后来，有人把它改编成了绘本。张老师接下来用5分钟时间，把这个故事完整地呈现给大家。其实我发现，你们的故事也许比它更精彩。

（生观看完整的绘本故事，师提示默读）

师：（随绘本讲述）故事一下子就急转直下，你看，字母确实会飞。注意色彩的变化。最后的部分用电影呈现，（播放电影片段三）注意莫里斯身上颜色的变化。

师：（深情旁白）当他走进图书馆的时候，他的世界一片黑暗。当他进入图书馆，他的生命就被照亮。莫里斯渐渐地老了，这时候，他已经满头白发。那些曾经被他照顾过的书，每天晚上，都把故事读给他听，他觉得自己是时候告别图书馆了,他深情地望着这些他曾经照顾过的书,飞上了天空……好书,再一次把生命照亮。这本书的题目叫作——《神奇飞书》。每个人的生命中,随时都可能遭遇突如其来的不测,但是,只要我们心中有信念,只要热爱阅读、热爱生活,每个人都会遇见神奇飞书。下课!

### 创意赏析

威廉·乔西的电影《神奇飞书》是一部创意之作,祖庆老师的《曼陀罗创意写作法》亦是如此。"曼陀罗"的创意是任性的,打破常规的思维是任性的资本。这种任性又是有节制的,经得住理据之问、逻辑考量。精心剪辑的电影片段镶嵌在课中,四次呈现,与学生的创写交互,一步一步抵达电影的深意:唯有阅读,才能把生命照亮。

观课如观影,课堂即艺术。当我们把课堂看成一部戏剧或电影,从旁观者的角度阅读,似乎更能发现各个角色和元素在其间的作用。这一课的设计,恰似这样的艺术形式。情境切换、角色转换,自带影剧色彩;故事引人处,戛然而止,又有那么一点悬疑的味道。观祖庆老师的课,沿着思维的路径,每走一段,都会遇见"未知的精彩",这种感觉甚好。

更妙在哪里?

一是微电影之"微"。祖庆老师非常善于捕捉电影中的写作元素,截取动画短片《神奇飞书》的精华之精华，建立电影片段与创意写作的关联点："设下悬疑"对应"自由提问"，"修补老书"对应"细节创写"，"书影结合"对应"领悟深意"。

二是艺术地叠加。影片 5′07″～6′50″在课中呈现了三次，重复设计却并无重复之感，层层递升，次第打开学生的创写视野和精神世界。

三是"曼陀罗"思维展开的回与收。教师利用九宫格，让学生把自由提问的问题按序排入，这其实是在建立思维模型，这种思维模型，就是写作支架。课堂在一个新的思维模型和写作支架中开启，始于"神奇飞书"，回到"神奇飞书"。再从写作的意义看，张老师借莫里斯之书告诉孩子：每个人的故事都很重要！至此，曼陀罗花，精彩绽放，始于"发散"，归于"圆满"。

（整理与点评：丁素芬）

## 拓展延伸

此前，张祖庆老师曾执教《"电影遇见书"之〈神奇飞书〉》一课，电影与书的结合，为创意绘本阅读课打开另一扇窗。《曼陀罗创意写作法》是前一课的延续，相同的是，媒介都是《神奇飞书》（电影＋绘本）。不同之处在于，前者指向绘本的深度阅读，绘本资源为主，电影为辅；本节课指向微电影创意写作，电影资源为主，绘本为辅。像这样的"电影遇见书"系列还有很多，如《忠犬八公》《灵犬莱西》等，都可以从中寻找到创意写作点，把电影与书勾连起来，构建"微电影＋绘本"的书影创写课程。

另外，这样的训练思维为主的创意写作，还可以和"头脑风暴法"结合起来使用。

# 第九课　角色移情对话

## ——《忠犬八公》教学叙事

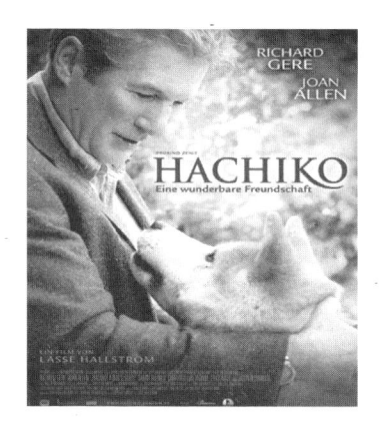

**影片名称**：[美国]忠犬八公的故事

**上映时间**：2009 年 8 月 8 日

**导演**：莱塞·霍尔斯道姆

**主要特色**：片长 93 分钟，影片改编自发生在日本的真实故事。该片当年曾在日本引起轰动，创造了 40 亿日元的票房收入。

**故事简介**：影片讲述了一位大学教授帕克（书中原型是上野教授）在小镇的车站上偶遇一只可怜的小秋田犬，小秋田犬孤苦无依的身影引起了教授的怜悯。虽然教授的妻子极力反对，并想尽办法要把秋田犬送走，但看到丈夫和女儿对它由衷的喜爱，终于决定让它成为家庭一员，帕克为它取名"八公"。之后的每一天，八公早上将教授送到车站，傍晚等待教授一起回家。不幸的是，教授因病辞世，再也没有回到车站，然而八公在之后的十年时间里依然每天按时在车站等待，直到最后死去。

**一句话影评**：等待，是为了永不忘记爱我的人！

## 资源分析

《忠犬八公》一课的教学中，电影资源共运用三次，视频片段总长 4′02″。第一次展示三张电影截图。第一张图（5′01″）是描述帕克教授在车站偶遇小八；第二张图（37′50″）讲的是教授要去上班，小八与教授难舍难分的场面；第三张图（56′25″）是帕克教授突发脑出血辞世的场景。

第一次播放，是借助不同时期的电影图片，回顾整个故事的内容。

第二次播放（25′52″～32′22″，中间剪切了夫人的画面）是教授为了送小八回家而不去上班的场景。用于第三个教学环节"品味细节，感悟人狗情深"。

第三次播放"教授突然辞世"片段（56′25″～86′50″，剪切组合，共计 3 分钟 35 秒），用于第四个教学环节"深情对话，人狗情未了"。影片中展现教授的突然离开，而小八却毫不知情。因此，它依然在车站苦等教授回来。这个电影片段的使用，渲染了人狗情深却阴阳两隔的悲情气氛。

## 设计思路

本课是《忠犬八公》整本书的阅读分享课，创意在于将书籍与电影结合。本课从观看几个电影画面，将画面串联述说故事开始。接着，用三个话题串联整节课。话题一：这本书的主角是谁？明白了故事的前半部分主要写——教授，后半部分主要写——小八。话题二：彼此眼中，上野教授和小八是谁？交流汇报后将电影与文字对比着阅读，感受阅读的乐趣。最后，呈现话题三：你认为，这样的等待值吗？交流讨论中揭示等待背后的深爱：等待，是为了永不忘记爱我的人。

以上设计思路，可提炼为如下导图：

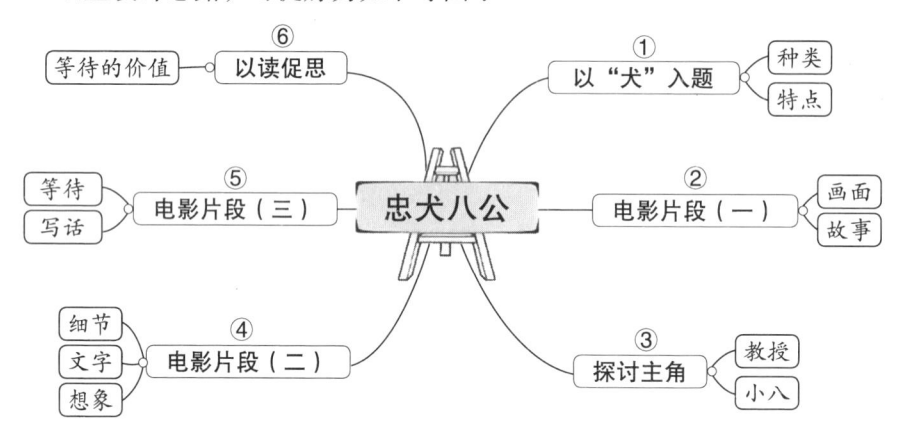

### 课堂再现

**教学年级**：五年级

**执教日期**：2017 年 5 月

## 板块一：以"犬"入题，活跃课堂气氛

师：(在黑板上板书大大的"犬"字)犬是什么？你知道有哪些犬的种类？

生：博美犬。

师：它有什么特点？

生：长得很像狐狸。

生：茶杯犬。

师：顾名思义，它很小，可以在茶杯里生活。

生：我知道西施犬，它的毛很长。

生：我知道秋田犬，它是一种很忠诚的犬类。

师：秋田犬，也是我们今天要聊的主角。它的名字叫八公，是一只非常忠诚的秋田犬。（板书课题：忠犬八公）

## 板块二：梳理情节，复述主要内容

师：这本书，你们读了几天了？（生：一个星期）那老师来考考大家。这条狗的名字叫什么？

生：叫作小八！

师：这个名字是谁取的？为什么要叫小八？

生：因为它的腿弯得像数字八，所以上野教授叫它小八。

师：原来这是根据小八的外形特点给取的名字。

师：这个故事曾经被拍成两个版本的电影，我们来看几个电影片段，看看哪个画面是你最熟悉的？（出示电影截图）

生：上野教授到车站，看到小八，他抱着小八去找站长。站长把小八委托给他。

师：这是教授收养小八的情景。再看下一个画面。（出示电影截图）

生：上野去上班，小八舍不得教授，一直送他到车站。小八用脸贴着教授的脸，不肯回去。

师：还有这一段呢？（出示电影截图）

生：上野教授演讲的时候突然倒地。

师：倒地后发生了什么事？

生：教授去世了。

师：上野教授为什么突然倒地？

**生**：突发脑出血。

**师**：好，你完整地讲一遍。

**生**：上野教授演讲的时候因为突发脑出血倒地身亡。

**师**：是的，这样讲就清楚了。

**师**：（出示上野教授去世后，八公等待上野教授的图片）再看看这一组图片，你想起了书中的哪些情景？

**生**：上野教授去世后，小八做的事情。

**师**：小八做了哪些事情？

**生**：每天都在等待教授，虽然教授永远不会回来了。

**生**：不管是刮风还是下雨，抑或是下雪，小八风雨无阻，每天都会到车站来等教授。

**师**：哪位同学能把这六幅图连起来，三言两语把故事说清楚。

**生**：上野教授在车站看到了流浪的秋田犬，他把它交给站长，但是站长把秋田犬委托给教授抚养。教授给它起了个名字叫小八，而且不顾夫人的反对坚持收养了小八。小八每天送教授去车站，每天去车站接教授回家。有一次，教授在工作中突发疾病去世了，他再也没有回来。但是小八依然每天去车站等待，一直等了十年，直到孤独地死去。

## 板块三：品味细节，感悟人狗情深

### 一、谁是主角

**师**：刚刚我们借助电影的画面，一起回忆了这本书的主要内容。接下来我们一起聊聊书，聊书就得有话题。读读第一个话题：这本书谁是主角？

**生**：这本书的主角是小八。

**师**：为什么这么说？

**生**：因为书的名字就是《忠犬八公》。

**话题1：这本书的主角是谁？**

师：有不一样的想法吗？

生：这本书的主角还有上野教授。因为上野收留了小八，所以才有这样感人的故事。

师：只是因为上野教授的收留，就产生了这样感人的故事吗？你可以再补充一下。

生：（补充）而且上野教授对待小八，就如同自己的亲人一样。

师：所以这个故事的主人公是——小八与上野教授。故事的前半部分主要写——上野教授，后半部分主要写——小八。

二、人狗情深

（一）话题讨论：教授与小八，分别把彼此当作自己的什么人？

1. 小组讨论。

师：刚才有同学说，上野教授对待小八，像自己的亲人一样。接下来我们就来聊第二个话题：在彼此眼中，上野教授和小八是谁？也就是说，上野教授把小八当作谁？小八把上野教授当作谁？请拿出课前填写好的阅读表格。

师：哪些同学是站在小八的角度来填写的？（大部分同学举起了手）哪些同学是从教授的角度来填写的？（只有小部分）

师：看来，大家都很愿意当狗狗。（生笑）

第二编　光影中的创意写作课　/　169

### 话题2：彼此眼中，上野教授和小八是谁？

| 教授眼里小八是谁 | 从哪些事情或细节中看出 | 小八眼里教授是谁 | 从哪些事情或细节中看出 |
|---|---|---|---|
| | | | |
| | | | |
| | | | |

（师根据不同的角度把学生重新分组，同一角度的同学分在一组进行讨论）

**师**：如果你是小八，那么上野教授是你的谁？你的理由是什么？可以看书来回答，也可以根据自己的回忆，时间为3分钟。

2.汇报交流。

**师**：谁可以不看自己的发言稿，把自己的感受和理由大声说出来？先是人说话还是狗说话？（众生笑）先让秋田说话，谁来当秋田的代言人？

**生**：在我眼里，教授是我的恩人。

**师**：为什么这么说？你的理由是什么？

**生**：因为教授在车站看到我可怜的样子，知道我在路上受了很多苦，就收留了我，把我养得好好的。所以教授是我的恩人。难道不是吗？

**师**：教授收留了小八，让它脱离了孤单、流浪的生活，的确可以算是小八的恩人。

**生**：在我的眼里，教授是我的父亲。在书里可以看到，教授为了收留我，还和妻子吵了架。

**师**：如果不是当成亲人，怎么会为了我和妻子吵架，对吗？

**师**：刚才"小八"们的发言有理有据，非常好。各位"教授"，现在轮

到你们发言啦。（笑声）

**师**：这位同学你姓什么？

**生**：我姓杨。

**师**：杨教授你好，请你发言。

**生**：在我的眼里，小八就是我的儿子。因为我愿意教它很多知识。

**师**：是的，只有把它当作儿子才会教他知识。还有吗？

**生**：小八刚来我家里的时候，我还因为我的夫人忘记关门而骂了她。

**师**：连夫人都敢骂，说明小八在教授心中的地位很高。

**生**：在我的眼里，我把小八当成我的亲人。因为我每天早上起床后的第一件事就是喝茶，但是当小八来到我家后，我就先给小八倒牛奶。

**师**：把小八看得比自己还重要。说得好，为你鼓掌。

**生**：在我的眼里，小八是我的亲人。为了小八，我改变了惯例，每天都会陪它去散步。

**师**：之前不散步，对吗？是的，只有心中有重要的位置才会将习惯都改变了。

**生**：在我的眼里，小八就是我的儿子。每次它在我的怀里，我就会抚摸它，给它喂奶吃。

**师**：这就是奶爸啦。（笑声）

（二）对比阅读，品味细节。

1.阅读文字，回顾温馨的日常。

**师**：刚才，我们分别站在教授的角度和小八的角度，说了他们对彼此的印象和感受。接下来，我们来读一段文字。（课件出示）

每天，教授起床后，小八都会在厨房里乖乖地看着他泡茶，接下来，轮到它吃饭时，教授会为它在一个红色的大碗里盛上早餐。一阵狼吞虎咽之后，大约八点半时，小八会陪教授到涉谷站。等教授消失在人群中，它就回到家，一直等到下午五点一刻。它的脑袋里仿佛有块瑞士表，两只小耳朵就是指针，每到那个时刻，它就开始挠门，上野夫人把门一开，他就会一下子蹿出去，像火箭一样冲向车站。就这样，一天又一天，一个星期又一个星期，这一连串习惯在教授和小八的生活里固定了下来。

师：（小结）这段文字，让我们可以深刻地感受到，不管我们觉得他们之间是亲人、是儿子，还是恩人，都可以在这段文字中找到依据。接下来，我们再来看一段电影，大家可以在电影的细节当中，寻找能支持自己观点的事件。

2.穿插电影，体味美好的瞬间。

师：从哪些细节当中，你找到了可以支撑你观点的理由？

生：小八跟着教授来到车站，不肯回家，教授干脆也不上班了，陪着小八回家。

师：小八好任性，教授更加任性，班都可以不上！从这里看出——

生：教授是小八的父亲。

师：是的，只有父亲才会愿意为自己的孩子任性。

生：小八和教授在玩，教授工作非常忙，还要放下工作和小八玩。

师：只有父亲才会放下工作和孩子玩，从这里可以看出——

生：教授是小八的父亲。

生：教授要去上班了，可小八总是缠着教授，就像我们小朋友一样，爸爸上班也想跟着。

师：是不是这样的场景经常在你的生活里发生？你也经常这样缠着你的爸爸？（笑声）

生：我看他们一起玩得那么开心，就像是亲人一样。

3.再读文字，重现温馨的画面。

师：这部电影中有许许多多动人的细节。当电影和文字放在一起比较着阅读，你会发现，越读越有意思。比如这样一段文字，张老师觉得电影无法把它拍出来，但是我们阅读时却可以通过想象去还原那个画面。（出示看星空的图片）你们猜是哪一个场景？

**生**：教授和小八一起看星空的场景。

**师**：让我们和教授、小八一起走进那片星空。

（在舒缓的音乐声中，教师和学生分角色深情朗诵教授与小八一起看星空的章节）

上野夫人正准备在极度的兴奋中睡去，上野教授却去了花园，小八正在那儿看星星。他坐在小八身边，轻轻地抚摸着它。那是个凉爽的晚上，夜幕浓密，却清朗无比，可以远远地望见在黑暗中跳舞的星星。

"你看昴星团把天空照得多亮啊！"教授指着上面说，"这说明快到磨镰刀的时节喽。等它们暗下去，就要用犁翻地了。之后的四十几天，它们会远离我们。等大角星从海上升起来的时候，得把葡萄修剪好。再之后，当猎户座和天狼星走到中天，就要开始摘葡萄了。"

小八扬起头来，过会儿又看看教授，好像听得懂他的话似的。也许它什么都不明白，但对它来说，能被主人深沉的声音环绕，能听见他讲讲这些东西已经足够。

"你看见那儿了吗？"上野教授指着一片星星继续说道，"那是大熊星座。"

小八把小脑袋枕在教授的膝上，教授沉默了几秒，轻轻对它说："咱们晚饭吃得不错，对不对？我觉得你哪天得再在八重女士的插花上尿一次。"

小八像是听懂了似的哼哼了两声。教授回屋去了，它在自己的小窝里蜷成一团，还一直望着星星。

**师**：他们只是一起看星星吗？有时候他们一起去海边漫步，有时候一起看樱花盛开，他们沉醉在彼此的岁月里忘记了时间。可是，小八怎么也想不到，有一天，这一切会成为永远的回忆。

## 板块四：深情对话，人狗情未了

### 一、播放电影，教授突然离开

（上野教授在上课途中突然病发离世，小八安静地、执着地在车站等待）

**师：**（配合电影片段，深情讲述）上野教授就这样突然地离开了。可是这一切小八并不知道，它像往常一样，在涩谷车站静静地等待着它的亲人、它的父亲归来。可是一天过去了，教授没有回来；一个月过去了，教授没有回来；一年过去了，教授依然没有回来……别人告诉它，教授不会回来了。可是小八，并不相信。它一直留在涩谷车站：从春天等到夏天，从夏天等到冬天，一年又一年，无论是疾病、寒冷、饥饿，它都忍受着。因为他相信，教授一定会回来，一定会回来……渐渐地，它老去了。

（生静默而悲伤，表情凝重）

### 二、创设语境，人狗深情对话

**师：**亲爱的同学们，一天又一天，一年又一年，小八坚持着、回忆着。它一定有千言万语想对教授说，而这位离开人世的教授，在天堂看到这一切，他也有万语千言在心头。请拿出手中的作业纸，选择其中一个角色，写下最想说的话。

师：也许，小八在孤独地等待，他在回忆，他在坚持；也许，上野教授不忍心让小八继续等待，他在开导，他在劝解……

（学生在低沉而忧伤的《入殓师》大提琴曲中写作）

### 三、进入角色，演绎人狗情深

师：代表上野教授的站在一边，代表小八的站在另外一边。

生：小八，你快回去吧。不要再等我了。虽然我很舍不得你，但是我们都得接受现实啊。忘记那些过去的美好时光吧，以后你会有更加美好的生活的。记住，我会在天堂永远祝福你。

生：亲爱的教授，我已经等了这么久，你怎么还不回来啊？你答应过我很快会回来的，难道你忘记我了吗？我知道你一定会回来的，我知道你一定不会忘记我的。还记得我们一起玩，一起看星星的时候吗？

生：小八啊，很早的那一天，我就走了。你为什么要一直等下去呢？雨水淋湿你的毛发，白雪落在你的身上。这么多年，你为什么还要等啊？快回去吧，我已经回不去了。

生：亲爱的教授，我一直在这里等你回来。等你陪我去花园散步，看夜空中跳舞的星星，看樱花盛开又飘落。你给我讲的知识，我并不太明白，但我已经满足了。我在这等你回来。

生：（声音哽咽）亲爱的小八，对不起，我没能实现我对你的承诺。我在上火车前对你说过我一定会回来，可我回不来了。如果可以，再找一个对你好的人吧。对不起，我作为你的爸爸，却只能让你一个人去走剩下的路……（师生落泪）

（全场掌声）

生：（深情地）亲爱的教授，您什么时候回来啊？我等了一年又一年，却一次都没有见到你。你快点回来啊。

生：亲爱的小八。你为我做的一切,我都看到了。你每天都在等我下班,等我回家，这么多年了，你别再受苦了，快回去吧。我在天堂好好的，别再等我了。

（师静默，伤感）

**生**：亲爱的小八，你回去吧。这么多年，你一直在等教授，你真是一只守信的狗啊。教授他离去了呀……（生语塞）

**师**：你是站在读者的角度写的这段话，你说出了大家的心声。

**生**：亲爱的小八，别等我了。你不知道我的去向，为什么一直相信我的存在呢？我把你当作亲人，不想看到你痛苦的模样。虽然在生命的最后一刻没来得及向你告别，但你不要伤心，因为那些美好的时光，已经永远留在我们的生命深处了。

**师**：美好的时光，已经留在我们的生命深处了。小八，就这样，带着那些美好时光的回忆，等啊等啊，终于到了大雪纷飞的那一天。

## 板块五：以读促思，领悟"等待"背后的价值

### 一、师生深情共读《忠犬八公》最后章节

**师**：午夜，雪已经在它身边积起来了。但它还是趴在门前。

寂静伴着孤独，随即又被尖刀般的风剪碎了。那风锥进它饥饿的身体里，像裁缝的针。

小八的嘴已经冻僵了，不断地颤抖着。只有它对自己生命将尽一无所知。它的生命正在慢慢熄灭，像一根蜡烛，或是一炷已经熏过庙堂、只剩灰烬的香。

就在那一刻，就在小八闭上眼睛再也不会睁开了的时候，车站门慢慢打开了，一根低端包银的拐杖敲打着地面。

"你还在这里啊，小八？"刚刚到来的人，冲着它笑着，"我都想到了。好孩子。真对不起，今天让你多等了一会儿，因为，我错过了一趟车。"

**生**：（齐读）小八睁开了眼睛，它不敢相信眼前的一切。为了和他的相聚，它等了十年。最后，他来了，来到车站。

**师**：小八知道，他没有忘记自己。他就在那儿，刚从那列用喜悦、希望和幸福制造的火车上下来。小八本想抱怨两声，但当他察觉到那只熟悉的手在轻轻抚摸自己的皮毛时，就什么都不说了。

午夜，雪积在它的身边。寂静伴着孤独，随即又被尖刀般的风剪碎了……

**二、话题讨论，无望的等待是否值得**

**师**：同学们，这是现实还是小八的幻觉？

**生**：这是幻觉。

**师**：小八到最后都没有等到教授。那么你觉得小八这空等的十年，值得吗？大家讨论一下。

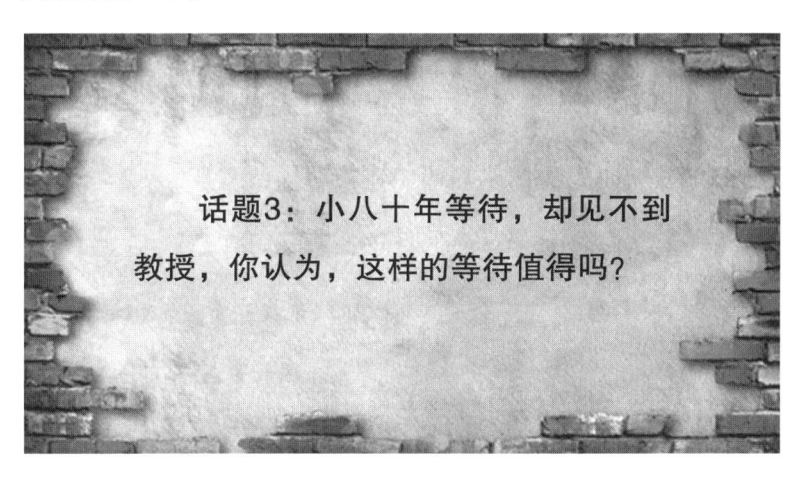

> 话题3：小八十年等待，却见不到教授，你认为，这样的等待值得吗？

（全班讨论交流）

**师**：请你说出你最真实的想法，我想听到你们最真的声音，亮出你的观点。

**生**：我觉得是值得的。书上有一句话，等待，是为了永远不忘记爱我的人。如果不去等待，也许就会慢慢遗忘，忘记你的爸爸，你的亲人。

**师**：等待的过程就是在不断回忆与他在一起时美好的时光，等待就是重逢。

**生**：等待是值得的。因为上野教授是他的亲人。

**师**：为亲人等候哪怕一辈子，都是值得的。

**生**：我也认为是值得的。这十年哪怕它天天都在等，但它心里住着那个人，它也会很高兴。

**师**：倘若找一个新的主人，但是如果新的主人不能住在它的心里，那它也不会快乐。虽然等待是艰辛的，但回忆是美好的。等待，就是美好。

**生**：因为它等的是爱它和它爱的人。所以等待是值得的。

**师**：爱它的人和它爱的人，让这个世界因爱而温暖。

### 三、揭示"等待"背后是深爱

**师**：（出示文段，师生齐读）十年的寒冷、饥饿、失落、挫败、绝望算什么？什么都不算。只要心中坚信能再次见到上野教授，就什么都不算。

**师**：在书的扉页上，有这样一句话。让我们一起读——等待，是为了永不忘记爱我的人。让我们工工整整地将这句话写在作业纸上。

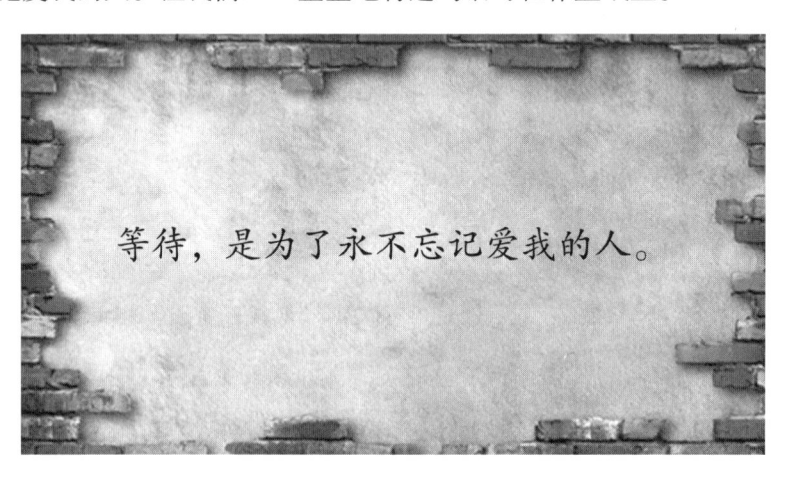

等待，是为了永不忘记爱我的人。

（生认真地抄写）

**师**：这几个字值得我们慢慢写，写进我们的心里，写进我们的生命里。

师：同学们看老师抄写的这句话，你觉得可以在空白的地方加什么？

生：可以加一个"亲"字，等待，是为了永不忘记爱我的亲人。

师：还可以加上"和我爱的"。等待，是为了永不忘记爱我的和我爱的人。

师：这是一个真实的故事。在小八还在的时候，人们就为小八做了一座塑像，将近一百年以后，人们又将教授的塑像放在小八的身边。他们终于等到了。一起再读——

生：等待，是为了永不忘记爱我的人——

师：和我爱的人！下课。

### 创意赏析

祖庆老师这节课最大的特点是把书籍和电影巧妙地融为一体。

首先，通过三个电影片段唤醒学生对书本内容的记忆。接着，将目光投向书本，品味书中细节，感受人狗深情。通过品读书中的细节描写，学生对于教授与小八之间的情谊有了深刻的体会，此时再次播放展现"人狗情深"的电影片段，加深了对文字的理解。最后，老师带领学生深入文本细读与体会，把文本与电影进行对比阅读，让学生感受到语言文字的魅力——"电影无法把它拍出来，但是我们阅读文字却可以通过想象去还原那个画面。"电影画面与文字画面交替出现，人对狗的呵护，狗对人的依恋，就在这一幅幅温情的画面中渐入人心。

祖庆老师在电影版本的选择上是别有用意的。既然电影故事源自日本，那么，老师为什么不选择日版电影，而是选择了美版的呢？这和本课始终围绕"人狗情深"这一主题有关。通过电影与书的对比阅读，学生脑海中不断再现人与狗相处时的温情画面，从而得到"爱与忠诚""爱与等待""爱与付出"等情感的体验与冲击。美版《忠犬八公》带给观众更多的是感动，但日版电影却多了一份悲情。美版电影中，小八在教授去世后，得到了教授女儿的爱，得到了对它关怀备至的人们的爱。选择美版电影，与本课想要传达的爱、温情、感动等主题更相符，更能让学生感受真情的美好与珍贵。因此，在创设语境进行人与狗的对话时，学生传达的是满满的爱与思念，感动与温暖。

（整理及点评：陈柳娇　曹小燕）

**拓展延伸**

阅读绝不仅限于书籍，音乐、旅游、观展等都是阅读，看经典电影更是一种其乐无穷的阅读。张祖庆老师的这节课，将书籍与电影巧妙地结合在一起，实在是妙哉！这不禁让我们想起了好多经典的书籍都拍过电影，如《夏洛的网》《灵犬莱西》《绿野仙踪》《仙境之桥》等等，我们也完全可以将这些电影资源用到课堂上，让电影与书来一场美丽的邂逅。

# 第十课　分镜头定格写作法

——《那些让人喷饭的镜头》教学叙事

**影片名称**：[英国]憨豆先生

**上映时间**：1990年1月1日

**导演**：约翰·霍华德·戴维斯、保罗·韦兰德

**主要特色**：时装喜剧，每集25分钟，剧中人物的对白极少，几乎都是靠人物"丰富的肢体动作"和"变化多端的表情"来呈现给观众。罗温·艾金森凭借此剧获得第44届、45届、47届英国电影和电视艺术学院奖的最佳轻型娱乐表演提名。

**故事简介**：本课选取了两集。一是《憨豆的麻烦》，讲述了憨豆先生一早准备去补牙，在床上挣扎很久后终于起床，并在开车前往牙医诊所的途中超快速地完成了洗漱。排队过程中又调戏了不让他看书的小朋友；趁着牙医不注意还错手将牙医麻醉倒地，最后只能悲催得自己动手补牙了。二是《憨豆打高尔夫》，主要讲述了憨豆先生打高尔夫（儿童玩的那种）时，不小心把球打出了篱笆，正当他要用手捡球时，球场管理员制止了他，表示不能用手捡。憨豆先生只好用杆把球打回去，结果这球到处弹，飞到了公共汽车上、食品店、下水道、垃圾车，于是一幕幕爆笑的事件上演了……

一句话影评：高智商的博士出演傻乎乎的憨豆，这样的黑色幽默，岂可错过！

## 资源分析

《那些让人喷饭的镜头》一课的教学中，电影资源共运用四次。第一次截取于第五集《憨豆的麻烦》（10′06″~13′25″），主要内容是：憨豆先生趁牙医在准备时，用吸水机来吸衣服上的灰尘，顺便吸走了牙医的咖啡。当牙医要检查憨豆的坏牙时，憨豆先生一不小心，把麻醉针刺进牙医的大腿内，牙医撞到了杆子，被砸晕。此片段应用于第一板块"影片导入，预热激趣"，关注点为那些特别好笑的镜头。

第二、三、四次均截取于第十二集《憨豆打高尔夫》。第二次影片片段（14′34″~19′37″），主要内容是：憨豆先生打高尔夫时，不小心把球打出了篱笆，正当他要用手捡球时，球场管理员制止了他，表示不能用手捡。憨豆先生只好用杆把球打

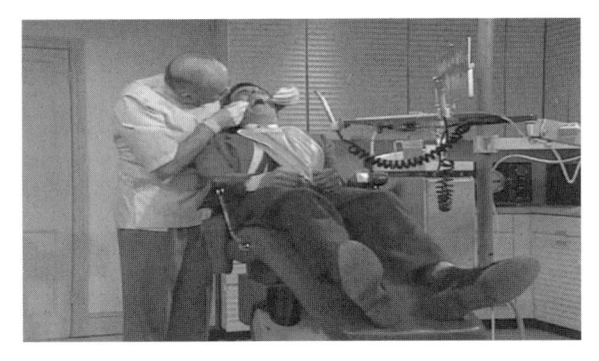

回去，结果这球到处弹，飞到了公共汽车上、食品店里、小朋友的冰激凌上，闹出了一系列笑话。此片段应用于第二板块，寻找规则，聚焦那些捧腹大笑的镜头。

第三次播放憨豆先生捡球时打爆冰激凌部分（18′54″～19′37″），用于第三板块，继续关注画面，关注细节。

最后一次播放（20′42″～23′59″）的影片的主要内容是：高尔夫球通过下水道、垃圾车，最后来到草坪，但是因为不能用手捡，憨豆先生只好将草坪整个挖起来，乘车而去。此片段运用于第五板块，揭示结局，感悟深意。

### 设计思路

本课教学将微电影与创意写作巧妙融合，由拔牙片段入课，初步感知幽默，激发学习兴趣。播放憨豆先生打高尔夫球的片段，关注令人喷饭的镜头，引出人物动态描写秘诀——分镜头定格法（切分镜头、细描镜头），用例文引路，突破难点（动作、声音、神情等），感受定格幽默。再观电影片段三，运用方法，进行习作。头脑风暴球的去踪，揭示创意的本质（想象无理而妙），运用分镜头定格描写法进行二度创作。最后进行结局猜想，用电影片段四印证，不留痕迹引导学生点评人物形象，引发对"规则"的思辨，从而感悟影片深意。

以上设计思路，可提炼为如下导图：

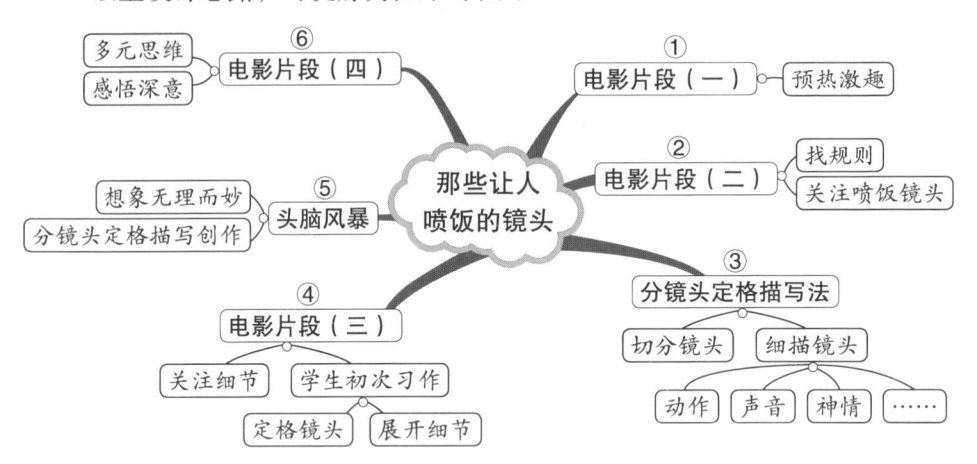

```
              ⑥                                    ①
多元思维  电影片段（四）                        电影片段（一） —— 预热激趣
感悟深意                                            ②              找规则
                                              电影片段（二）
                    那些让人                                    关注喷饭镜头
想象无理而妙   ⑤                                    
            头脑风暴    喷饭的镜头                ③
分镜头定格描写创作                          分镜头定格描写法
                    ④                      切分镜头   细描镜头
              电影片段（三）                动作 声音 神情 ……
         关注细节  学生初次习作
              定格镜头  展开细节
```

## 课堂再现

**教学年级**：五年级

**执教日期**：2015 年 12 月

（课前预热。交流表示笑的词语，引入"让人喷饭的镜头"）

## 板块一：影片导入，预热激趣

（观影片《憨豆先生》拔牙片段）

师：真是笑死人不偿命啊！说一说哪些镜头让你觉得特别好笑？（众笑）

生：憨豆先生夸张的表情让我感觉很好笑。

生：他的行为很好笑。

师：哪些行为？

生：他拿那个吸水的东西吸自己衣服。

生：我觉得医生裤子被扒下来的时候特别好笑。

184 / 光影中的创意写作

**生**：我觉得医生抽筋的时候很好笑，他好像在跳现代莫斯科舞。（众笑）

**师**：同学们，这就是一部非常搞笑、非常好玩的电影。电影当中的主人公他叫——（课件出示憨豆先生头像）（生笑）诶？为什么看着他的头像你们都想笑呢？

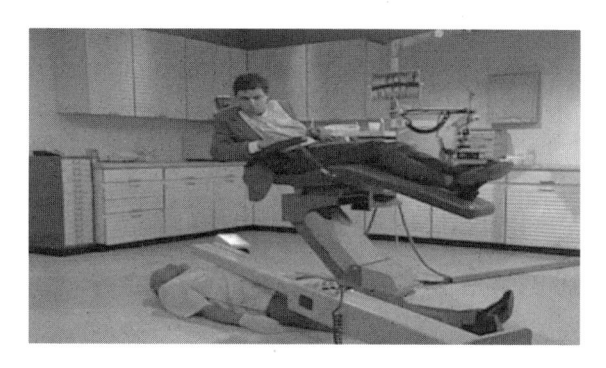

**生**：因为他的表情很夸张。

**师**：尤其是聚焦在哪一个地方你觉得很夸张？

**生**：他的眼睛和嘴。

**师**：眼睛、嘴巴和眉毛，还有他的皱纹就像——一道一道的波浪。这就是《憨豆先生》，是非常著名的情景剧。张老师在看这部电影的过程中真的是笑到肚子疼、笑到腿抽筋，当然没笑疯。（生笑）不然的话，不能给大家上课了！

## 板块二：观看微电影，感受幽默

**师**：接下来，我们来看一个更有意思、更好笑的片段。但是我要给同学们一个小小的任务：这个好笑的片段里边藏着一个规则，如果没有这个规则，接下来的电影就进行不下去了。认真地边笑边找规则，好不好？

**生**：好！（生看微电影）

**师**：在这一部电影当中，有一个特别的规则是

什么?

生：不能用手拿高尔夫球。

师：不能用手去捡高尔夫球，只能用杆去打或者是挥（师动作表演）。这个规则，憨豆记住了。于是，一系列爆笑事件上演了！继续往下看，关注那些让人喷饭的镜头。

（生继续观看，不时大笑）

师：说一说，哪些镜头让你捧腹大笑？

（课件定格幽默镜头，生交流，气氛活跃）

生：他在车子上掏那个球时，坐着的人都被他搅得不安宁了。

生：他把那个袋子里的乒乓球打出来的时候，大妈和先生的表情、动作很搞笑。

师：他们一定以为遇到了一个——疯子（生兴奋地跟着说）。

生：那个小孩不是有两个筒吗？然后一个筒变成高尔夫球的时候很搞笑。

生：我觉得他把那个牌子拔走的时候很搞笑。（笑）

师：你为什么觉得把牌子拔走很搞笑呢？

**生**：因为立在那里的牌子突然之间被他顺手带走了。

**师**：顺手带到另外一个地方，而且成为他什么工具啊？——让人停车的一个工具。我们这儿公交站你们能不能拔走？

**生**：（兴奋）不能。

**生**：我觉得憨豆先生下公交车的时候被门卡住了很好玩。

**师**：太滑稽了。同学们，这一个又一个镜头，确实让我们很难忘。

### 板块三：分镜头定格，一度创作

**师**：我们就聚焦其中一次找球的镜头。憨豆先生因为不能用手去捡球，于是他一次又一次用球杆去挥，挥出了精彩的一幕幕，我们聚焦哪一幕呢？

（出示范文，师读。课件逐一出示定格的镜头）

路边的士多店里，一堆老年夫妇正在购物。老妇人手中的袋子里装满了鸡蛋、番茄和其他蔬菜。高尔夫球弹啊弹啊，"嗖——"地弹进了老妇人的袋子，看来它想找鸡蛋一起聊聊天呢！憨豆先生急急忙忙地跑过来，他的大牛眼像雷达一样，在商品堆里四处搜索，可怎么都找不到他的宝贝高尔夫球。他鬼鬼祟祟，左顾右盼，呀！宝贝球儿藏在鸡蛋堆里！他喜出望外，脸上绽开了标志性的笑容——嘴角往上扯，嘴边的皱纹挤出几个括号，真

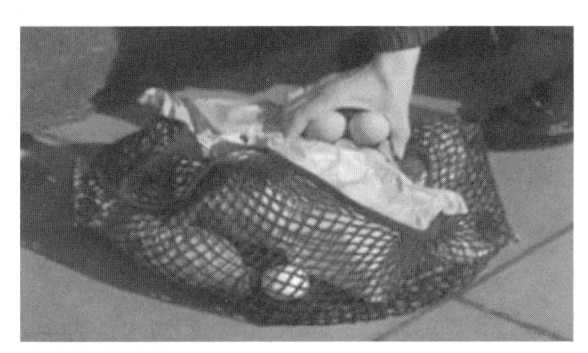

滑稽！

  他猫着腰，蹑手蹑脚地来到老妇人身边，正想伸手去拿球——突然，他想到规则，是的——规则！不能用手拿球，千万不能犯规！于是，他高高抡起球杆，对准塑料袋，用力一挥，袋子，从老妇人手中飞出一米开外。吓得老妇人瞪大眼睛，张口结舌。憨豆先生可管不了这些，他继续挥动球杆，一下、两下、三下……可怜无辜的鸡蛋、番茄，全被憨豆打得稀巴烂，蛋液、番茄汁流了一地。老妇人和先生连连后退，瞪大眼睛。球，终于从袋子里滚了出来……

  **师**：同学们，这篇文章里其实藏着一个写作方法，是什么呢？（出示课件）人物动态描写的武功秘籍，一起读——

  **生**：（齐）分镜头定格描写法。

  **师**：分镜头定格描写法第一件事情先干什么？分镜头。这就好比用刀切年糕。一个年糕就像一个长长的镜头，于是用菜刀切吧切吧，（边做切的动作）就变成了一块一块，对不对？这个图片，视频是动态的，文字是静态的。怎么定格呢？第一步，切分镜头；第二步，细细地来描写镜头。关键就是细细描写镜头，可以通过描写声音，（生接：声音、动作、神情）比如，我描写高尔夫球飞的时候用了一个什么词语？

  **生**："嗖"。

  **师**："嗖"的一声，是不是很有画面感、声音感？用很多词语描写憨豆先生的动作。就比如第四个镜头，你觉得张老师哪些地方动词用得比较精准？

  **生**：我觉得"他猫着腰"的"猫"，还有"蹑手蹑脚"。（生上台表演）

  **师**：猫着腰，（表演）就像贼一样。你看，这就是一种神态描写。

  **生**："吓得老妇人瞪大眼睛，张口结舌"这部分是描写老妇人的外貌描写，写得很好，这说明老妇人很惊讶。

师：她的神态。老妇人被惊呆了。

（生再读秘籍）

师：第一步，干什么？

生：切分镜头。

师：分成几个镜头。第二步干什么？

生：细描镜头。

师：怎么样去细描镜头？

生：通过声音、动作、神情。

师：通过声音、动作、神情等来写人的动态的一系列的场景。接下来我们要写的是冰激凌脑袋移位的场景。

生：（齐）请仿照老师的片段，用分镜头定格描写法，将憨豆先生捡球时，误将小朋友的冰激凌打飞的镜头写清楚。写完后，同桌交换朗读，谁能让同伴笑了，谁就是写作高手！

（生观看视频，师提示学生关注画面、关注细节，如：球杆，憨豆的头发、样子、小动作等）

师：不到15秒钟，看看我们能不能把它变成捧腹大笑的文字？来，拿起笔，拿出作文纸，8分钟即兴写作。碰到不会写的字用拼音代，不准用胶带纸，一气呵成地写，写错了划一道斜杠，往下写，不停笔。

（学生习作，师巡视指导。11分钟后同桌交流，互学互提建议）

师：咱们认真地听，关注这位同学，哪一个镜头给你的印象最深？还可以给他提提建议：哪一个地方还可以把镜头写得更细、更好笑？

生：憨豆先生终于捡到球了。他抡起高尔夫球杆，用大眼睛瞪着球，好像在说："你小子，看我不把你打飞！"只听"嗖"的一声，高尔夫球在空中划了一道美丽的弧线，消失在观众的视野中。只见那个小男孩坐在汽车上，接过了妈妈给的冰激凌。突然，只听"啪"的一声，小男孩脸上又多了一层冰激凌。这是为什么呢？原来憨豆先生的高尔夫球不偏不倚，好像瞄准了似的，打在了甜筒上。小男孩抹着脸上的冰激凌，吓得用手捂住了右眼，并用另一只眼睛瞪着甜筒。

师：说一说，哪一个场景给你留下特别深的印象？

生：刚刚那个憨豆先生瞄准高尔夫球时的心理活动写得非常好。

师："好像在说：'你小子，看我不把你打飞！'"是吧？

生：他刚才说"高尔夫球在空中划了一道美丽的弧线"，这个镜头我觉得特别好。

生：小男孩用一只手捂住眼睛，然后另一只眼瞪着，这个"瞪"字我觉得用得很好。

师：我们来听听其他同学是怎么来写这一瞬间的。

生：这时，一个小男孩的妈妈给小男孩买了一个冰激凌，而高尔夫球则准确无误地代替了冰激凌，冰激凌水飞溅到小男孩的脸上和头发上。小男孩似乎并没有发现发生了什么，正准备享用美食时，一根球杆映入眼帘。……（师提示切换镜头）那球打到小男孩的脸上，那样子简直就跟脑袋刚从泥潭里出来的鸭子没什么两样。小男孩害怕地捂住右眼，以为面前这个怪大叔要袭击自己。

师：我要表扬这位同学（对前一位学生）写的两个镜头，一个镜头是对准那个憨豆先生，另一个镜头呢，切换到了那个男孩的身上。不过，这个地方应该有一个过渡句：消失在观众的视线中。此时，什么地方，交代一下。谢谢这个同学，感谢！（生掌声）

生：这时，憨豆先生终于找到了他的宝贝儿球！他像一只猴子一样，用手遮住阳光，对准方向。

师：像一只猴子一样，用手遮住阳光，对准方向。（边说边表演）可以用搭凉棚，这是孙悟空经常做的动作。（表演）有的时候该简洁的则简洁。

生：只听"呼——"的一声，小球子弹般地飞了出去。与此同时，一个小屁孩正拿着冰激凌，可没舔一口，那调皮的球就把可怜的冰激凌"爆头"了！小屁孩张口结舌，满脸都是冰激凌，这下可吃个够了！可事情并未结束，高尔夫球想同另一半"幸存者"聊天。只见憨豆先生故技重演，他举起了杆子，对准了"特大号甜筒——"，只吓得那小屁孩捂住了眼。只那么一秒的时间，那小球又飞翔在自由的天空了。不用说，那个小屁孩又要吃一顿"竹笋炒肉丝"了！（掌声）

师：写得非常非常好！用了很多引号，特别的说法，非常逗。这憨豆先生这么憨，明明有手，他就是不用手，要坚持规则，到什么地方都坚持，于是就笑话百出。

### 板块四：引发头脑风暴，二度创作

师：同学们，假如你就是《憨豆先生》的编剧，你觉得接下来的一个场景可以设计在什么地方？憨豆先生又会闹出怎样的笑话来呢？让我们展开头脑风暴，有创意地去思考。（板书：头脑风暴）

师：什么是"头脑风暴"呢？就是"用头脑，去风暴"。围绕着我们刚刚的话题，憨豆先生还会来到哪儿？他还会闹出怎样的笑话？你说你的，我说我的，看谁有奇思妙想？不要有按规思维啊！

（小组讨论）

师：头脑风暴现在开始！亮出你的创意，看看最佳编剧在哪里？

（一高个子板书关键词于"头发"上，全场笑声连连，气氛活跃）

生：高尔夫球蹦啊蹦啊，一下子就蹦进了垃圾桶里。（笑）刚刚好，一个环保工人把那个垃圾桶放到了垃圾车上面。可怜的憨豆先生一手拿着杆子，一手开始攀缘垃圾车。

师：一堆垃圾，就把他给全部都埋住了！（众乐）这个憨豆先生，自己可怜，却以为高尔夫球可怜，是吧？好，垃圾堆，或者垃圾车写上去。

生：（激动而显结巴）剩下的一个冰激凌和高尔夫球一起飞，飞到了动物园里。然后，正好掉进了一个大、大——装着大猩猩的笼子。然后，大猩猩看到这个，就把冰激凌和这个高尔夫球一起吞了下去。然后——

师：那咋办、办哩？（生笑）如果我是观众的话，我的心吓得都"扑通扑通"快要跳出来！你绝对是一个超赞的编剧呀！你想吓死宝宝哇？（全场笑）

生：然后、然后就是憨豆先生看着这个大猩猩吃掉了他的高尔夫球。然后、然后就想到，如果、如果他把高尔夫球吃掉的话，那它如果排泄的话，会把它排出来的。然后，他就一直待在这个笼子前等着这个大猩猩——排便。（生笑）

师：你可足够考验观众的呀！如果是我的话，我有可能给它吃更多的东西。因为吃得多，拉得也多，拉得也快。好，非常棒的一个创意来了！

生：（兴奋）我想到那个高尔夫球蹦啊蹦，蹦进了一个苹果树的树洞里。然后，憨豆先生扑到树洞里去找，用力打，结果打出了一个洞，高尔夫球从这个洞里蹦出来了，蹦出来正好打到一个苹果。憨豆先生正好从那个洞里钻出来，苹果从上面砸下来，砸到憨豆先生的头上，分成了很均匀的四瓣。球又蹦，钻到另一个苹果的心里面。掉下来，砸碎了，然后蹦到河里面去了。

**师**：你讲到了好几个场景。这个憨豆先生啥时候变成牛顿了呢？（全场笑）苹果掉下来，很好玩，树洞，后边这个不要啦。树洞，创意就非常好！

……

**生**：这时已经是"神舟100号"了，这小球很不听话，"beng"地飞进了"神舟100号"。憨豆先生只好抱着火箭的尾巴，一起飞上了宇宙。可是，这个小球就是不安分，居然跑进了引擎里。哦——这"神舟100号""beng"地从天空掉了下来。虽然憨豆先生终于有了他的小球，但是他毁了一艘火箭。于是，他被追杀了。（全场笑）

**师**：你简直就是恐怖分子！你是不是基地派来的？好，到此为止！

**师**：同学们，咱们的头脑风暴成果很多。（指板书）小球奔到垃圾车上；有进了动物园，进了大猩猩的肚子；有钻进树洞，后来又打到苹果，苹果分成四瓣；有奔到一个张大嘴巴歌唱的歌唱家嘴巴里。同学们，想象可以无理，（板书：无理）但是要无理而妙。（板书：而妙）关键妙就妙在无理而妙，一起读——

**生**：无理而妙。

**师**：用分镜头定格描写法，将你想象中憨豆捡球的镜头写下来。谁能让台上的老师露出七颗牙齿，谁就是最佳编剧！刚才我们已经让很多老师露出了八颗牙齿，你们都是最佳编剧！回去把你想象当中的那个场景写下来，规则是憨豆不能用手去拿球。相信大家一定会写得非常棒！

### 板块五：多元思辨，感悟深意

**师**：那么，故事真正的结局是怎样的？我们来猜一猜，高尔夫球最后有没有回到憨豆的手中？

生：他又飞进了2号球洞里面。

生：我觉得他应该是被运上了垃圾车，被焚烧了。可怜的球！

生：我觉得可能是，球不知道怎么回事，从天上"bi——bang"，然后把他都砸到了。

师：象声词用得特别棒！憨豆先生的球究竟怎么啦？我们来看大结局。

（观看影片）

师：不是不能用手吗？他居然——把整个草皮都给挖起来了！这个结果你猜不到吧？太好玩啦！

师：同学们，如果让你用一个词语去形容憨豆，他是一个怎样的人？

（生对憨豆先生进行了多元评价）

师：同学们，看好笑的电影是一种享受，但是，有些电影啊，笑过就什么都没有了。《憨豆先生》这部电影它不仅仅好笑，好笑的背后还藏着一些让我们回味的东西。刚才有的同学说，他遵守规则；有的同学说，他太笨了。你觉得他是遵守规则，还是笨？发表你的观点。

（生各抒己见，师适时引导，气氛活跃）

**师**：同学们，那你觉得这个演员怎么样？演技如何？

**生**：我觉得这个演员的演技很厉害。因为他能把那个憨豆先生很幽默、很搞笑、很风趣、有点笨拙的形象给演出来。

**师**：你们觉得这个演员在生活中也一定笨拙，对不对？

**生**：对！

**师**：告诉大家，他可厉害了。（出示课件）他是牛津学霸，是个博士！有人说，他是个博士，却演了一辈子的傻子。当然，他还有让人肃然起敬的一面，他把大笔的英镑收入捐给了非洲的难民，是世界上捐款最多的明星之一。所以，好看的电影不仅仅只是好笑，更多的是笑过之后让我们回味。更多精彩，请去看《憨豆先生》。下课！

### 创意赏析

这是一节将电影元素与创意写作完美结合的经典案例。

开课伊始，由微电影拔牙片段引入，说说特别好笑的镜头，继而观看憨豆先生打高尔夫片段，谈论那些让人捧腹的镜头，旨在酝酿情绪，激发学生的写作动机。在呈现教师下水文，提示人物动态描写的方法后，再次细细观赏捡球片段，定格镜头，展开细描。最后，再播放影片的结局以此进行多元思辨，进而感悟深意。电影作为一种资源引入，且一以贯之。

如果说，观影感受幽默，只是在"云端舞蹈"，课的价值还应"贴着地面行走"，让学生在学习过程中受到启发，习得写作的秘诀。此课中，教师将电影技法"分镜头定格描写法"巧妙地化为学生习作的能力，用菜刀切年糕形象地比喻"切分镜头"，用例文引路，关注动作、声音、神态等展开细节，以此"细描镜头"，仿佛一下打通了电影与写作的"任督二脉"，更加直观、简洁、高效。老师还不仅仅止于"给予"，而是让学生两度创作，给足了言语活动的时间和空间，让学生从"知道"到"学会"。

创意的本质是什么？教师在引发头脑风暴后揭示：无理而妙。"无理"，即这样的场景在现实生活中不太可能发生；"妙"，即这样的场景在文字中能自圆其说。思维的开放，想象的丰富，实在好玩，让学生欲罢不能。

纵观全课，将电影引入课堂，激发了创作兴趣，为学生创设表达的情景，解决了写什么，实乃"有料"；利用例文，让学生在言语实践中习得方法，解决了"怎么写"，实乃"有法"；想象要无理而妙，允许天马行空，只要能自圆其说，学生在课堂上的创意思维，让人脑洞大开，实乃"有趣"。

（整理及点评：彭建）

## 拓展延伸

苏联的弗雷里赫曾说："电影……同文学的相近在于电影通过情节反映相似世界的一切关系。"的确，一部成功的电影，其镜头的拍摄、情节的剪辑与写作中的诸多技巧，都有着很大的相通之处。这也正是祖庆老师这节课带给我们的启发：将能与写作技巧和电影表现手法有机勾连的电影资源引入课堂，通过直观的光影呈现，揭示习作方法，搭建写作支架，定能提高学生的写作水平，提升他们的语文素养。类似的情景剧，尤其是有慢镜头的电影，都适合于这样的教法。另外，风光片，以及长镜头比较多的电影，也适合让学生用"分镜头定格法"来写作。

# 微电影写作课创意设计

第三编

三年级

# 第一课　善猜测，巧想象
## ——《雪人》教学设计

　　《雪人》是一部无声电影，片长 26 分钟，影片根据英国著名画家雷蒙·布力格的无字绘本《雪人》拍摄而成，讲述的是：一个冬天的早晨，小男孩醒来后发现屋外一片雪白——下雪了。他欢快地冲下楼来到花园中，堆了一个雪人……午夜 12 点，他醒了过来，决心去看看那个雪人。当他打开门时他不敢相信自己的眼睛——雪人活了过来！他们相互笑着，有礼貌地脱帽自我介绍，开始了一段神奇的旅程……

### 资源分析

　　《雪人》教学中，电影资源共运用三次。第一次播放"堆雪人"（3′16″～4′32″），用于第二板块教学，看完视频用上先后顺序的词语练习说话；第二次播放"男孩和雪人见面"（6′15″～6′32″），用于第二板块教学,学做配音员,为电影配音;第三次播放"雪人带着男孩飞"（15′40″~23′30″），用于第三板块"对比阅读,感受快乐"这个环节,将电影的语言与绘本的语言进行对比,渗透阅读的策略,发现阅读的乐趣,在此基础上移情写话。

## 教学目标

1. 学会抓住人物的动作、神态,关注剧情前后的联系并结合生活经验展开想象,进行猜测。

2. 角色表演,剧情配音,根据语境写对话。

3. 感受雪人的纯真、可爱和好奇心,体会他和男孩之间友善、信任和真诚美好感情。

☞ 适用年级：三年级

## 教学设计

### 一、谜语导入，激发兴趣

1. 谜语：圆脑瓜,戴草帽,身穿一件白棉袄。两个煤球当眼珠,胡萝卜鼻子往上翘,对着大家眯眯笑。（雪人）

2. 今天我们要来学习一个绘本故事,就叫《雪人》。看封面,谁来说一说雪人的样子？

3. 这本绘本很特别,里面一个字也没有,叫无字绘本,是英国著名画家雷蒙·布力格创作的。这本绘本讲述了一个什么故事呢？让我们一起走进《雪人》这本书。

## 二、用心读图，创编故事

1. 出示第一幅图：图中有一个可爱的小男孩，我们来给他取个名字吧。说一说你看懂了什么？他看到屋外大雪纷飞，就向门外跑去，你觉得他会去干什么呢？

2. 出示第二、三幅图：说一说图中的男孩在干什么？（堆雪人）他是怎么堆雪人的呢？这本绘本还拍成了电影呢！我们来看一个片段！（播放视频一）你们用上"先，再，最后"来说一段话。

3. 出示第四、五幅图：说一说内容，发现神奇之处。（雪人竟然动了）

4. 他们见面了，他们会说些什么呢？让我们来做一回配音员，为电影配配音。

（播放视频二，学生根据视频画面配音）

5. 猜测男孩和雪人之间会有什么神奇的事情发生。

6. 浏览后边的12幅图，同桌一起来说一说，男孩和雪人在干什么？

男孩带着雪人参观了家里的各个房间；雪人穿上了男孩爸爸的衣服；雪人戴上了妈妈的假牙；他们一起看电视；他和男孩一起跳舞；他把水果当鼻子……

7. 你觉得这是怎样的雪人？（搞笑、顽皮、可爱）

8. 小结：他们在一起的时光多么快乐呀！

## 三、对比阅读，感受快乐

1. 这是发生在男孩家里的事。看，他们又在屋外干什么呢？

2. 浏览第18~26幅图，说一说他们都飞过哪些地方？

3. 在电影里，这个片段的内容更丰富，更好玩有趣，我们一起来先睹为快。（播放视频三）

4. 比较电影与绘本在内容上的不同。

他们飞过了很多地方，村庄、城市、大海、北极……最后来到了圣诞老人的家乡，和很多雪人一起唱歌跳舞，圣诞老人还送了礼物给男孩。

5. 你们觉得这是一个怎样的夜晚？

6. 美好的时光总是特别短暂，他们要告别了，这个时候，他们会说些什么呢？角色表演。请两个孩子上台表演分别的情景。

## 四、聚焦结尾，升华情感

1. 第二天，小男孩起床后，发现了这样的事。（出示最后三幅图）说说你能看明白吗？（雪人融化了）

2. 故事最后定格在了这幅画面（最后一幅图），小男孩背对着我们，站在融化的雪人前，你能想象他的心情吗？请把自己当作这个男孩，写一段对雪人的独白。

（自己写—分享—点评）

3. 结尾有些伤感，雪人终归是要离开男孩的，因为它要融化。但是故事是温暖的，男孩创造了雪人，雪人将快乐带给了男孩，这份快乐与美好也留在了小朋友们的心里。小朋友们，在生活中，我们也要懂得珍惜。你们说，要珍惜什么呢？（父母爱，同学情……）

4. 小结：珍惜生活中的每一份快乐，珍惜每一份爱，你便会觉得生活如此美好。

（浙江省天台县外国语学校　陈柳娇）

## 第二课　不一样，才精彩

——《三个强盗》教学设计

电影描述三个装扮和武器都很奇特的强盗，他们在山洞里存放了一箱箱抢来的金银财宝，但从没想过要用这些财宝……直到有一个夜晚，他们拦下的马车里竟然只有一个孤儿，他们就将小女孩带回山洞；之后，强盗被纯真的小女孩感动了，用以前抢来的财宝，盖了一座城堡模样的福利院，把所有走丢的小孩、不快乐的小孩和没人要的小孩，统统找了来，让孩子都有地方住。孩子们长大了，心存感激，便建了三座强盗帽子形状的塔，来纪念三个强盗。

### 资源分析

本课教学，电影资源在第三个板块"引入视频，创意续编"中两次使用，是同一个视频前后两个剪辑片段——《三个强盗》(5′43″的视频，以中间

2′55″为分割)。第一次播放，重在整体感知，感受强盗的凶狠、野蛮；第二次播放，在学生进行"头脑风暴"之后，对强盗有了不一样的认识，续编了故事之后，出示视频，重在让学生与自己续编的故事比对，完善自身的创意故事。

### 教学目标

1.阅读不同公主形象的文本，建立公主形象—打破公主形象—重构公主形象，最终学会换一种思考角度，从不同的侧面看待世界。

2.借用《三个强盗》的动画短片，尝试换一种想法来看待强盗，续编故事。

3.在生活中学会从不同角度看待事物，迁移运用，提升思辨能力。

☞ 适用年级：三年级

### 教学设计

（课前发下公主主题的系列文本《豌豆公主》《白雪公主和七个小矮人》《睡美人》，让孩子在家里阅读）

## 一、导入，认识一样的公主

孩子们，昨晚杨老师给你们发下去三个故事，说一说，你发现它们有什么共同点？

（三个公主故事，里面的公主都很漂亮，公主都需要王子的保护，故事的结局都是公主和王子幸福地生活在一起）

## 二、品读绘本《纸袋公主》，感受不一样的公主

1.出示美国作家罗伯特·蒙施的公主绘本故事——《纸袋公主》。

（老师边读，边提问，边讲述）

2.仔细观察图片,你觉得这是一个什么样的公主?和之前我们读的故事里的公主一样吗?

3.故事发展到这里,再仔细观察这张图片,公主与之前对比,有什么不一样吗?

(不漂亮了;穿上了纸袋;头发乱糟糟)

4.出示《纸袋公主》若干绘本图片:孩子们,请用眼睛凝视这些图片,仔细想想,这是个什么样的公主?

(为爱奋不顾身地去营救王子,勇敢,追求幸福,聪明智慧)

小采访:

孩子们,你们说得真好。我想采访我们班级的王子和公主。

问女孩:你愿意当这样的公主吗?

问男孩:这样的公主,你想娶吗?

5.那么接下来,故事应该怎么发展呢?猜猜看。

(预设:王子娶了公主,他们幸福地生活在一起)

6.(出示结果)王子和公主并没有幸福地生活在一起。看了结局,你想说什么?

7.根据课堂讨论,出示表格。

| 公主形象 ||
| --- | --- |
| 一样 | 不一样 |
| 漂亮 | 不漂亮 |
| 需要王子保护 | 保护王子 |
| 和王子幸福地生活在一起 | 追求自由,没和王子在一起 |

8.小结:好的故事,要不落俗套。

## 三、引入视频：续写不一样的强盗

1. 说说不一样的强盗。

除了公主，还有很多事物，都是不一样的，比如说强盗。生活中，你们看到的强盗是什么样的？（长得很丑，凶狠，抢别人东西）

2. 教师根据学生的回答，完善关于强盗的思维导图。

3. 引入动画片《三个强盗》，续写不一样的强盗。

播放视频片段（播放至2′55″，三个强盗用暖和的斗篷把芬尼包起来带走了）

请你们根据表格头脑风暴讨论一下，接下来的故事会怎么发展。注意，要表现出不一样的强盗。

| 强盗形象 ||
| --- | --- |
| 一样 | 不一样 |
| 面目可憎 | |
| 抢别人东西 | |
| 对小孩凶狠 | |
| …… | |

（学生小组讨论—合作续编故事—老师随机点评）

3. 继续播放剩下的视频（2′56″～5′43″）。回家后，把自己课堂上讨论的故事写下来，看是不是比动画片里的故事，编写得更加有意思？

4. 总结：孩子们，除了公主和强盗，在这个世界上，很多东西都是不一样的。通过阅读与思考，我们一定会发现一个更丰富多彩的世界。最后，推荐大家和爸爸妈妈一起看一部电影《这个杀手不太冷》。"不太冷"的杀手，又是怎么样的呢？

（深圳市南山实验教育集团南头小学　杨婷）

# 第三课　写外貌，凸性格

## ——《战狼Ⅱ》教学设计

　　《战狼Ⅱ》是一部非常火爆的电影，它讲述了一个这样的故事：被开除军籍的主人公冷锋因找寻龙小云来到非洲，但是却突然被卷入一场非洲国家的叛乱。因为国家之间政治立场的关系，中国军队无法在非洲实行武装行动撤离华侨。而作为退伍老兵的冷锋无法忘记难民，展开生死逃亡。随着斗争的持续，他体内的狼性逐渐复苏，最终闯入战乱区域，为同胞而战斗。

　　影片中人物刻画鲜明，人物形象塑造成功，淋漓尽致地表达了大无畏的英雄主义精神，充分彰显了致敬英雄的时代风尚和爱国主义情怀。该影片刷新了中国票房的最高纪录。本设计引入课堂，将其与人物外貌描写相结合，进行三、四年级作文片段教学。

## 资源分析

《战狼Ⅱ》一课的教学中，电影资源共运用两次。第一次使用一个剪辑片段，主要内容是：男主角冷锋在阳光沙滩上痛快玩沙滩排球，给黑人干儿子烤食物吃，镜头来回切换，时而展现他在球场上的英姿飒爽，时而展现他给干儿子烤食物时的细腻温柔，外表刚硬内心柔软的形象一览无余。第二次使用的是反面人物"老爹"出场，黑暗的仓库中一个声音低沉、嘴刁雪茄的魁梧大胡子大汉，一出场就展现了智商、指挥能力和作战技能一流的雇佣兵组织头目形象。

## 教学目标

1. 体会人物外貌描写与人物性格的关联。
2. 学会通过外形描写来烘托人物的性格。

☞ 适用年级：三、四年级

## 教学设计

### 一、游戏引入，定义外貌

1. 在不同纸条上分别写出人物及其外貌，将纸条打乱，生抽签重新组织成句子。

如：同学王小样，贼眉鼠眼缺一颗门牙，喜欢打架；我妈妈，特别的漂亮，出门必须要化妆；我的爷爷，满头白发，总是笑眯眯的。

抽签重组并汇报：我妈妈满头白发贼眉鼠眼缺一颗门牙。

2. 总结：外貌描写很重要，且必须有针对性，它就是对人物的外貌进行准确、生动、形象的描绘，它包括容貌、体态、服饰、表情、风度等，通过外貌描写来向读者揭示人物的思想品质、精神风貌和性格特征。

## 二、借鉴课文，推测性格

1."我们在山下买登山用的青竹杖，遇到一个挑山工，矮个子，脸儿黑生生的，眉毛很浓，大约四十来岁，敞开的白土布褂子露出鲜红的背心。"……褂子脱掉了，光穿着红背心，现出健美的黑黝黝的肌肉。"——《挑山工》

（作者通过这两处外貌描写，刻画了一位个子矮、皮肤黑、浓眉皓齿、身强力壮的山民形象。这样写的目的：展现他的坚毅和淳朴）

"他个子不高，微微发胖的脸上有一双时常眯起来的慈祥的眼睛，一头花白的短发更衬出他的忠厚。他有一条强壮的右腿，而左腿，却从膝盖以下全部截去，靠一根被用得油亮的圆木拐杖支撑着。"——《理想的风筝》

（作者通过"慈祥的眼睛""花白的短发""强壮的右腿"以及缺失的左腿，塑造了一位年过五十，却心不残、志不残的残疾老师的坚强性格）

2.猜一猜他们的性格：

例一：他身穿金光闪闪的战袍，头戴金冠，手持从东海龙宫掠来的金箍棒，显出一副威武霸气的样子。一对火眼金睛炯炯有神，透露出铲除一切妖魔的决心。（天不怕地不怕）

例二：她好像叫雯雯，一头柔软的卷发，穿一件红底白色的小罩衣，大大的眼睛认真地看着周围的事物，总是不声不响地坐在不起眼的角落，像个小哲学家似的。（文静）

3.总结：外貌描写对性格塑造有很大作用，它直接决定了你所描写人物的性格。

## 三、电影指路，寻找关联

1.观看电影节选片段一：男主角冷锋的外貌是什么样的?

头脑风暴：小组合作，将你们看到的男主角的外貌特点都列举在白纸上。

2. 观看电影节选片段二：反面人物老爹的外形是什么样？

头脑风暴：小组合作，将你们反面人物的外貌特点都列举在白纸上。

3. 再次观看电影节选片段一、二并对比：两个人物各是什么样的性格？

小组合作：将与主人公性格无关的外貌描写删除，并组成一段话。

4. 小组汇报：其他组负责打分，说说你觉得他们选择的外貌是否能展示主人公的性格。

5. 总结：外貌描写不用面面俱到，通过你想表达人物的性格来选择需要描写的方向。

## 四、尝试修改，再次润色

每个小组成员根据自己组内及其他同学的汇报，选择两个人物中的一个角色，进行细致的外貌描写，并选取优秀作品进行展示。

## 五、总结全课，应用迁移

1. 总结：外貌描写的要求是根据需要，抓住特征，绘形传神，刻画性格，显示灵魂。

2. 作业：请生选择生活中最想描写的一个人写一段话，进行外貌刻画和性格塑造。

（四川师范大学附属实验学校　吴茜）

# 第四课　看动画，写对话

## ——《鹬》教学设计A

《鹬》讲述了这样一个故事：晨曦微茫的小岛上，海水拍打着纤尘不染的沙滩。伴随着浪花的涌动，浮游生物、海藻、海螺、扇贝等海洋生命搁浅在陆地之上。矶鹬（sandpiper）三五成群，鸣叫着落在了湿漉漉的沙滩上，啄食着可口的扇贝。经过了多年的历练，每当新一波潮水涌过来时，它们便第一时间轻盈地躲开，绝不会沾湿半根羽毛。不远处的灌木丛里，一只破壳未久的小矶鹬注视着父母的一举一动。少顷，妈妈飞回巢穴，小家伙一如既往张开嘴巴等着喂食，不过妈妈似乎决意要让孩子独立，自顾自地将扇贝肉吃到肚子里。没有办法，小矶鹬只能走向海边。然而海水是那么讨厌，一波又一波地扑向这个未谙世事的小家伙。这时，一个意外突然发生……小矶鹬最后在小蜗牛的鼓励下，鼓起勇气学会捕食扇贝。这是一个关于勇气、成长的故事。

## 资源分析

《鹬》第一集共 6′05″，资源在课中一共使用三次。第一次播放全部内容，用于激趣导入，并让学生初步接触短片，了解短片的内容。第二次截取三个片段，分别是：0′22″～1′35″，鹬妈妈让孩子捕食贝壳，小矶鹬想让妈妈喂，妈妈鼓励它自己动手；1′42″～2′11″，小矶鹬遇险，妈妈怎么劝怎么说他也不愿捕食；3′02″～3′58″，遇见小蜗牛，鼓起勇气看到海底美妙的景色。根据学生的选择，相机取用其中一个片段。第三次（4′06″～4′50″）用在第四环节，小矶鹬勇敢地捕食，还和大家一起分享。这次使用是为了让学生进一步地认识角色，也从中获得勇气，获得成长。

## 教学目标

1. 欣赏微电影《鹬》，进行充分想象，补白角色对话。
2. 回顾对话的写法，将自己的想象用对话句表达出来。
3. 看懂故事，学会像小矶鹬那样，有勇气去面对困难。

☞ 适用年级：三年级

## 教学设计

### 一、激趣导入，观看短片

1. （出示"鹬"）认识这个字吗？知道和这个字有关的故事吗？

（师讲述《鹬蚌相争》的故事）

2. 在这个故事中，"鹬"是一种怎样的动物呢？

（学生回应）

3. 今天，老师要给大家推荐一个关于鹬的故事，相信大家会对鹬有不一样的认识。

4.观看短片。

## 二、回顾影片，汲取素材

1.短片讲了一个什么故事，你看懂了吗？

2.你最喜欢的是故事中的哪个片段？（根据回答，出示图片）

3.咱们再来看看这些片段吧，先看哪一段呢？

（根据学生选择，回顾其中一个片段）

## 三、复习写法，完成对话

1.作者真是了不起，借助故事角色的表情、动作，就让我们看懂了它们的想法。小朋友也很聪明，一看就明白了。那么，你觉得，故事中的角色在讲些什么呢？

（播放其中一个片段，指名学生猜测对话）

2.小组同学可以分角色演一演对话，再现短片角色的表情和动作。

（请一组学生上台表演，其他学生注意观看并评价）

3.刚才咱们表演得这么好，现在咱们把这些精彩的对白写下来，让对话吸引人。

4.要想对话吸引人，咱们在写的时候，就要把说话人的表情、动作等给加上去。

练习：

小矶鹞说："妈妈，我不敢去，你去捉贝壳给我吃嘛。"

小矶鹞××地说："妈妈，我不敢去，你去捉贝壳给我吃嘛。"

（自由说—指明说）

5.还要注意对话的几种方式。

| 提示语在前 | ××说："_____。" |
|---|---|
| 提示语在中间 | "_____。"××说，"_____。" |
| 提示语在后面 | "_____。"××说。 |

6.选择自己喜欢的一个片段，完成对话。

（同桌互说—上台表演）

## 四、认识人物，升华情感

1.虽然有胆怯、有退缩，但在小伙伴蜗牛的鼓励下，小矶鹞最终还是有了改变。

2.再看短片结尾，说一说自己对于"鹞"的新的认识。

3.我们也会慢慢长大，也会像小矶鹞那样，遇到这样那样的困难。该怎样面对呢？这是需要我们好好想想的问题。

（江苏淮阴师范学院附属小学　张芃）

# 第五课　提示语，也调皮

## ——《大圣归来》教学设计

　　《大圣归来》是根据《西游记》进行拓展和演绎的 3D 动画电影，讲述了已于五行山下寂寞沉潜 500 年的孙悟空被儿时的唐僧——俗名江流儿的小和尚误打误撞地解除了封印，在相互陪伴的冒险之旅中找回初心，完成自我救赎的故事。影片时长近 89 分钟，于 2015 年 7 月 10 日国内公映，总票房达 9.56 亿。

### 资源分析

　　《大圣归来》一课的教学中，电影资源在第三个板块"视频为媒，尝试改写"中两次使用，是同一个剪辑片段——丛林对话（22′48″~24′08″）。主要内容是好奇而又唠叨的江流儿一路跟随孙悟空，一直问个不停，问得悟空不胜其烦却又无可奈何。人物对白经典，人物个性鲜明，让人忍俊不禁。

第一次播放，重在整体感知，在对话中体会人物性格；第二次播放，重在观察人物神态、动作、语气等，根据表情达意的需要尝试修改提示语。

### 教学目标

1. 从《可贵的沉默》场景描写中体会不同形式的语言描写在表情达意中的作用。

2. 借用微电影练习用不同形式的对话描写来表现人物性格，并在生活场景描述中迁移运用，提高学生观察生活、表达生活的能力。

☞适用年级：三、四年级

### 教学设计

#### 一、课前预热，初识作用

播放《家有儿女》视频片段的"无声版"与"有声版"并比较，明白人物对话的重要——有了它，我们才能看懂视频内容，才能了解人物的性格等。

#### 二、文本介入，读解密码

（一）聚焦对话，发现形式之异

读课文《可贵的沉默》的1~9自然段的对话描写，比较、发现对话形式的不同。

（二）变式比较，体会表达效果

1. 对比读悟，交流分析。

将课文里的人物对话改编，对比探究"调皮"的提示语里到底藏着怎样的秘密。

2. 师生小结。

| 语言 | 形式 | 表达效果 |
|---|---|---|
| ①我问同学们："爸爸妈妈知道你的生日在哪一天吗？" | 提示语在前（牵羊式） | 最普通的形式，平静的叙述 |
| ②"知道！""知道！"孩子们异口同声地回答。<br>④"当然知道了！"又是一片肯定的回答声。 | 提示语在后（推车式） | 人物说话迫不及待、兴奋、自豪 |
| ⑥"把手举高，老师要点数了！"我提高了声音，"啊，这么多啊！" | 提示语在中间（挑担式） | 体现时间差，从"要点数"到"这么多"有个过程 |
| ③"生日那天，爸爸妈妈向你们祝贺？"<br>⑤"'知道的''祝贺的'请举手！" | 没有提示语（隐身式） | 说话对象明确，体现课堂节奏的紧凑与气氛的活跃 |

## 三、视频为媒，尝试改写

1.播放电影《大圣归来》中的"丛林对话"片段，体会人物性格。

2.电影里面的孙悟空和江流儿给你留下了什么样的印象？

3.出示文本对白，分析不足。

（1）把这段妙趣横生的微电影变成文字，怎么读起来、听起来没电影里面有趣？

江流儿：大圣，大圣，你的如意金箍棒呢？戏里说你给藏到耳朵里了，给我看看，给我看看！

悟空：你这小屁孩，叽叽喳喳跟了我一路，俺老孙的脑仁儿都被你吵炸了！能不能让我安静会儿？

江流儿：好——

悟空：不许再提金箍棒的事儿！

……

（2）出示新语段，再读、比、想。

江流儿跑到悟空面前，好奇地问："大圣，大圣，你的如意金箍棒呢？戏里说你给藏到耳朵里了，给我看看，给我看看！"

悟空气得直挠头，大声吼道："你这小屁孩，叽叽喳喳跟了我一路，俺老孙的脑仁儿都被你吵炸了！能不能让我安静会儿？"

江流儿吓了一跳，低声回答："好——"

第三编　微电影写作课创意设计　/　219

悟空伸出食指,指着江流儿的脑门,厉声说:"不许再提金箍棒的事儿!"

……

4.再看微电影,尝试改变提示语。

5.汇报,重点交流为何不同语言的提示语要采用不同的形式。

## 四、创设情境,创意表达

1.出示生活情境,写一个对话片段,用上三种不同形式的提示语。

早上,教室里,语文组长过来收作业了。我打开书包拿,可是怎么也找不着语文本了……

2.交流评议。

## 五、课堂总结,拓展应用

总结后布置作业:请从自己以前写过的习作里挑出几个对话片段,改一改提示语,力争做到形式多样、效果好。

(安徽省太湖县新城小学　王华星)

## 第六课　微电影，微交际

### ——《更换电池》教学设计

　　《更换电池》是 2010 年马来西亚上映的一部动画短片，讲述了一个孤单的老人在机器人的陪伴下安度晚年，老人去世了，机器人以为她和自己一样可以用电池唤醒……但最终一切没有我们所想象的美好，伴随着老人的去世，机器人因为无人替它更换电池而走到了终点。

　　本短片虽然没有对白，但借助色彩和细节，通过温情的画面，很清晰地将情绪的变化呈现在观众面前。这部微电影，很容易打动观影者，达到"情动而辞发"的效果，非常适合进行口语交际，并可结合主题探讨亲人间陪伴的重要。

### 资源分析

　　在《更换电池》一课的教学中，电影资源共运用两次，第一、二次均为全片呈现。第一次观影为孩子了解剧情所需，第二次观影后则在第一次把握的基础上提炼出最震撼人心的画面进行口语交际。在两次观影的基础上再进行延伸拓展，探讨陪伴这个主题。

## 教学目标

1. 引导学生学会用心观看、学会表达，能根据整体印象和小标题把剧情梗概说清楚。

2. 找出感动自己的画面，借助画面和细节，把感动自己的理由说清楚，并和他人交流自己的想法。

3. 在口语交际过程中，能够做到举止大方、表意清楚、认真倾听和礼貌回应。

适用年级：三年级

## 教学设计

### 一、初次观影，了解剧情

1. 幻灯出示主题：微电影，微交际——《更换电池》口语交际。

2. 观看前提示：想一想这部微电影讲的是谁和谁之间的事儿？

（学生观看影片的过程中，教师适时定格，互动补白）

（1）影片开头设悬念 A.

快过节了，一个孤独的老母亲收到了一个快递。（画面停留在纸条上）上面有纸条，哪位小朋友帮我们读读纸条上的内容？（生读）

这个快递谁送来的？（生：儿子）

为什么送这个礼物？（太忙不能陪老母亲过节）

儿子到底送什么来陪伴这个孤独的妈妈呢？我们继续往下看。

（2）马戏团海报时旁白 B.

这个小机器人和咱们一样都喜欢看马戏表演，瞧，它对着马戏团的预演海报产生了兴趣。

（3）最后一幕补白 C.

请大家仔细看：小机器人在电池耗尽的最后一刻，看见老奶奶带着它走向了马戏团。这是真实的场景，还是幻觉？为什么要这样设计？

3. 观后交流：谁来说说这部微电影讲谁和谁之间的事？（生：老奶奶和小机器人）他们之间发生了什么？（送来礼物、打扫卫生、静赏落日、盖上衣被、擦拭油渍、更换电池、孤单陪伴）

（师引导学生简单概括标题，将标题连起来，说清电影主要内容）

## 二、再度观赏，捕捉感动

1. 再度观看，尝试捕捉感动画面。

第一遍观看咱们就有这么多收获，老师请大家再看一次，相信我们收获会更多。

（生静心再次观看）

2. 交流：哪些画面让你印象最深刻？（请4~6个学生发言，教师相机板书：静赏落日、盖上衣被、擦拭油渍、更换电池、孤单陪伴）

3. 小组合作：每人选画其中的一幅画面，用自己的话来说说。要求做到：第一，把特别动人的画面和细节说清楚；第二，把自己为什么感动的理由说清楚。

（老师巡视，相应指导，配上淡淡的背景音乐）

4. 出示画面分享。

静赏落日：温馨得让人忽略了机器人的本身，哪怕是机器人也让人感觉到了真情。将这一幕和结尾的独赏落日做对比，引起情感共鸣。

盖上衣被：一起看马戏团的电视节目，给睡着的婆婆盖被子时的神情让人感觉暖暖的。

擦拭油渍：进餐时各自不同的食品却袒露着相同的关爱，在人与机器之间。

更换电池：机器人给溘然长逝的婆婆的口袋塞电池，以为电池就是生命，最终却无济于事。

孤单陪伴：当老奶奶再无醒来的可能时，伤心的小机器人孤单地靠在了她边上……

5.小结：这些画面带给我们的是什么？你有什么话想说？

（感动，无处不在。动人的细节，最有表现力）

## 三、现场模拟，推荐电影

1.看了这部微电影，你最想推荐给谁看？为什么？

2.同桌互换角色（一个当看过电影的人，一个当被推荐电影的人），模拟说话。要求：第一，把这部电影的主要内容和最感人的细节讲清楚；第二，把推荐理由讲清楚。

3.现场模拟表演，师生点评。（围绕"是否把内容说清楚，是否把最动人的画面说清楚，是否把推荐理由说清楚"这三个要点来评价）

## 四、延伸观影，记录细节

作业：回家和爸爸妈妈一起看，偷偷观察他们的表情变化，记录爸妈观看时所说的话，下节课交流。

（板书设计）

微电影,微交际

说清故事　说清细节　说清理由

静赏落日

盖上衣被

擦拭油渍

更换电池

孤单陪伴

······

陪伴,是最长情的爱

(浙江省温州市永嘉县上塘城西小学　朱建单)

# 第七课　小动作，会说话

## ——《宝莲灯》教学设计

动漫电影《宝莲灯》讲述的是三圣母爱上了人间书生刘彦昌，触犯了"天规"，被其兄二郎神压在华山底下。在天宫，三圣母的儿子沉香从土地爷口中得知自己的身世，立即带着母亲的宝莲灯逃回人间。在孙悟空的指点下，沉香以顽强的毅力和过人的勇气经历了种种磨难和考验，终于达到了"灯人合一"的境界，战胜了二郎神，救出了母亲。

影片1999年上映，曾轰动一时。它以"精诚所至，金石为开"的坚韧品格和"幸福是沉香与母亲在一起"的人间至真之情打动每位观众。

影片言语不多，擅长用音乐的渲染、画面色调的安排以及人物的动作来塑造人物形象，展现人物的性格特点与丰富的内心世界。让孩子通过本片学习动作描写是一个非常有意思的尝试。

## 资源分析

《宝莲灯》一课的教学中，电影资源共运用三次。第一次和第二次分别欣赏片段一（4'29"~4'58"）、片段二（57'19"~ 57'25"+58'30"~58'49"），主要内容是：七岁的沉香在母亲的陪伴下，在荷塘里快乐戏水、采莲藕。十四岁的沉香想救母哀求悟空相助而不得，愤怒地跑到树林中哭泣，心中充满哀伤。第一次观影重在交流看懂了什么，体察人物的心情。第二次观影重在任选一个片段，仔细观察，细化动作。第三次欣赏电影结局沉香劈山救母（80'45"~82'36"），重在感悟人文内涵：历经磨难，百折不挠，终于和母亲幸福地生活在一起。

## 教学目标

初步学会让动作"说话"，展现人物心情、想法的三种方法：

1. 细分动作，用连续性的动词描述人物的连贯动作。
2. 加上修饰性的词语，或用上修辞方法。
3. 与其他描写相配合。（发展性目标）

☞ 适用年级：三年级

## 教学设计

### 一、知大意，聊人物

1. 影片主要讲了一件什么事？
2. 影片《宝莲灯》中的人物，你最喜欢谁，为什么？

### 二、赏影片，识方法

1. 欣赏电影片段一、二，看懂了什么？（幸福是沉香和母亲在一起）

2.你是从哪些地方看出来的？（动作、神态）

3.再次欣赏电影片段一、二，仔细观察，细化动作。

好的动作描写能充分展现人物的内心想法。今天我们向电影学习，看看演员是怎样用一连串的动作展现人物的心情的。任选一个片段，仔细观察，你能看清楚演员做了哪几个动作，并记录下来。

（　　）—（　　）—（　　）—（　　）—（　　）……

4.用上分解动作，试写其中一个片段。

5.交流评议，聚焦动作描写方法一：能用连续性的动词描述。

6.提供范例，领会动作描写方法二：加上修饰性的词语，或用上修辞方法，更能展现人物的心情、想法，而且更有画面感。

（举例）

沉香蹲在船头看着荷叶上欢快跳跃的青蛙，兴奋不已。他站起身，接住扑入怀里的青蛙，顺手脱下外衣，纵身一跃，一个猛子扎入清凉的水中，像鱼儿一样快活地戏起水来。他时而在水中用身子画了个漂亮的大圈圈，时而双腿一蹬，顺着水流窜出老远；时而在水中翻个跟斗，"浪里白条"也没他厉害；时而又钻进湖底挖上几根莲藕扔进小船。他上下左右舞动着刚挖来的莲藕，得意地冲着母亲咯咯咯笑。

7.动笔修改，添加修饰性的词语，或用上修辞方法。

## 三、展想象，用方法

1.沉香一心救母，历时七年才找到师父孙悟空。期间经历了江湖术士欺骗、哮天犬追杀、夜宿山洞思母心切、翻山越岭辛苦跋涉、荒漠行走晕倒在地、巧渡飞瀑、向动物学武艺等等。（相关图片一一呈现）

2.大家展开想象的翅膀，想想看沉香还可能经历了什么？

（比如鬼城、沼泽、诡异多端的怪石阵，雪崩、地裂、恐怖惊人的沙尘暴，

巧得法宝、练习武术……一切磨难都没有销蚀沉香的救母之心，反而依靠智慧与爱化解危机，获得力量）

3. 请任选一幅画面展开想象，用动作描写展现沉香的智慧与爱。

建议：除了前面学习的两种动作描写的方法外，还可以选用第三种方法，即动作描写与其他描写相配合，如与环境描写等结合起来，使人物的形象更鲜明。（这个目标，对程度好的班级适用）

4. 交流、评议、修改。

### 四、欣赏结局，感受真谛

1. 沉香历经磨难与艰险，得到了智慧与力量。最后的结局是怎样的呢？我们一起来欣赏吧。（欣赏结局，第三次播放视频）

2. 看完这个结局，你有什么想说的吗？

（1）"精诚所至，金石为开"。

（2）和妈妈在一起就是最大的幸福。

3. 小结：今天学习了让动作"说话"，展现人物心情、想法的三种方法：细分动作，用连续性的动词描述人物的连贯动作；加上修饰性的词语，或用上修辞方法；与其他描写相配合。回家为你的父母做一件事，要求将你做事的动作过程用这三种方法描述出来。

（江西省南昌市青云谱实验学校　杨潜）

## 第八课　典型事，写熟人

### ——《我姥爷》教学设计

　　《我姥爷》是 2012 年上映的亲情动画微电影，由胡郁菡执导。2012 年 10 月，在北京电影学院获"学院奖"最佳剧作奖。该片讲述了姥姥和姥爷虽然每天斗嘴实则彼此关爱的温情故事。

　　"执子之手，与子偕老"，这句话用在姥姥姥爷身上其实挺贴切。记得姥姥在八十岁时曾在家庭聚会上认真地说："如果我再年轻二十岁，我绝对和他离婚！"虽然在他们的生活中的确处处充斥着小斗争，但其实我并不觉得他们有什么深仇大恨。小吵小闹，其实也是一种爱。

### 资源分析

　　这一课的教学中，电影资源共运用两次。剪辑片段（0′09″~3′50″），主要内容是：姥姥和姥爷生活中充满着小斗争，姥爷的独特为人之道在生活的点点滴滴中得以细致体现。两次播放分别用于第二板块"一观电影，初知人物"和第三板块"再观电影，深化形象"两个环节，第一次观影交流"姥爷给你留下什么印象"，初步感知人物形象；第二次观影深化人物形象，探寻几个具体的典型事例在表达特点上的"功不可没"。

## 教学目标

1. 赏析电影，走进姥爷独特的世界。

2. 捕捉典型事例，感知姥爷的性格特点。

3. 迁移运用，进一步掌握抓典型事例描写熟悉的人物的方法。

☞ 适用年级：三年级

## 教学设计

### 一、链接生活，畅说人物

1. 课前热身，读绘本《长大做个好爷爷》。

2. 用几个词语描述一下自己的姥爷或者爷爷。

3. 姥爷或者爷爷让你印象最深的特点是什么？通过一件事说一说。

4. 小结：抓住典型的事例，从最能表现人物特点的地方着手，你笔下的人物，才能给人深刻印象。

### 二、一观电影，初知人物

1. 播放电影，说一说姥爷给你留下什么样的印象，用几个词语概括。

2. 电影中的姥爷和你的姥爷有什么不同之处，抓住一点具体谈谈。

3. 小结：这就是个性特征。每个人都是独立的个体，有自己与众不同之处，抓住不同之处着力描写，才能写出独一无二的人物。

### 三、再观电影，深化形象

1.再观电影，完成思维导图。

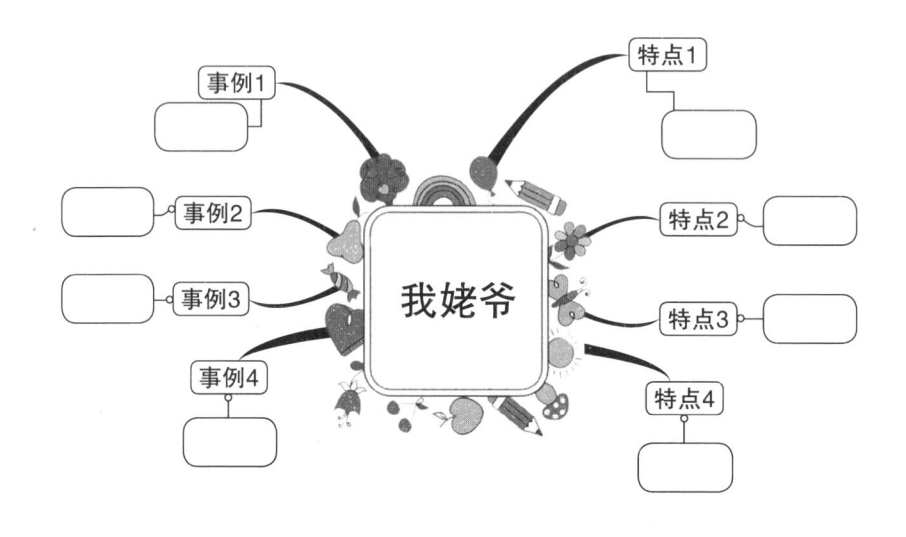

（思维导图：中心"我姥爷"，左侧事例1、事例2、事例3、事例4，右侧特点1、特点2、特点3、特点4）

2.作者选取的四个事例都是平常的小事，但是都能真真切切地表现姥爷的特点，把姥爷的形象写活了。

### 四、举三反一，迁移写作

1.回顾我们学过的几篇写人的课文，作者选择了哪些典型的事例来表现人物的形象。

| 课文 | 典型事例 | 表达效果 |
| --- | --- | --- |
| 《李时珍夜宿古寺》 | 走得苦、吃得苦、住得苦 | 虽苦不言苦，以苦衬乐 |
| 《永远的白衣战士》 | 抢救高风险、高强度、高效率 | 突出表现人物的身先士卒、忠于职守 |
| 《黄河的主人》 | 羊皮筏子的乘风破浪 | 突显艄公的镇静、机智和勇敢 |

2. 小结：写人离不开叙事，用事例刻画人物形象，写出人物的个性是常用常新的方法。

3. 运用思维导图，列举自己的爷爷或姥爷的特点。最好列出三个特点，然后想一想，哪个特点是爷爷或姥爷最与众不同的地方。

4. 再次播放电影片断，看看导演是怎么把姥爷的特点拍出来的。

（关注在典型事例中姥爷的动作、语言和表情）

5. 试写片段，要求：不出现姥爷或爷爷的特点的词语，但能让人一读就知道爷爷或姥爷是个怎么样的人。

（自主写作—同桌交流—点拨提升）

### 五、总结提升，迁移运用

作业：生活就是无数件平平常常的小事汇聚而成的，写人就是平常中见真实。请运用所学的表现手法，以"我的爷爷（姥爷）"为话题，写一篇完整的文章。

（江苏淮阴师范学院附属小学　魏青）

## 第九课　趣配音，编故事

——《为了鸟儿们》教学设计A

　　《为了鸟儿们》又名《鸟！鸟！鸟！》，荣获2002年第74届奥斯卡最佳动画短片奖。影片讲述了一群性格尖酸的小鸟集聚在电线上，叽叽喳喳吵个不停。不速之客——大笨鸟的到来扰乱了它们的争吵。小鸟们突然团结起来，一致对外。然后，发生了让人大跌眼镜的事……这部短片成功之处在于，小小一群鸟儿，在短短3分钟内，就完成了一个社会学的经典案例。影片中鸟儿们可爱的形态、夸张的表情、欢快的背景音乐都能吸引人们的眼球，给人以巨大的想象空间，进而体会到它深刻的寓意。

### 资源分析

　　这一课的教学中，电影资源共运用三次。第一次是剪辑片段（0′16″~1′28″），主要内容：小鸟集聚在电线上，叽叽喳喳，大笨鸟突然降临。这一片段，主要让学生根据画面，补白对话。第二次使用的是接近结尾的剪辑图片，大鸟和小鸟们都落在地上，小鸟们的羽毛不翼而飞。这个片段使用，目的是运用匪夷所思的结尾，激活思维风暴，推想发生了什么事。第三次是使用另一个剪辑片段（1′30″~2′58″），主要内容是：小鸟们一致对外，两只小鸟用力啄大鸟的脚趾，结果，意外发生了。这个片段，主要是还原情节，引导对比。

### 教学目标

1. 借助无声电影，学会根据情境给人物配上对白。

2. 借助微电影出人意料的结尾，创写故事情节。

☞ 适用年级：三年级

### 教学设计

## 一、设置悬念，启发想象

1. 播放微电影片段一。思考：大鸟出现前后，小鸟有怎样不同的表现？注意小鸟们的神态、动作，说一说你看到了什么？它们会说些什么？

（同桌模拟—表演展示）

2. 出示插图，倒叙情节。

3.师启发：这是怎么回事呢？小鸟们的羽毛为什么没有了呢？发挥你的想象，它们之间到底发生了什么事？

4.学生自由联想，头脑风暴。

## 二、头脑风暴，创意构思

1.学生汇报，展示不同创意并汇总。

（1）大鸟和小鸟们打了起来……

（2）它们打斗时，不小心电线漏电了……

（3）小鸟们比武，选出最勇敢的一只来赶走大鸟……

2.根据创意，再次分组。

（1）小组讨论，将小组创意进行完善。

（2）小组代表展示，说说你们猜想的故事。

3.选择一个你最喜欢的创意，发挥想象，补白情节，把故事写具体。

4.怎么写具体？老师教大家写作小锦囊。

把情节变成关键词，一个关键词，就是一个画面。把每个画面写好了，故事也就写好了。（教师把第一个视频内容，改为文字版，配合画面依次呈现，交给学生写具体的方法：第一步，列关键词；第二步，把关键词变成画面；第三步，把每个画面写下来，让读者身临其境；第四步，连贯通读，修改文章）

5.学生汇报交流，师生共同评价指导。

## 三、创意对比，续写故事

1.播放微电影片段二，思考：电影原本的情节好不好？说说你的理由。

2.比较原影片和你自己创作的故事情节，你更喜欢哪一个？说说你的理由。

3.影片到这里就结束了，小鸟们害羞地躲到大鸟的后面，那接下来它们之间还会发生什么故事呢？请发挥你的想象，续写这个故事，进行二次创作。

4.学生展示，交流点评。

## 四、课堂总结，拓展运用

总结后布置作业：下课后，可以将你们的小故事转换成剧本，在小组内演一演。

（山东省滕州市实验小学荆河路校区　刘文婷）

四年级

## 第一课　破译微影之密码
### ——《绝不雷同的父与子》教学设计

《绝不雷同的父与子》原名《Alike》，于 2015 年 11 月 6 日在西班牙上映。这是一部由来自巴塞罗那的 Daniel Martínez Lara 和 Rafa Cano Méndez 两位导演联合执导的动画短片。讲述了在繁忙的机械式生活中，Copi 作为一个父亲，试图教会自己的儿子"灰色社会"的生存法则，但看到儿子渐渐适应这个社会，却无精打采，终不忍心，最后带着儿子去寻找他的梦想。可是他们到了那棵树下，却早已不见当时的音乐家，看着儿子忧伤的面容，爸爸最终放下手里的公文包，回想当时音乐家拉琴的动作，也在空中演奏了起来。爸爸睁开眼睛看到路边的行人和儿子惊讶的表情，他报以微笑，直到儿子欣喜地跑过来，与他相拥。

影片短小精悍，只有 8 分钟，没有台词，但背景音乐很有代入感。影片中的父亲 Copi 一直试图教他儿子 Paste 用"正确"的方式学习、生活。

但是……谁又说得好，属于每个人的正确人生路又是什么呢？

## 资源分析

《绝不雷同的父与子》一课的教学中，电影资源共运用三次。第一、二次使用剪辑片段（0′00″~4′44″），主要内容是：父亲 Copi 试图教会自己的儿子"灰色社会"的生存法则，但看到儿子渐渐适应这个社会，却无精打采，终不忍心。第三次使用剪辑片段（4′48″~6′47″），讲述了父亲带着儿子去寻找他的梦想。可当时的音乐家不见了，看着儿子忧伤的面容，爸爸最终放下手里的公文包，回想当时音乐家拉琴的动作，也在空中演奏了起来……视频片段分别用于第一板块"观看微影，聊聊初印象"和第二板块"关注细节，聚焦'变与不变'"两个环节。第一次观影交流"看明白什么"，梳理主要内容；第二次观看重在关注细节，聚焦"变与不变"；第三次观看意在揭示故事结局，碰撞自编结尾，探究短片深意。

## 教学目标

1. 运用关键词进行故事情节的梳理。

2. 关注影片细节，聚焦情节变化。

3. 创写故事结局，破译关于"快乐"的密码。

☞ 适用年级：四年级

## 教学设计

### 一、观看微影，聊聊初印象

1. 在你眼中，什么样的电影是微电影？（短小；故事情节完整；有其特殊的意义……）

2. 观看影片《Alike》剪辑片段，任务：用关键词梳理故事情节。

3. 用简单的关键词，梳理故事梗概。

（　　）—（　　）—（　　）

4. 根据提炼的关键词，简要地说说故事情节。

## 二、关注细节，聚焦"变与不变"

1. 在刚才的故事梳理中，我们在一遍又一遍地回忆情节。那么，你觉得在情节的更迭中，我们可以聚焦哪些方面？关注哪些细节？（学生讨论、分享）

2. 小结：我们可以关注人物神态的变化，进而直指其内心世界的变化；我们可以关注色彩的变化，透视个中原因。

3. 再次观看《Alike》剪辑片段，思考：影片中，什么在变来变去？因

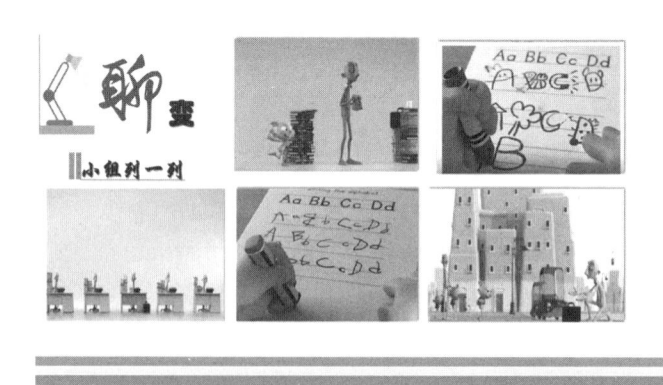

240 / 光影中的创意写作

什么而变？什么一直都没变？

4.小组内围绕"变与不变"这个话题，列一列自己的发现。

5.学生汇报。

### 三、创写结局，破译"快乐"密码

1.刚才我们观看的影片剪辑片段，一直都缺少一个结局。在我们聊"变"这个话题的过程中，你是否隐约知道了影片在"变"的背后到底想表达什么呢？

2.请你给故事创编一个结尾，想想什么样的结局会满足观众的观影期待。

（符合情节发展变化；有悬念；出其不意结局美好……）

3.分享创编的故事结局，师生评议。

4.观看影片结尾，比对自己创编的结局。思考：你觉得影片题为《Alike》，意为"相似"，其实更多的是在讲什么？（不同）有哪些不同？（父与子的不同；父亲前后的不同；儿子前后的不同；父子与周围人的不同；音乐人和路人的不同……）

5.在这众多的不同中，隐藏着的"快乐"密码是什么？（让爱飞翔，快乐来源于生命本色）

（湖南省湘潭市岳塘区湘钢二校　钟海红）

## 第二课　多元视角编故事

——《可爱的毛虫》教学设计A

　　《可爱的毛虫》(Sweet Cocoon)是2015年获奥斯卡提名的法国动画短片。它讲述了一只造型蠢萌的绿色肥胖毛虫经过重重困难,在伙伴的帮助下破茧而出,蜕变为美丽蝴蝶的励志故事。

　　这部6分钟的动画短片以蠢萌讨喜的人物形象、曲折生动的故事情节、令人大跌眼镜的意外结局,深深震撼着每一位观众的心灵。

### 资源分析

　　《可爱的毛虫》一课的教学中,电影资源共运用五次,第一次展现的是影片开头(0′00″~0′13″),出现毛虫的茧,猜测这是什么东西,有何用途。第二次展现的是影片的前半部分(0′14″~1′35″),了解毛虫由于身体太胖,茧太小,它用了各种办法想把自己塞进不合身的茧中,却没有成功。

第三次展示影片（1′36″～4′13″），了解毛虫在两位大叔的帮助下终于成功入茧。第四次展示影片"意外的结局"（4′14″～5′57″），毛虫破茧成蝶，却不幸落入老鹰之口。最后一次是完整地观看影片，感受影片中"由下往上，一直到达顶峰，最后突然坠落"的情节线，对学生进行构思的指导。

本节课的教学，适宜采用两课时。

## 教学目标

1. 赏析微电影，从"蠢萌的形象—曲折的情节—意外的结局"这三个维度，感受微电影的精彩。

2. 通过"观影片—猜情节—编故事"，感受情节的曲折和结尾的创意。

3. 转换角色，以第一人称重构故事、构思结尾，学会从不同的角度有创意地叙述同一件事。

☞适用年级：四年级

## 教学设计

### 一、蠢萌的形象

1. 观察茧壳，猜测用途。

阳光明媚的日子里，森林里某个僻静的角落，远远滚来一个棕黄色的小圆筒。猜一猜，这是什么东西？你可以用它来做什么？

2. 观察毛虫，描述外形。

（1）聚焦毛虫的外形。

一只肥胖的绿色肉虫从另一头出现，它笨拙地爬行，原来，这个茧是它赖以栖身和蜕变的小家。观

看影片，仔细观察毛虫的样子，用简单的几句话进行描述。要求：突出毛虫的蠢萌。

（生练习描述，师指导通过描述绿得透明的颜色、一节一节的胖嘟嘟的身子、细瘦的手、小小的头和大大的眼睛等特点，突出毛虫蠢萌的形象）

（2）对比观察毛虫与茧壳，你有什么发现？

（毛虫太胖，茧壳太小）

（3）如果你是毛虫，你会用什么办法让自己成功地进入茧中？

## 二、曲折的情节

### （一）毛虫入茧

绿虫子警惕地四处张望，当确认安全之后，它准备钻进茧里。怎奈它实在太胖了，费尽力气也无法挤进去。

（播放"毛虫入茧失败"影片片段，指导学生观察毛虫的动作，学习准确运用动词进行描述，突出毛虫蠢萌的形象）

### （二）两虫相助

就在毛虫拼了老命也无法让自己成功入茧时，草丛中又出现了两只虫子。看着眼前这个笨笨的胖子，它们决定施以援手。

1. 头脑风暴，设计情节。

猜一猜，这两位乐于助人的虫大叔会用什么办法帮助毛虫入茧？它们

成功了吗?（小组讨论,设计两位虫大叔帮助毛虫入茧的情节和结果）

2.播放影片,理清层次。

仔细观影,思考:两个虫子手忙脚乱地帮助毛虫入茧,它们用了哪些方法?遇到了哪些困难?又是如何解决的?

（1）挤压法（失败）

（2）投射法（成功）

（3）吊篮法（成功）

3.选择场景,趣味配音。

请你选择虫大叔帮助毛虫入茧的一个场景,一人饰三角为动画片进行配音。

4.小组合作,交流毛虫入茧由失败到成功的过程,感受影片情节设计的波折。

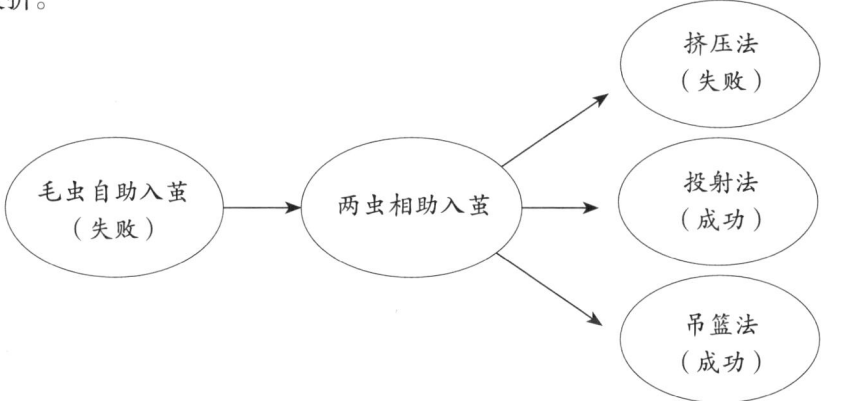

```
毛虫自助入茧 ──▶ 两虫相助入茧 ──▶ 挤压法（失败）
   （失败）                   ──▶ 投射法（成功）
                              ──▶ 吊篮法（成功）
```

5.讨论:既然运用投射法已经使毛虫成功入茧,为什么还要用把它吊

第三编　微电影写作课创意设计　/　245

起来呢？（吊篮法是为了防止胖毛虫再次被挤出茧）

## 三、意外的结局

1.播放影片，毛虫蜕变成美丽的蝴蝶。

（1）抓住颜色，描绘蝴蝶的外形。

（2）把自己当作毛虫，说说毛虫历尽艰辛，终于破茧成蝶的喜悦心情，并向两位大叔表示感谢。

（3）从毛虫化茧成蝶的故事里，你明白了什么道理。（关于坚持、不怕困难、合作等方面）

2.猜测结局：如果你是导演，接下来你会怎么设计这个故事的结尾？

3.播放影片，出示结局。

（1）说说你看到了什么？心情怎样？

（2）当两位虫大叔看到自己历尽千辛万苦帮助的毛虫在化蝶之后瞬间被老鹰抓走，从空中飘落一根紫红的触须时，它们是什么表情？什么心情？

## 四、多元的角度

1.完整播放影片，关注细节，发现"伏笔"。

这个结局真的很突然吗？影片在前面有没有暗示过毛虫天敌的存在？

现在，我们完整地观看一次影片，留心观察，在影片的前面部分，有没有对结局进行过暗示？

（其实影片在1′00″处，毛虫准备入茧之前，它警惕地向上张望，屏幕上有一个暗影掠过，这其实就是为后面的结局埋下了伏笔。原来，三只虫子想方设法地忙活着入茧，殊不知这一切尽在高处的老鹰的视线之中）

2.完整地说说这个故事的情节线。（"由下往上，一直到达顶峰，最后突然坠落"）

3.多元角度，创设情节，趣编故事。

（1）请你选取一个角色（毛虫、老鹰、红壳虫大叔、绿壳虫大叔，或是森林中的另一位旁观者），以第一人称的方式来编写这个故事，你会怎样设计情节？你会设计一个怎样的结尾？

（2）用图文结合的方式写下自己的创作提纲。

（3）交流、分享。

（生上台展示创作提纲。师生共同提出建议，帮助完善提纲）

（4）小结。

关于情节：创设情节要有波折，在设计毛虫入茧的环节时，可以加入自己的创意方法。这个方法是否行得通？不能一个方法就成功，那样情节太平淡，就没有趣味了。不成功，就要设置障碍，经过两到三次的尝试才成功，这样故事情节有冲突，有变化，才能激起读者的阅读兴趣与参与意识。

关于结局：结局要让人意想不到，这样的结局才能使读者意犹未尽。

## 五、课后作业

根据自己的创作提纲创编故事。

（中山市三乡镇光后中心小学　曹小燕）

## 第三课　放大才能见精彩

——《憨豆先生的假期》教学设计

　　《憨豆先生的假期》是由史蒂夫·班德莱克执导、罗温·艾金森主演的喜剧片。憨豆先生买彩票意外获得前往法国度假的机会。他马上收拾好行囊，前往法国圆他的先锋派电影之梦！抵达巴黎后，憨豆先生遇到了一位来自俄罗斯的戛纳电影节评委。奇思妙想的憨豆希望能拍摄一部关于自己的先锋派电影，于是做事从来不顾后果的他带上了与那位俄罗斯评委走散的儿子，两人跳上了火车，路上扮演一对父子，却因语言不通而大闹笑话。

### 资源分析

　　本课的教学中，电影资源共运用两次。第一次截取电影片段（0′45″~3′20″）主要内容是：憨豆先生参加现场抽奖活动，并抽中头奖——得到了去法国度假的机会，欣喜若狂。第二次截取片段（11′09″~16′15″）讲述的是憨豆先生到了法国的餐厅吃海鲜大餐的搞笑过程。两次短片的使用，都是为了让学生在笑声中感受憨豆的夸张式表演带来的喜剧效果，让学生聚焦到夸张这种艺术表现形式，由"学"到"用"。

## 教学目标

1. 学会在诗歌创作中使用夸张的表达方式。

2. 仿写或创作诗歌。

☞ 适用年级：四年级

## 教学设计

### 一、欣赏电影，轻松入课

1. 师生一起观看电影《憨豆先生的假期》两个片段。

2. 在这两个片段中，哪一幕给你留下来深刻的印象？为什么？

场景一：憨豆先生用老式挂锁锁着自己的车；主持人穿着雨衣主持抽奖仪式；憨豆极其夸张的表情和动作。

场景二：憨豆先生吃海鲜的样子；旁边女士的表情……

3. 总结出这两个片段最大的特点——夸张。

（动作、神态、环境、周围人的反应等等）

4. 即兴表演，寓教于乐。有没有哪些同学愿意一起再现刚才的情景？

5. 分小组选择两个场景中的一个排练，并在全班表演。在表演中体会夸张的感染力和表现力。

## 二、结合课文，体会诗歌中的夸张

1. 出示两首诗歌：

太阳很大，

房子却很小很小。

谁要是不信，

请往露珠里瞧瞧：

一个又红又大的太阳，

躲在小小的露珠里微笑。

也许太阳会变魔法，

在天上很大很大。

走进小小的家，

就变得很小很小。

——王宜振《大太阳的小房子》

我捉住了一只红蜻蜓，

放进小小的标本夹。

想不到春天竟哭了起来，

春天说她丢失了一只脚丫。

——王宜振《红蜻蜓》

2. 大家仔细读读这两首小诗，有没有觉得它们有什么共同的地方呢？

相同：都使用了夸张的表现手法。

不同的地方：《红蜻蜓》夸张地把很小的东西写得很大很大，《大太阳的小房子》夸张地把很大很大的东西写得很小很小。

## 三、创作童诗，放大精彩

1. 你能否看到某个事物，某个现象也大胆地做出夸张的想象？放大或者缩小，也许能够给你一个惊喜。

尝试练笔：

山路——腰带　　湖泊——眼睛　　白云——温床　　……

2. 全班创作交流。

## 四、拓展延伸，欣赏童诗

1. 出示林焕彰、王宜振爷爷的童诗。(《花与蝴蝶》《春天又大又很小》)
2. 全班朗读、表演。

（教师下水文）

太阳，

别在天上跑来跑去啦！

你看，你看，

知了天天叫着热，

扇子都给扇黄了，

扇子都给扇落了，

树上只剩银杏果了。

（成都市抚琴小学　李欣）

## 第四课　跟着电影写寓言

——《为了鸟儿们》教学设计B

　　《为了鸟儿们》是一部美国创意动画喜剧,由拉夫·埃格尔斯顿导演。影片讲述了一群性格尖酸的小鸟集聚在电线上,叽叽喳喳吵个不停。不速之客——大笨鸟的到来打破了它们的争吵。小鸟们突然团结起来,一致对外,对大笨鸟冷嘲热讽,甚至打算齐心合力把它排挤出去。可就在成功在即之时,意外发生了……该影片获2002年第74届奥斯卡最佳动画短片奖。

　　影片最成功之处在于借助远景镜头、中景镜头和近镜头,将故事中鸟儿们的群像描写、个体描写以及特写表现得淋漓尽致。其中,鸟儿们的动作、语言、神态以及环境描写让人在忍俊不禁的同时过目不忘,结尾更是令人思绪绵绵、回味无穷。

## 资源分析

《跟着电影写寓言》一课教学中，电影资源共运用三次。第一次使用一个剪辑片段（0′17″~0′55″），讲的是：一群同样类型的小鸟聚集在电线上，叽叽喳喳争吵不停的画面。第二次使用剪辑片段（0′57″~2′29″），主要内容是：一只大鸟的到来打破了小鸟们的争吵，大鸟遭到讥笑和排挤，众小鸟想尽办法齐心协力要赶走大鸟。第三次使用剪辑片段（2′30″~2′58″），内容是大鸟和小鸟们齐齐摔落地面，大鸟嘲笑被摔得没有羽毛的小鸟们。视频片段一和二用于第二板块"了解影片，丰满故事"，第一次观看影片指导学生借助提示语讲好故事中的对话；第二次观看让学生以不同的身份代入故事，在头脑风暴中讲好故事后半部分。视频片段三放在第四板块"聚焦结尾，深悟寓意"，让学生感悟故事多元化的结尾。

## 教学目标

1. 借助电影的画面，能分镜头完整、通顺地讲述故事。

2. 以电影为媒，在观赏、体验中初步掌握归纳和评价的能力，尝试学写寓言。

3. 通过角色代入，发散思维，学会多元看待事物。

☞ 适用年级：四年级

## 教学设计

### 一、回顾故事，启思引路

1. 看大屏幕，玩看图猜故事的游戏。

（出示《掩耳盗铃》《画蛇添足》《守株待兔》《揠苗助长》故事图片）

2. 这些故事你们熟悉吗？你从哪个故事中明白了什么道理？

3. 梳理寓言故事的写法：用一句话说明寓言的特点。

（小故事蕴藏着大道理，这样的故事，我们称之为"寓言"）

4. 揭示课题：这节课，我们一起看微电影《为了鸟儿们》，跟着电影学写寓言。

## 二、了解影片，丰满故事

1. 观赏视频，配音对话。

（播放视频一）学生观看后，出示相关截取的画面，引导说出故事内容。（说清楚故事发生的时间、地点、人物、环境等）

2. 角色体验，活化故事。

（1）（播放视频二）选角色：假如让你以故事中的角色来讲故事，你会以谁的身份来讲述这个故事——大鸟、小鸟，还是旁观者？根据不同角色分组。

（2）小组头脑风暴，交流以不同角色的代入怎么讲好故事。

①首先交代清楚自己是谁。

②把不同场景下自己看到的、听到的和想到的说清楚。

③适当加入肢体语言，增强表现力。

（3）分享感悟，全班展示。

（4）点名完整地讲故事。

## 三、转换视角，创意写作

1. 播放完整的影片，学生观看。

2. 选择角色，以第一人称梳理故事内容。

3. 教师出示将第三人称改为第一人称的范文《揠苗助长》，引导学生发现，第一人称写寓言和第三人称写寓言的异同点。

相同点：故事都比较短小、精炼，都有"起因—经过—结果"。

不同点：第一人称讲故事，可以加入心理活动描写，让故事更有身临其境的感觉。

4. 教师出示第一人称版的改写寓言故事范文，指导学生以第一人称重构语言故事。

5. 评析交流，完善寓言故事。

### 四、聚焦结尾，深悟寓意

1. 播放视频三，学生静静观看。

2. 交流故事的多元启示。

预设：赠人玫瑰，手留余香；善待别人，会有好的结果；在同类群体相处的时候，不能木秀于林，我就摧他……

3. 推荐：寓言故事既好看，又能让我们明白一些道理。推荐观看微电影《世界的另一端》，站在大鸟、蜗牛、蚯蚓的角度，重构故事。

（湖北枣阳市第一实验小学　杨冬梅）

## 第五课　紧扣文题编故事

### ——《倒霉的地鼠》教学设计

　　这是一只比倒霉熊还要倒霉的地鼠，每次它费尽心思得到的食物都被别的动物抢走。气急败坏的地鼠遭遇一次比一次糟糕的结果，最后一辆车子载来了一头乳牛，给了它"意外"……影片有夸张的人物形象、令人捧腹的情节设计。故事虽然简单，但是从开头到结局，都紧扣题目中的"倒霉"两字，主题非常鲜明。

### 资源分析

　　本课教学中，影片资源用在第二环节"观微影，打开思维"。主要用途是让学生了解影片的主要内容，了解片名和内容的紧密关联。影片做两次截取：0′39″～2′28″，地鼠花尽心思弄来的胡萝卜、玉米、西红柿，转眼就被别人给夺走了；2′40″～3′25″，当地鼠垂头丧气时，一辆汽车驶来，这次会带来什么？是一头牛，地鼠的"倒霉"还在继续着。在播放片段二之前还有一次讨论，目的是为了打开学生的思维，同时进一步明白内容要和题目相适切。

## 教学目标

1. 借助微电影主要画面，把握《倒霉的地鼠》故事梗概。
2. 大胆想象结尾，在讨论中明晰文和题之间的密切关联。
3. 自主选题，打开思维，尝试练习紧扣文题编故事。

☞ 适用年级：四年级

## 教学设计

### 一、据题目，猜想内容

1. 老师给大家几个题目，同学们来开动脑筋猜一猜，它们的主要内容可能是什么？

（逐个出示：《种树的牧羊人》《老鼠的麻烦》《神奇飞书》）

（生准确答出，师赞并小结：题目就像是文章的眼睛一样，它和内容紧紧联系在一起）

2. 出示《倒霉的地鼠》，猜猜说的是什么故事。

### 二、观微影，打开思维

1. 这个故事，要从一个地鼠开始说起。（出示地鼠图片，见下页）这个地鼠想尽一切办法给自己找点儿吃的，它都遇到了些什么事情呢？

（学生自由猜测）

2. 观看短片片段一。

3. 地鼠最终能得到梦寐以求的食物吗？同学们说说自己的看法。

看法一：能得到食物。（这是个善良的愿望）

看法二：得不到食物。（因为题目是"倒霉的地鼠"，它一定得不到食物）

4. 结果到底如何呢？观看短片片段二。

5. 把两段视频连起来播放，试着给这个故事画情节图（提纲）。

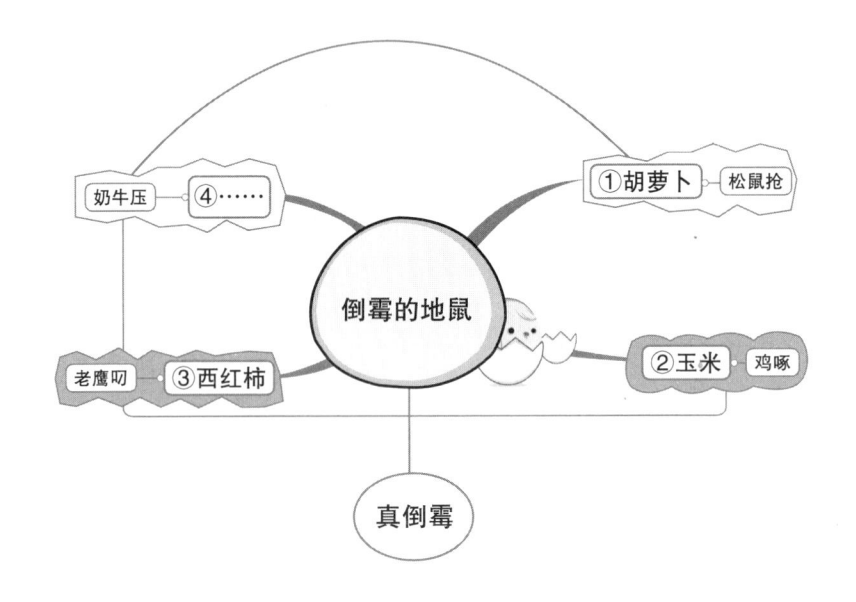

## 三、重定题，再编故事

1. 倒霉的地鼠真是太倒霉了。但是，我们可以改变它的命运。如果你们来写地鼠的故事，你会写一个怎样的地鼠呢？

（指名回答，初定文题。如《幸运的地鼠》《悲催的地鼠》《狼狈的地鼠》《尴尬的地鼠》《浪漫的地鼠》……）

2.师生交流：假如我们准备写《幸运的地鼠》，你会写什么呢？

（小组讨论并发言）

3.根据自己的选题，列新故事的提纲。

4.小组内交流，听取别的同学的意见，完善自己的故事提纲。

5.写作故事高潮，与伙伴分享高潮。（视时间而定，机动处理）

### 四、观影片，拓展延伸

1.推荐课余观看影片《种树的牧羊人》《老鼠的麻烦》《神奇飞书》。

2.观看提示：这三部短片是在游戏环节出现过的，观看之后就可以印证，内容和自己的猜想是否一致。

（江苏淮阴师范学院附属小学　张芃）

## 第六课　侧面描写关乎情

——《夏洛的网》教学设计A

　　《夏洛的网》是由盖瑞·温尼克执导，达科塔·范宁主演，朱莉娅·罗伯茨等配音的一部真人与动画相结合的喜剧片。影片改编自美国作家E.B.怀特的小说《夏洛的网》，讲述了蜘蛛夏洛为了改变好朋友威尔伯变成熏肉火腿的命运，用自己的丝在猪栏上织出了被人类视为奇迹的网络文字，在它第四次织网后，彻底逆转了威尔伯的命运，与此同时，夏洛的生命却走到了尽头……整部影片制作精美，充满温暖、智慧和奇趣，传达出关于生命、友谊和爱的主题，该片于2006年12月15日在美国上映。

### 资源分析

　　本课的教学中，电影资源共运用三次。第一次使用静态图片，观察夏洛编织的写着"王牌猪"的网，突出夏洛织网的辛苦、用心。第二次播放剪辑片段（36′38″~37′36″），片段夸张地表现了勒维、朱克曼夫妇和牧师看到蜘蛛网上的"王牌猪"时的惊讶反应。第三次使用剪辑片段（37′58″~39′46″），主要内容是：消息在全县传开，众人都赶来瞻仰这只奇迹小猪，特写镜头和全景镜头切换，通过周围人物和环境的侧面描写来渲染夏洛织的网给威尔伯带来的不同凡响的影响。两个视频片段用于第三板块"借助微影，再感侧面描写"，第一次观影关注人物的反应，围绕"惊讶""奇迹"展开交流；第二次观看聚焦特写镜头和全景镜头的切换，更深入感悟侧面描写对于表达人物情感和主题所起的作用。

## 教学目标

1. 打通文本与电影，聚焦"侧面描写"，对比感受其在小说与电影两种表达形式中的运用。

2. 在"特写"与"全景"的镜头转换中，体会侧面描写对表情达意所具有的独特作用。

3. 从微电影中学习侧面描写的方法，能在自己的习作中适当迁移运用。

☞适用年级：四年级

## 教学设计

### 一、以书引路，初知侧面描写

1. 品读 E.B. 怀特的经典作品《夏洛的网》片段，寻找"侧面描写"。

在雾天的早晨，夏洛的网真是一件美丽的东西。这天早晨，每一根细丝点缀着几十颗小水珠。网在阳光中闪闪烁烁，组成一个神秘可爱的图案，像一块纤细的面纱。连对美不太感兴趣的勒维来给小猪送早饭时，也不由得注意到这张网。他注意到它有多么显眼，他注意到它有多么大，织得有多么精细。他再看一眼时,看到了一样东西让他不觉放下桶子。瞧,在网中央,整整齐齐地织着几个大字,这是一句话。它写的是:王牌猪。

2.作者为什么花这么多笔墨去写夏洛的网的样子,其目的是什么?

这是一张多么显眼、多么大、多么精细的写着"王牌猪"的网,可以看出夏洛织这张网是多么用心、多么不易。作者不直接写夏洛是如何织网的,而是通过侧面描写的方法来表达夏洛对威尔伯的深厚情谊。这样的表达,更能打动人心。

## 二、静态观察,对接电影特写

1.同学们是不是很好奇,那么显眼、那么大、那么精细的网是什么样的呢?下面,就让我们看看夏洛为威尔伯织了一张怎样的网。(特写静态图:写着"王牌猪"的网)

2.静静观察,你看到了什么,想到了什么?

3.在这张巨网的映衬下,夏洛显得那么小,那么轻。透过网,我们看到了夏洛为友情而做出的感人"壮举",这是一张友情之网,也是一张爱之网。

## 三、借助微影,聚焦侧面描写

(一)电影片段一

1.观视频,出示问题串。

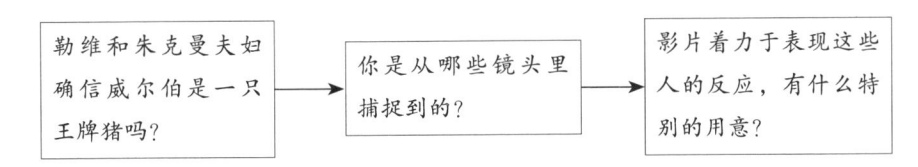

| 勒维和朱克曼夫妇确信威尔伯是一只王牌猪吗？ | → | 你是从哪些镜头里捕捉到的？ | → | 影片着力于表现这些人的反应，有什么特别的用意？ |

2. 交流夸张的细节镜头，从惊讶的呼叫、惊愕的表情、提桶、菜刀落地的动作中感受侧面描写的艺术表现，明确其用意在于烘托"夏洛的网"所传达的感情力量。

### （二）电影片段二

1. 王牌猪的消息传遍全县，人们争先恐后前来观看，这个场景充满喜剧色彩，一起来看。

2. 指导学生回忆并叙述印象深刻的画面：络绎不绝的来自四面八方的

第三编　微电影写作课创意设计　/　263

车辆,无数前来围观的人们的表情、语言……

3.围绕侧面描写,深切感受夏洛织的网彻底改变了"跛脚猪"威尔伯的命运,体会动物之间的真挚情谊,引发对影片主题的思考:生命短暂,友情无价。

## 四、情境微写,迁移表达方法

从以下两个情境中任选一个,尝试用侧面描写的方法表现场景或人物。

1.今天是个特殊的日子,我一进家门,就看到客厅的茶几上摆着一件神秘的礼物——

2.我的班主任施老师很严厉,同学们私下叫她"施老虎"。晨会课,俗称"训话课"。今日晨会,施老师走进教室——

(江西省南昌市青云谱实验学校　杨潜)

# 第七课　无字电影变绘本

## ——《父与女》教学设计A

　　《父与女》讲述的是：父亲带着女儿一起骑单车，他们穿过林间小路，骑过草地，骑上高坡，来到平静的湖边。父亲抱抱女儿，登上小船挥别而去。从那以后，女儿思念父亲时就骑着单车，到河畔等待……直到女孩年老，湖水干涸……

　　这部影片平实、朴素却充满爱的张力。影片连父亲和女儿的脸都简省了，却透过暖黄的色调、反复的情节将爱诠释得淋漓尽致。

　　最值得称道的是电影画面的水墨风格，简约到了极致，但画面很多细节，蕴藏着无穷的意蕴。让学生把这样的微电影改编成绘本，是非常有意思的训练。

### 资源分析

《父与女》一课的教学中，电影资源共运用两次，用剪辑组合 6′25″（0′08″~2′27″+2′33″~2′52″+4′03″~4′52″+5′28″~8′26″）。第一次观影交流"看明白什么"，提取情节关键词，梳理故事情节；第二次聚焦细节，注意观察画面的色调、环境变化、人物的动作、年龄变化，体察人物的心情，为将电影改编成绘本做铺垫。

### 教学目标

1.根据教师提供的截图，给微电影选图，给图配文字，并加一个合适的题目，尝试将微电影变成绘本，学会选择材料，把握重点。

2.从微电影中学习情感迸发与渲染的表现手法，感受父女之爱的永恒与坚守。

☞适用年级：四年级

### 教学设计

#### 一、画时光轴，梳理内容

1.完整观看电影，提取情节关键词，梳理故事情节，用时光轴在黑板呈现：

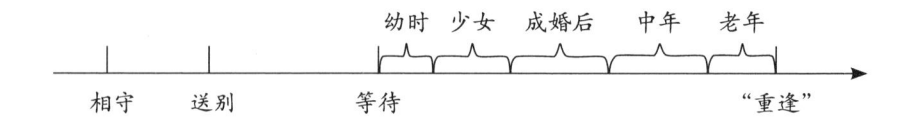

```
        |               |         幼时 少女  成婚后   中年   老年
--------|---------------|-----------|----|-------|------|------→
       相守            送别         等待                      "重逢"
```

2.思考，为什么"等待"展开得那么具体？

## 二、选择最需要的图画

1. 我们上过《神奇飞书》一课，既看了绘本，也看了电影，知道了绘本与电影之间可以互相转换。今天，我们也来做件好玩的事情，将刚才看到的微电影变成一本绘本。

2. 小组合作，给绘本选十八幅图。

老师已根据故事的四个情节，截取了三十个画面，并将它们分装在四个信封（相守、送别、等待、重逢）里。现在，请大家从中选十八个画面，作为绘本的内容，来展现整部微电影。大家设想一下，你会怎么选？

（1）根据时光轴，每个情节都得有，而且等待部分应多选一些。

（2）等待是有一个时间的过程，各个年龄阶段的图片也都应有所筛选。

3.选封面：选一张最打动你的画面做封面。

## 三、给图画配上合适的文字

1.展示绘本《神奇飞书》，看看绘本中图文是怎样相互衬托的？

比如：文字配在图片的哪些地方？可以怎样配文字？

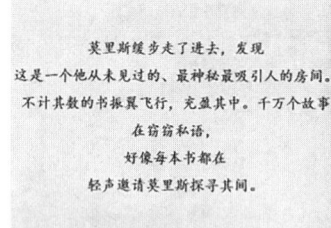

小结：给画面配文字，文字须简洁，可描述画面中的环境变化，可展现人物的动作、心情，还可描述事情发生的时间等等。图文内容一致，相互衬托。有些地方，文字很简洁，有些地方，则展开描述。比如，莫里斯刚来到图书馆，他欣喜若狂，所以，文字就很多。

2.二赏微电影，注意细节。

整部微电影充满着一种淡淡的忧伤，一份父女之间永恒的爱。它透过暖黄的色调、写意的水墨画展现在我们眼前，抵达我们心灵深处。导演将情感全部融入到无声的画面之中。我们再来欣赏一遍，注意观察画面的色调、环境中变化的是什么，不变的又是什么？注意人物的动作、年龄变化，体察人物的心情。

3.我们通过文字将隐含着的人间至真至纯的情感迸发出来，谁敢来试一试？

（1）学生尝试（口头表达）

（2）从以下两方面进行点拨指导：

举例一：直抒胸臆，渲染情感。

亲爱的爸爸，你什么时候才会回来？我等了你一年又一年，一年又一年，我的两个孩儿都会奔跑了，可我还是没有等到你的归来……

举例二：情景交融。

天依然是灰蒙蒙的一片，我久立在江畔，望眼欲穿。什么时候才能等到您——父亲！我的心头什么时候才会再一次充满阳光。

小结：情感的迸发与渲染，有两种表现方法：一是直接抒发，二是借景抒情、情景交融。

4.六人小组合作，试写。（十八幅图，每人写三幅，直接写在选中的图片上）

（教师提示：注意，等待的心情随着时间的推移，越来越伤感、怀念，注意情绪与节奏的把握）

## 四、配乐朗诵，完美呈现

1.选择合适的音乐。（教师提供几段合适的音乐，供学生选择）

2.小组合作展示：配上封面，按故事发展的顺序，给十八幅画面配乐。诵读学生写的文字，形成朗诵版绘本。

## 五、取个好题，装订成册

1.给新编成的绘本取名，让题目配得上画面和文字。

2.编上页码，装订成册。

3.小结：今天，我们做了件好玩的事情，将微电影变成同学手里的一本本绘本。感兴趣的同学回家后，也可以照着课堂上老师教你的办法，将你喜欢的微电影做成绘本，介绍给周围的小伙伴们。推荐微电影：《月神》《更换电池》等。

（杭州市下沙第一小学　陆麒娟）

# 第八课　学写人物巧对白

## ——《鹬》教学设计B

　　《鹬》作为皮克斯出品的《海底总动员2》的贴片动画，以出色的精良制作，获得了第89届奥斯卡最佳动画短片奖，豆瓣评分高达9.2。影片讲述了一只饥饿的小矶鹬（鹬蚌相争中"鹬"说的就是这种鸟），努力克服恐水症，到海浪肆虐的沙滩上觅食的故事。

　　谈到《鹬》的创意，本片的导演、皮克斯新一代的动画人。Alan Barillaro表示，这是他在爱莫利维尔市皮克斯片厂附近的海滩跑步时产生的，当时他看到许多鸟在海面捕食，但不会碰到浪。这个观察让他立刻产生灵感，一部从鸟的视角看世界的短片就此诞生。

　　《鹬》既是小矶鹬的童年，也是孩子的童年，走出舒适区有点痛苦，但换个视角，孩子就能体会到成长的快乐。

## 资源分析

《鹬》一课的教学中，电影资源共运用三次。第一次观看整部电影（6′03″），主要内容是一只饥饿的小矶鹬，努力克服恐水症，到海浪肆虐的沙滩上觅食的故事。第二次使用动态图，主要是鹬宝宝和妈妈以及寄居蟹对话的镜头。第三次播放整部影片。视频片段分别用于第一板块"初次观影，关注影片元素"、第二板块"捕捉镜头，试写电影对白"和第三板块"配音体悟，感受影片意蕴"三个环节。第一次观影交流了解本部电影的元素，重点在于梳理主要内容；第二次观看尝试编写角色对白；第三次观看是演练体悟，为电影配音，感受短片深意。

## 教学目标

1. 梳理情节，明晰部分电影元素，简单梳理影片梗概。

2. 回忆情节，尝试写作影片对白，透视鹬的内心世界。

3. 经历情节，为电影配音，充分感受无声电影的意蕴。

☞ 适用年级：四年级

## 教学设计

### 一、初次观影，关注影片元素

1. 同学们，我们看电影要关注一些什么？

2. 小结。（课件：电影的元素有七：语言、故事、结构、思想、角度、情绪、镜头）

3. 请观看微电影《鹬》，你关注到了什么元素？

4. 初次接触影片，大家的感受是多元的、丰富的。那么，我们观看一部影片最应该关注什么元素呢？（故事）

5. 故事是影片的核心，那么你能简单说说故事的梗概吗？

6. 借助电影截图小结：一只饥饿的小矶鹬，努力克服恐水症，逐渐成长，学会独立到海浪肆虐的沙滩上觅食的故事。

## 二、捕捉镜头，试写电影对白

1. 刚才大家说到这部微电影的语言是无声的，这节课我们就来尝试为影片的角色写台词。

2. 我们来看看需要为影片中哪些角色写台词？（小矶鹬、妈妈、寄居蟹）

3. 要让台词写得贴切，我们首先要了解角色的特点。

小矶鹬：胆怯、撒娇、自信、疑惑……

妈妈：疼爱、狠心、鼓励……

寄居蟹：嘲笑……

3. 观看影片剪辑片段，你想捕捉哪些镜头来写台词？

4. 梳理出几幅画面。（课件：关注角色的个性特点，组内分工合作，试写电影对白；小组创编，

教师巡视）

5.生汇报，说说写作的角色对白，可以透视角色怎样的内心世界。

## 三、配音体悟，感受影片意蕴

1.以小组为单位，指名为电影配音，（播放影片）生评议。

2.在配音的过程中，我们实际上是在又一次经历着影片的情节。大家精彩的台词，也让我们一饱耳福。可我有个疑问，台词可以如此生动有趣，而影片为什么没有对白呢？（多生谈：无声胜有声；能更专注地走近角色，感受变化……）

3.那影片用如此独特的方式，究竟要表达哪些丰富的内容呢？请以小矶鹬的口吻来说一说。（课件：成长，是……成长路上，需要……）

4.同学们的回答就是一首首诗！配乐朗读。（成长，需要勇气……成长路上，有战胜自我的欣喜，有智慧搏击风浪的快乐……）

（湖南省湘潭市岳塘区湘钢二校　钟海红）

## 第九课  巧抓细节表达爱

### ——《鹬》教学设计C

微电影《鹬》是皮克斯2016动画长片《海底总动员2》的前贴片。该片主要讲述了一只小矶鹬（sandpiper，一种海鸟）努力克服恐水症，在海浪肆虐的沙滩上学会觅食的故事。这部短片时长6分钟，获得第89届奥斯卡最佳动画短片大奖。

### 资源分析

《巧抓细节表达爱》教学中，微电影资源共运用两次。第一次使用的视频剪辑片段（0′15″~5′18″）主要内容是一只小矶鹬在长辈的激励下，独自面对心中对海水的恐惧，尝试觅食。主要用于教学的第一环节"观看视频，畅谈眼中画面"和第二环节"进入角色，体验无痕的爱"，激发学生情感体验，跟着小矶鹬探究成长中的感动。第二次使用的视频剪辑片段

（2′50″~5′20″）主要内容是小矶鹬进入沙滩被海浪冲击躲进泥沙后逐渐适应，受到长辈们的鼓励与爱护，学会了自主觅食、共同分享。这一片段用于教学的第五环节"回放视频，感受深沉的爱"，引导学生感悟父母的良苦用心，真正明白父母的爱。

### 教学目标

1.观赏微电影，引导学生捕捉其中的细节。

2.情境体验，引导学生分析想象细节中蕴含的情感，激起心中的感动。

3.引导学生关注生活中的细节，说真话、吐真情，表达心中的爱。

☞适用年级：四年级

### 教学设计

#### 一、观看视频，畅谈眼中画面

1.请学生观看视频后问：这部微电影讲了一个什么样的故事？

2.哪个细节最让你感动？把这个细节描述出来，并说说为什么让你感动。

276 / 光影中的创意写作

## 二、进入角色，体验无痕的爱

1. 视频中小矶鹬几次向妈妈张嘴讨食？结果如何？

2. 小矶鹬第一次觅食失败后表现如何？妈妈又是怎么做的？

3. 小矶鹬最后独自觅食成功，最应该感谢的人是谁？你想对它说些什么？

## 三、出示片段，赏析生动细节

1. 再现《鹬》中的细节。

（1）投影文本，谁来读一读？

晨光万丈，海鸟鹬群们在一波一波的海浪里觅食。

"起床啦！起床啦！"小鹬睁开惺忪的眼睛，看到妈妈正笑眯眯地注视着自己，"吃早饭啦！"

"我还那么小，我才不去呢！我要妈妈喂。"小鹬撒娇道。

（2）你觉得应该读出什么样的语气？

（3）分角色朗读，读出感情。

2. 一波巨浪迎面涌来，小鹬冷得瑟瑟发抖，连忙躲回温暖的小窝，把头埋在翅膀里，然后张开嘴巴，用企盼的眼神望着妈妈，期待妈妈直接把食物抛喂给它。往日那么疼爱它的妈妈再次拒绝了它。

（1）这段文字有哪些动作描写？

（2）你从这些动作中能体会到什么？

3.品读《"精彩极了"和"糟糕透了"》中的细节。

（1）出示朗读：

我有个慈祥的母亲，她常常对我说："巴迪，这是你写的吗？精彩极了！"

我还有个严厉的父亲，他总是皱着眉头说："这个糟糕透了"。

（2）哪句话触动了你的心？比较这两句话，你体会出了什么？（相同点：爱）这两处语言对于七八岁的孩子来说，能接受吗？

4.教师小结：生活中，能够深深打动我们的往往是这些平凡的小事，毫不起眼的细节。细节是什么？细节是一句句话语、一个个动作、一种种神态……抓住了这些，就做到了言之有物。最能打动我们的正是蕴藏在小事中、细节中的那些朴实、真挚的情感。

### 四、联系实际，交流生活细节

1.小矶鹬不正是我们成长的一个缩影吗？有许多爱都体现在细节中，你的父母是世界上最爱你的人，在生活中你有没有经历过类似的细节，有哪些细节让你感动呢？

2.互相交流生活中爱的细节。

## 五、回放视频，感受深沉的爱

1.回放视频结尾，看到这里，我们惊喜地看到小矶鹬不仅能自给自足还能帮助别人，你一定会像小矶鹬一样，明白父母的良苦用心。

2.教师小结：爱能融化一切！不管是爸爸妈妈对你的鼓励，还是对你的批评，这都包含了他们对你的爱，这份爱是沉甸甸的！

## 六、铺开稿纸，书写爱的细节

1. 交代写作任务。（二选一）

（1）截取电影中的一个小片段，写一写。

（2）回忆父母对自己关怀备至的小细节，写一写。

2.交流、分享。（重点关注细节描写）

3.教师总结：父母的爱，藏在一个个细节中。一句话、一个动作、一种表情……都藏着深深的爱！

（安徽省太湖县枫铺小学　叶双凤）

五年级

# 第一课　书写人物喜与忧
## ——《草房子》教学设计

《草房子》是由南京电影制片厂出品的一部国产儿童故事片，该影片由徐耿执导，曹文轩编剧，曹丹、杜源、吴琴琴、金荣喜、许雁青等主演，2000年8月17日于中国香港上映。

影片改编自曹文轩的同名小说《草房子》，把主人公桑桑童年在油麻地小学亲历的几个平常又动人的小故事有机地联系起来，展示了富有独特风情的人生画卷。

## 资源分析

《书写人物喜与忧》一课的教学中，电影资源共运用两次。第一次使用剪辑片段（18′13″~19′11″），主要内容是：夏天，骄阳炙烤着大地，人们汗如雨下，桑桑穿着棉袄，大摇大摆地走在操场，嘴里还唱着"颠倒歌"，引得老师和同学们大笑不止。第二次使用剪辑片段（89′44″～91′15″），主要内容：桑桑生重病后，爸爸带着他四处求医，都被告知无药可治，桑桑的忧伤与落寞。两次播放分别用于第一板块"快乐的童年"和第二板块"痛苦的童年"两个环节。第一次观影交流"桑桑在你心中是个怎样的孩子"，初步感知人物形象；第二次观影感受桑桑成长之痛，体会人物心中深深的忧伤、失望，前后对比，凸显人物的变化。

### 教学目标

1. 影、文互赏，感受人物不同境遇下的不同表现。

2. 体会对比手法在塑造人物形象上的表达效果。

3. 迁移运用，进一步掌握对比表现人物形象的写作方法。

☞ 适用年级：五年级

### 教学设计

#### 一、快乐的童年——走进桑桑的快乐，感受童年之乐

请同学们读读关于桑桑的两个片段，读完后想想桑桑是个怎样的孩子，画一画相关语句，在一旁写上心中的感受。学生自由诵读事先发下去的材料纸。

1. 读文后交流：桑桑在你心中是怎样的孩子？

2. 桑桑还是个有许多怪念头、爱出风头的孩子。（播放电影片段一）

3. 感受具体化。

春天的脚步越来越近，夏天也将悄悄向我们走来，你能说说夏天给你

的感觉吗？（像火炉，走在路上……，爬楼梯……，任何事物摸上去……）

我们看看一段描写夏天的文字。（出示语段）

太阳才一露脸，天地间便弥漫开无形的热气。而当太阳如金色的轮子，轰隆隆滚动过来，直滚到人的头顶上时，天地间就仿佛变得火光闪闪了。河边的芦苇叶晒成了卷，一切植物都无法抵抗这种热浪的袭击，而昏昏欲睡地低下了头。大路上，偶尔有人走过，都是匆匆的样子，仿佛在这种阳光下一旦待久了，就会被烧着似的。

4. 桑桑"夏日穿棉衣"的举动让我们忍俊不禁，你们的童年生活中有过出人意料的行为吗？同桌交流交流。

5. 小结：看来"桑桑夏日穿棉衣"的故事勾起了大家童年的回忆，阅读文章，既要能走进去，也要能走出来，阅读文字，读出自己。

## 二、痛苦的童年——体会桑桑的忧伤，感受成长之忧

成长的过程总是快乐与忧伤相伴的。即便是桑桑，这样一个阳光的、调皮的、可爱的少年，他也有自己的忧伤。

1. 电影片段二赏析：桑桑的忧伤。

2. 现在展现在你眼前的是一个怎样的桑桑，与前面看到的有什么变化？动笔写一写：桑桑再印象。

3. 作家又是怎么描述忧伤的桑桑呢？曹文轩用优美的文字，给我们描绘了一幅幅凄美的画面。让我们用心灵去品读这些忧伤的文字吧！（出示文字）

4.当你看着这样的文字时，仿佛眼前就有个怎样的桑桑？（骨瘦如柴、瘦骨嶙峋、弱不禁风）

5.小结：最后，等待桑桑的到底是可怕的死亡还是病痛之后的重生呢？要想知道得更多、更具体，那就在《草房子》这本书中寻找答案。

### 三、童年的快乐与忧伤——对比写法的巧妙运用

1.我们不禁发现，桑桑前后发生了巨大的变化，作者运用了对比的写作手法，用曾经顽皮后的快乐对比生病后的苦闷、忧愁，一个人物截然不同的形象就跃然心中。我们在习作中运用前后对比的写法，表现一个人物的变化，以达到完整塑造人物性格、形象的效果。

2.对比的写法在我们以前学过的课文中经常运用，例如——

一天，一个外国学生很不礼貌地冲着徐悲鸿说："徐先生，我知道达仰很看重你，但你别以为进了达仰的门就能当画家。你们中国人就是到天堂去深造，也成不了才！"……那个外国学生，看了徐悲鸿的作品，非常震惊。他找到徐悲鸿，鞠了一躬说："我承认中国人是很有才能的。看来我犯了一个错误，用中国话来说，那就是'有眼不识泰山'。"

3.引导学生从语言、动作、神态的角度发现人物前后态度的不同，领悟对比手法的细腻。

### 四、总结提升，迁移运用

作业：

1.网上观看《草房子》高清完整版，相信你会有更多的发现与收获。

2.运用对比的写法描写经历过一次成功又遭遇挫折的你，注意把自己的内心写出来。

（江苏淮阴师范学院附属小学　魏青）

## 第二课　巧用意象抒情感

——《卖火柴的小女孩》教学设计

《卖火柴的小女孩》是根据丹麦作家安徒生的同名童话改编的无对话微电影，非常忠实于原著。技术上影片采用水彩和电脑技术结合的方法，画面十分柔和细腻。

该片获得2007年第79届奥斯卡最佳动画短片提名。

### 资源分析

在本课的教学中，学生将两次完整地观看这部6分半钟的微电影。第一次是在课堂的导入环节，用以唤醒学生对文本《卖火柴的小姑娘》的回忆，带入情境，渲染气氛，把握住故事的基调。第二次是在学生学习运用意象创作诗歌的环节，在教师的提示下，学生会注意电影中反复出现的特写的意象，比如火柴、雪花、小女孩眼中交替出现的失望和希望等等，以此学

习导演运用意象表达情感的表现手法,学习诗歌创作。

## 教学目标

1. 学会欣赏,并体验儿童诗的创作过程。

2. 从微电影中学习运用具体的意象进行诗歌创作的方法。

3. 培养学生阅读和创作儿童诗歌的兴趣。

☞ 适用年级:五六年级

## 教学设计

### 一、电影入课,回忆共鸣

1. 如果说到火柴,在你看的所有故事中,你会立刻想起哪一个?

(《去年的树》《小珊迪》《卖火柴的小女孩》……)

2.《卖火柴的小女孩》是个怎样的故事啊?让我们再一起走近这个可怜可爱的小女孩。

3. 师生一起观看电影《卖火柴的小姑娘》。

4. 看完这部短片,你想用什么词来形容它?(悲伤、难过……)

### 二、回到课文,启思引路

1. 让我们一起再回到那个动人的故事中去,链接课文:

……她终于抽出了一根。哧！火柴燃起来了，冒出火焰来了！她把小手拢在火焰上。多么温暖多么明亮的火焰啊，简直像一支小小的蜡烛。这是一道奇异的火光！……火柴灭了，火炉不见了。她坐在那儿，手里只有一根烧过了的火柴梗。

她又擦了一根。火柴燃起来了，发出亮光来了。……这时候，火柴灭了，她面前只有一堵又厚又冷的墙。

……她在墙上又擦着了一根火柴。这一回，火柴把周围全照亮了。奶奶出现在亮光里，是那么温和，那么慈爱。

2. 你在朗读这些文字的时候，是不是头脑里就出现了刚刚电影里的画面呢？你觉得电影里哪些地方让你觉得特别，留下深刻印象？（提示每一次火柴出现后，什么在改变）

根据学生回答，引导学生回忆：

（1）当小姑娘擦亮火柴后，影片变成彩色，火柴熄灭了，影片又回到黑白。

（2）镜头反复出现小姑娘的眼睛的特写，点燃火柴时的充满希望和火柴熄灭后的失望。

3. 你觉得这是个怎样的小姑娘，你从文章中哪些地方感觉到的。

（小组讨论全班交流。师引导学生提炼关键词：孤独、可怜、寒冷，等等）

## 三、再观影片，关注意象

1. 刚刚同学们说到影片中小姑娘的眼神变化给你留下深刻的印象，其实导演就是在用小姑娘的眼睛说话，揭示了她的孤独、寒冷、渴望。其实这部微电影之中还有很多反复出现的事物，让我们再仔细看一次，你觉得哪些事物的出现，也让你感到了小姑娘的孤独、寒冷、渴望？

2. 再观电影。教师适当提示。

3. 全班交流片中反复的镜头。

黑白的影片——悲伤的基调

自始至终纷飞的大雪、厚厚的墙壁——寒冷

灯光——小姑娘对光明和温暖的向往

满地的火柴——孤独

火柴划燃"哧"的一声轻响——短暂的希望的出现

……

## 四、链接诗歌，学习创作

1. 出示诗歌（先隐藏诗的题目）全班齐读，如果让你给这首诗取一个题目，你会取什么？

你是那样善良，

你是那样悲哀，

你用一根小小的火柴，

烧痛全人类的心，

燃起了我不熄的爱。

——孙云晓《一根火柴》

这首诗的题目就是《一根火柴》，那根火柴给作者留下了无法忘记的印象，所以他写下这首诗。

2. 再看一首九岁的小朋友写的诗。

妈妈给我两块蛋糕／我悄悄地留下了一块／你别问，这是为了什么。

爸爸给我穿上棉衣／我一定不把它弄破／你别问，这是为了什么。

哥哥给我一盒歌片／我选出了最美丽的一页／你别问，这是为了什么。

晚上，我把它们放在床头边／让梦儿赶快飞出我的被窝／你别问，这是为了什么。

我要把蛋糕送给她吃／把棉衣给她去挡风雪／在一块唱那最美丽的歌。

你想知道她是谁吗？／请去问一问安徒生爷爷——她就是卖火柴的那位小姐姐。

——刘倩倩《你别问这是为了什么》

（曾荣获世界儿童诗歌比赛中"菲利亚"金质奖章）

3. 这两首诗中，具体出现了哪些事物？

（火柴、蛋糕、棉衣、唱片）

4. 揭示诗歌创作的方式，用能表现主题的具体事物写诗。

5. 学生学习创作诗歌。（根据自己的喜好，选择一种形式完成）

形式一：仿写《你别问这是为了什么》。

形式二：选择具体的有代表含义的典型事物，自由创作。

6. 全班交流欣赏。

## 五、总结全课，应用迁移

1. 推荐歌曲《火柴天堂》。

2. 可否用同样的方式，为丑小鸭或小美人鱼写一首诗呢？

教师下水文：《你的眼睛》。

你有双温柔的眼睛，里面却藏深深的悲伤。

你看到了什么？

点着蜡烛的桌布，漂亮的圣诞树，还是只是，冰冷的墙？

我看到你的眼睛，在向往天堂。

（成都市抚琴小学　李欣）

## 第三课　化茧成蝶揭秘密

——《可爱的茧》教学设计B

　　《可爱的茧》讲述的是在一个阳光明媚的日子里，森林里某个僻静的角落，一只肥胖的绿色毛毛虫笨拙地推着茧在缓缓爬行，那个茧是它赖以栖身和蜕变的小家，是它实现化蝶飞翔梦想的平台。在光线最为良好的空地中央，它小心翼翼放好了茧，当然还要躲避各种天敌的攻击。当确认一切无误之后，毛毛虫准备钻进去。怎奈它实在太胖了，费尽力气也无法挤进去。就在此时，草丛中又出现了两只虫子。看着眼前这个笨笨的胖子，它们决定施以援手。在无人知晓的角落，三只虫子手忙脚乱，不得休息……整部影片想象力极为丰富，尤其是虫子们在帮助毛毛虫进茧与化蝶的过程中遇到的重重困难，以及它们克服困难的过程特别有趣，而虫子们那尽心尽职的帮助又是如此感人。更让我们出其不意的是影片的结尾，很值得让学生去讨论和思考人生的梦想与追求。

### 资源分析

《可爱的茧》一课的教学中，电影资源共运用三次。第一次用于了解毛毛虫化茧成蝶的过程（0′10″~ 2′41″），因为肥胖遇到了如何进茧的困难，头脑风暴你还有哪些好方法帮毛毛虫进茧？第二次聚焦进茧、挂茧和化蝶的过程（2′43″~ 5′05″），想象毛毛虫成功进茧后另外两只虫子的开心和兴奋，写写它们的语言和动作，想象两只虫子挂茧后的坚持与陪伴，为创编故事建立想象的支架。聚焦创编结局：如果你是这只毛毛虫，

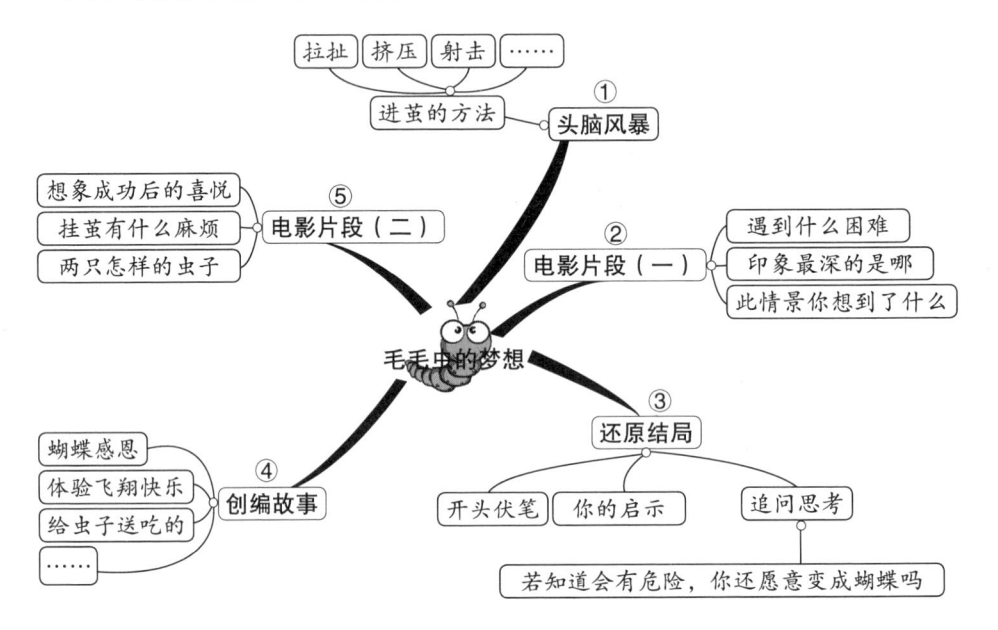

当你化为蝴蝶后最想做的是什么？激发继续创编故事的激情。第三次重在还原结局，了解伏笔手法的作用。使用电影片断（5'06"～6'00"）思考：这样的结局让你有什么想法？你发现其实在开头有一处已经为结局埋下伏笔——大鸟的叫声和影子。

## 教学目标

1. 观赏电影片段，了解毛毛虫为化茧成蝶的梦想所付出的努力，为创编故事建立支架。

2. 对如何帮助毛毛虫进茧的过程，以及成功进茧后另外两只虫子的喜悦和激动时的语言、动作等展开想象，创编故事结局。

3. 观看电影结局，讨论电影给自己带来的思考，了解"伏笔手法"在电影中的运用，感悟追求梦想的可贵。

☞ 适用年级：五年级

## 教学设计

### 一、播放电影片段一，说说进茧困难

1. 播放影片：毛毛虫进茧困难，两只虫子帮忙。

2. 讨论：影片中你印象最深的是哪里？（让人想到发胖的肚子怎么也穿不上牛仔裤的情景）

### 二、开展头脑风暴，想想最佳进茧方法

1. 你有什么好方法能帮助毛毛虫进入茧里？

2. 头脑风暴，填写思维导图，你觉得哪个办法最好？

3. 优选思路，小组合作，创编故事。

### 三、播放电影片段二，谈谈挂茧麻烦

1. 两只虫子使用的方法真有趣，想象它们帮助毛毛虫进茧成功之后的喜悦和兴奋。挂茧时又遇到了哪些麻烦？这两只虫子又是怎么做的？这是两只怎样的虫子？

2. 毛毛虫变为蝴蝶的瞬间如此惊艳，你发现了哪些特别美艳的细节？

### 四、感受化蝶过程，创编故事结局

1. 小组合作，如果让你做电影的导演和编剧，你会为故事设计一个怎样的结局？

2. 如果你是那只漂亮的蝴蝶，你此刻最想做的是什么？展开想象，编写故事片段。

（感恩两只虫子，背着它们飞越森林，让它们体验飞翔的快乐；寻找好吃的送给两只虫子……）

3. 小组合作汇报。

### 五、还原故事结局，讨论梦想与追求

1. 观看《可爱的茧》的最后结局，其实电影的开头已经为这个结局埋下了一处伏笔，大家能发现当中的一个细节吗？（前面大鸟的叫声和影子为后面大鸟抓走蝴蝶埋下伏笔）请思考：伏笔手法的运用有什么好处？

"伏笔"是文学创作中叙事的一种手法，就是上文看似无关紧要的事或者物，对下文将要出现的人物或事件预先做的某种提示或暗示，或者说是前文为后文情节埋伏的线索。好处是交代含蓄，使文章结构严密、紧凑，让读者看到下文时，不至于产生突兀、疑惑之感，有助于全文达到结构严谨、情节发展合理的效果。

2.如果一开始就知道变成蝴蝶后会被大鸟抓走,你还想变成蝴蝶吗?

3.这个电影给你带来怎么样的思考?

(1)一只毛毛虫都有着美丽的梦想,何况我们人呢?正如马云所说,梦想是要有的,万一实现了呢。

(2)人在取得成功后,不要得意忘形,否则容易受到伤害。

(3)追求梦想的过程本身就是最美的,哪怕那绚丽的精彩时刻只有一秒,我的追求亦是值得的。

(江苏省涟水县实验小学　陶会)

## 第四课　成长经历有波折

### ——《鹬》教学设计D

《鹬》(Piper)是《海底总动员2》的前贴短片，被评为第89届奥斯卡最佳动画短片。它讲述了一只小矶鹬在伙伴的帮助下，克服对海水的恐惧，学会觅食的故事。

它是一个成长故事。讲述了成长中，一个生命个体对未知事物的害怕、担忧、尝试、学习和成功后的欣喜。

这部影片，虽只有短短的6分钟，但却是皮克斯动画工厂在微距镜头下花费了三年时间制作出来的。短片生动、传神，将每个细节都刻画得淋漓尽致，特别适合观察、描摹式的写作。

### 资源分析

《鹬》一课的教学中，电影资源共运用三次，第一次展现的是影片开头

（0′27″～2′29″）与结尾（4′23″～5′55″），了解影片的大致内容，猜测鹬的成长经历。第二、三次展现的是影片的中间部分（2′30″～4′56″）。第二次观影重在感受鹬的成长经历，画折线图，为创想鹬"一波三折"的成长历程做铺垫。第三次观影重在细致观察，为学生写细节、完善创意提供帮扶。

### 教学目标

1. 一看微电影中间部分，画折线图，体会"一波三折"。

2. 二看影片中间部分，选图写细节，将成长的历程写清楚，并从中感悟到成长的过程中离不开朋友的帮助与自己的创新（勇敢）尝试。

☞ 适用年级：五年级

### 教学设计

#### 一、呈现开头与结尾，预测鹬的成长经历

1. 教师播放影片开头和结尾。问：大家看懂了什么？

（鹬由原来的怕海水变不怕了；由原来的想叫妈妈喂食变自己快乐地觅食）

2. 小结：鹬成长了。（板书：成长）

3. 猜测鹬成长中经历了什么。

（预测：遇高人指点；母亲的督促与帮助）

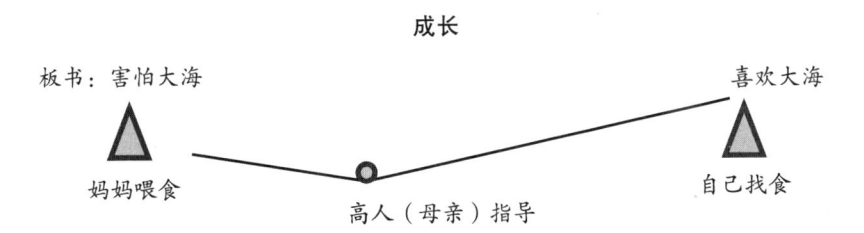

成长

板书：害怕大海　　　　　　　　　　喜欢大海

妈妈喂食　　高人（母亲）指导　　自己找食

4.补充板书（中间的折线），通过画折线的办法，清晰展现情节的发展变化。大家都很善良，巴不得鹬一经挫折、磨难就有人帮忙，然后一帆风顺地成长了。真的是这样吗？我们来看一下影片的中间部分。

## 二、画折线图，创想鹬"一波三折"的成长历程

1.观看影片中间部分，思考鹬的成长经历了哪几个过程？

2.画一画鹬的成长经历折线图。

（1）学生画折线图。

害怕大海　　　　　　　　　　　　　　　喜欢大海
　　饿极寻食　　　　　　水下美景
　　　　　　　　安然无恙
妈妈喂食　　遇见寄居蟹　　　　　　　　自己找食
　　　落荒而逃　　　　　躲入沙土
　　　　　担心寄居蟹

（2）从折线图中，我们可以很清晰地发现，成长的过程中都会经历曲折，哪怕是很小的一件事。它远比你们最初设想的要曲折。

3.脑洞大开，小组合作，设想一下鹬的成长还可能经历哪些曲折？

（每个小组自己创作情节折线图）

4.学生初步交流自己的创意。

5.小结：我们来理理咱们创意上的共同点。一是都会遇上挫折（困难）。遇到挫折后，一种是自己换个方式尝试就解决了；另一种是遇上贵人，在他人的帮助下解决了；还有一种，仔细观察别人的做法，学着解决了。二是遇上的困难有大有小。

## 三、写细节，完善创意

1. 二看电影中间部分，关注细节。

这部微电影之所以生动、传神，是因为它将鹬的心情变化——担心、着急、兴奋，通过动作、神态展现得淋漓尽致。如果我们想要自己的创意也像这部微电影一下让人喜欢，就请你展开想象，写清楚鹬在遇到困难、成功后等不同的心情，并能将心情变化通过动作、神态清楚地展现出来。

2. 六人小组合作，自选折线图中的一个点，展开想象，将细节写清楚。

3. 选1~2组汇报、讲述，连成鹬的创意成长经历。

## 四、总结与引导

1. 通过今天的创意写作，明白了：成长的过程中离不开朋友的帮助与自己的创新（勇敢）尝试。

2. 画一画成长的折线图，再将每一个部分展开写清楚，就能将一个人的成长故事写得让人喜欢看。

## 五、课后作业

写一个自己的成长小故事，要求先画画折线图，再将每一部分写清楚。下节课交流大家撰写的成长故事，看谁将过程展现得最清楚明白。

（杭州市下沙第一小学　陆麒娟）

## 第五课　转换角色写故事

### ——《夏洛的网》教学设计B

　　《夏洛的网》是一部真人与动画相结合的喜剧片，该片于2006年12月15日在美国上映。影片改编自美国作家E.B.怀特的小说《夏洛的网》，讲述了在朱克曼家的谷仓里，快乐地生活着一群动物，其中小猪威尔伯和蜘蛛夏洛建立了真挚的友谊。当听说威尔伯将要在圣诞节被做成熏肉火腿时，看似渺小的夏洛却说："我救你！"于是，夏洛用自己的丝在猪栏上织出了被人类视为奇迹的网络文字，彻底逆转了威尔伯的命运。但这时，夏洛的命运却走到了尽头……

### 资源分析

　　《夏洛的网》一课的教学中，电影资源共运用了两次。第一次使用四个电影画面（37′35″、43′58″、54′36″、72′50″），主要内容是：1.夏洛为威尔伯织了"王牌猪";2.夏洛为威尔伯织"了不起"(影片里是"超凡入圣");3.夏洛为威尔伯织"光彩照人";4.《最后一天》里夏洛奄奄一息时与威尔伯对话的片段。画面用于第一板块,回忆影片中最感人的场景。

第二次播放"《最后一天》里的片段"(72′50″~74′32″),用于第一板块"回忆场景,重温美好"这个环节,引出本次习作的内容。

### 教学目标

1. 回忆镜头,重温最感人的画面。

2. 欣赏例文,比较第一人称与第三人称的区别,并发现改写故事的要领,尝试运用第一人称的方法重构故事。

3. 在学生对故事的分享、评价后,继续寻找电影画面,延续写作。

☞ 适用年级:五年级

### 教学设计

#### 一、回忆场景,重温美好

1. 看完电影《夏洛的网》之后,同学们有没有久久不能平静?谁来说说,为什么呢?

2. 影片中,蜘蛛夏洛与小猪威尔伯真挚的友谊让人感动、高贵的品质让人敬佩。在你们的记忆里,影片中的哪个画面最感人?

3. 夏洛三次为威尔伯织网,还有《最后一天》里夏洛奄奄一息时与威尔伯对话的片段是同学们最念念不忘的,让我们来重温这些经典的画面。(出示四幅电影画面)

4. 在第四个画面中,夏洛与威尔伯的友谊升华到了极致。每一次观看

这个片段，总能触动我们的心弦。（播放视频）

5. 请大家说说，最能触动你的一个细节。

## 二、例文导航，发现方法

1. 如果我们用第一人称把刚才影片中的场景写成文字，会不会更为感人？第一人称写故事，究竟有什么优点呢？

2. 根据学生的回答，教师做梳理。用第一人称的写法有这些优点：

（1）便于抒发情感，给人真实、亲切的感觉。

（2）还可以进行心理活动的描写，更能够感染人。

3. 将故事改写成第一人称，哪些是要改的？哪些是不要改的？哪些是要增加的呢？

（人称要改，情节不改，心理活动可以增加）

4.《战马》一书讲述了一个男孩与一匹马之间非同寻常的友谊，他们被分离又相聚的跌宕起伏的命运，都是因为第一次世界大战。这本书特点之一就是用第一人称写的。教师找出其中的一个片段供学生读，这个片段讲战马得了破伤风，生命危在旦夕。

当天，我身上就绑上了吊带，整个身子悬空，吊带拴在屋梁上。马丁少校打开绷带查看伤口，洗净并烧灼。这之后，他每过几个小时就来查看。

大多数时候，当然是艾伯特和我待在一起，他把桶举到我嘴边，让我能喝上热乎乎的牛奶或粥。到了晚上，戴维和艾伯特肩并肩地睡在马厩角落里，轮流看护我。

对我来说，日子非常漫长，也很艰难。

在生病那段最黑暗的日子里，每天都有可能是我生命的终结日，只有艾伯特永远陪伴着我，我敢肯定，是他给了我活下去的勇气。他那么执着，那么坚信我会康复，这一切让我有了活下去的信心。我周围也都是朋友，戴维和其他护工、大嗓门中士，还有马丁少校，他们都给予我莫大的鼓舞。

我知道他们都竭尽全力地让我活下去，不过，我常自问，他们这样做是为了我，还是为了艾伯特？因为我知道他们非常敬重艾伯特。不过，想了很久以后，我觉得他们大概是喜欢我们俩，好像我俩是他们的兄弟。

5. 在这个片段里，"我"就是书中的战马。这个片段讲的是什么故事呢？有心理活动描写吗？哪些是心理活动描写？

6. 我们再看一遍《夏洛的网》（第二次播放视频），看的时候大家要注意观察细节，从细节中去推想人物的内心活动。

7. 大家说说怎么将视频改写成第一人称的故事？同桌讨论一下。

8. 根据学生的回答，教师做梳理：

（1）将"威尔伯"或"夏洛"改成"我"。

（2）主要的故事情节不需要改变。

（3）可以增加心理活动描写。

威尔伯：想夏洛对自己的好；想自己可以为夏洛做些什么……

夏洛：想认识威尔伯的好；想在生命的最后尽头如何帮助朋友……

## 三、自选角色，重构故事

1. 既可以站在小猪威尔伯的角度，也可以站在蜘蛛夏洛的角度，来写一写对方与自己的感情。

2. 学生动笔写，教师巡视指导。

## 四、分享故事，点评修改

1. 分别找一篇站在小猪威尔伯角度和站在蜘蛛夏洛角度的习作，在投影仪上分享。

2. 出示改写故事的三点要求：（1）人称要改；（2）情节不改；（3）心

理活动可以增加。

指名学生点评,教师协助点评。

3.小组合作,由组长负责,组内的同学互相点评彼此的习作。

4.针对点评,进行修改,二次反馈。

## 五、寻找片段,延续写作

影片中还有很多经典的、让人感动的片段,你们回忆下,然后锁定某一个场景,继续用第一人称的写法尝试重构故事。

(浙江省天台县外国语学校　陈柳娇)

## 第六课　侧面描写烘主题

——《摔跤吧！爸爸》教学设计A

　　《摔跤吧！爸爸》是由尼特什·提瓦瑞执导，由著名演员阿米尔·汗领衔主演的印度电影。电影根据真人真事改编，讲述了退役多年、曾梦想成为世界冠军的摔跤运动员马哈维亚把梦想寄托在女儿身上，并成功把她们培养成世界冠军的励志故事。这是一部让印度观众在国歌响起时，全体自发起立，以独特的感动方式向女孩、向这个家庭致敬的电影。该影片于2016年12月23日在印度上映、2017年5月5日在中国上映，12.95亿（中国）的总票房打破了印度电影票房纪录。主题曲《Haanikaarak Bapu》（坏蛋爸爸）、片尾曲《Dangal》（雄心壮志）极具印度特色，为电影增添感染力和魔力。

### 资源分析

　　本课教学中，电影资源共运用了三次。第一、二板块播放同一个电影片段（50′28″～53′24″），主要讲了吉塔跟着爸爸来到邻近村庄参加摔跤比赛。她选择了最强的对手杰西，在场的人并不看好她。吉塔用实力与对手打得不分胜负，虽然输了比赛，但她的精彩表现令她获得了比胜利者更多的掌声和奖金。第一次播放，了解主要内容；再次播放，分解印象场景，寻找侧面描写镜头。第二个电影剪辑片段（140′09″～140′56″+142′01″～144′50″），用于"头脑风暴，猜写决赛场面"之后的现场还原，对照补充。三次播放电影片段，聚焦侧面描写，前两次是"学"，后一次是"创"。

## 教学目标

1.通过观看电影中摔跤比赛片段，感受比赛场面中侧面烘托的妙处，学习将电影中的侧面表现手法转化为书面表达。

2.由学到用，通过头脑风暴，猜写决赛场面，巩固比赛场面"侧面描写"手法。

3.提炼写法，由电影转向生活，迁移运用。

☞ 适用年级：五年级

## 教学设计

### 一、电影入课，概括主要内容

1.播放电影片段，了解内容。

2.这段视频很精彩，说说这个场面主要讲了什么？简洁描述。

3.互动，师小结：吉塔跟着爸爸来到邻近村庄参加摔跤比赛。她从四名选手中选择了本届冠军杰西，在场的人不看好她，为她捏了把汗。吉塔用实力和勇气与对方打得难分胜负，虽然因力量不足被杰西压倒，输了比赛，但她的精彩表现令她获得了比胜利者更多的掌声和奖金，也增强了吉塔继续战斗的信心。

## 二、再观视频，分解印象场景

1. 影片中哪些镜头特别精彩，让你留下深刻印象呢？

2. 再观视频。提示：既要关注吉塔摔跤的镜头，又要关注其他人的镜头，比如爸爸、观众、妹妹等。

3. 交流，分解印象场景。

（1）正面描写吉塔的关键画面。

（2）侧面描写他人的特写镜头。

其他人表现（侧面描写）
- 观众：特写、全景
- 爸爸：表情、动作、语言
- 妹妹
- ……

印象场景

吉塔摔跤（正面描写）
- 三个回合
- 关键动作
- 表情神态

## 三、借助片段，添加侧面描写

1. 我们来看看，在吉塔与杰西摔跤的镜头之外，其他人有怎样的表现呢？

2. 互动交流。

爸爸：从容不迫、目不转睛

二女儿和侄子：时而欢呼、时而紧张

观众、裁判：轻言薄语、不看好

"你怎么看，她能坚持几秒钟？"

"马特，可能你还没看清楚她就倒下了。"

"你将失去女儿，现在还有时间可以阻止，否则她会被担架抬下来。"

"小心点，她是个女孩……"

3. 出示正面描写片段，寻找合适的写作点，添加侧面描写。提示：注意抓住不同人物的神情、动作、语言，采用特写+全景的手法。

比赛开始，吉塔就灵活避开杰西的进攻，并趁其轻敌之际抓住机会将其推倒在地。杰西显然有些发怒了，第二回合，他凶猛反击，吉塔小心应战。杰西找准机会，把吉塔重重摔倒。他死死地摁住吉塔，她用尽全力想要逆转，但仍然动弹不得。正当大家以为吉塔回天无力之时，她抽身一个漂亮的翻转，走出困局，现场观众惊叹不已！两人势均力敌，胜负难分。

4. 交流，评价。

## 四、头脑风暴，猜写决赛场面

1. 然而，吉塔的摔跤之路并不平坦，屡遭失败之后，她迎来了最重要的一场比赛。最终能否获得爸爸和她梦寐以求的世界冠军呢？

2. 头脑风暴：吉塔 VS 安吉丽娜

（1）提示：安吉丽娜曾两次击败吉塔，此时爸爸被反锁在储物间心急如焚，比赛异常紧张，全场沸腾……吉塔的这场比赛注定是一场激战。

（2）猜写决赛的激烈场面，丰富侧面描写。

（3）播放视频，还原比赛现场，领悟表现手法，修改片段。

## 五、关注生活，迁移运用写法

生活中，我们参加过比赛，观看过比赛。以后再写比赛场面的时候，用上今天所学的方法，你笔下的比赛就更精彩了。

（江苏淮阴师范学院附属小学　丁素芬）

# 第七课　内心世界亦波澜

## ——《摔跤吧！爸爸》教学设计B

（电影讯息同《侧面描写烘主题》教学设计A）

### 资源分析

《内心世界亦波澜》一课的教学中，电影资源分别运用于第二、三、四板块中。其中，二三两个板块系同一个剪辑片段（141′50″~144′18″）。主要内容是：国际运动会的摔跤决赛场上，离比赛结束还有22秒，吉塔落后对手四分，扭转局势几乎不可能。而此刻，爸爸不能到现场。她想起爸爸的教导，冷静地分析，最终反败为胜，获得世界冠军。第一次播放，体会当时的紧张情境，初步感受人物心理语言；第二次播放，引导观察人物眼神、表情、肢体动作等细节，走进人物内心，尝试补白。第四板块播放第二个电影片段（145′42″~147′08″无声），蒙太奇手法，多镜头切换，由写独白走向写内心对白。

### 教学目标

1.通过微表情解读与勾勒情节图，了解整部电影的叙事曲线及表达的主题，为读懂人物心理做内容和情感上的铺垫。

2.通过观看剪切的微电影片段，引导学生从表情、眼神、肢体动作等非语言细节揣摩人物内心复杂活动，关联电影前后情节、借助歌词独白深入内心，学会表达心理语言。

☞ 适用年级：五年级

🎬 教学设计

### 一、定格微表情，勾勒情节曲线

1. 出示电影截图，表情测试：仔细观察这几幅图，你能读懂人物此时的内心世界吗？从哪里读出来的？

2. 读懂人物的表情、动作等非语言细节，就能知道这个人心里在想什么，真的很神奇！这是一个了不起的本领，叫"读心术"。

3. 这几幅图，是从这部电影中精心挑选的。老师为什么选这四幅图呢？看过这部电影的同学，谁来说说这些图所代表的关键事件？

4. 连接情节曲线。（插入曲线图）

走出村庄　全国冠军　　　　　　　　世界冠军

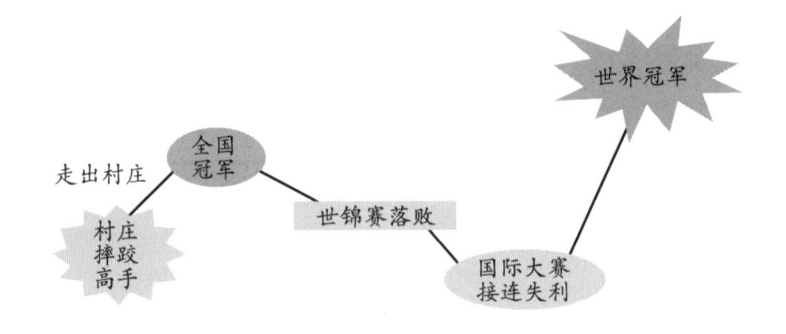

村庄摔跤高手　　　世锦赛落败　　国际大赛接连失利

## 二、切入微视频，初感人的心理

1.电影中，最后一场决赛一波三折，惊心动魄。吉塔的教练帕尔马德让工作人员把马哈维亚（爸爸）带到体育馆楼下的储物间，将门反锁。女儿正在进行一场最重要的比赛，他却被锁在黑暗的房间里。而此时，女儿发现爸爸不在观众席……

2.观看电影片段一。这样的画面要变成文字，最好的办法是什么？（写出内心独白）

3.爸爸和吉塔那一刻的心情是怎样的？你能不能听到他们内心的声音，说一说。（交流中，学生板书表示心情的词，形成词串）

## 三、再播微视频，学习心理补白

1.支架一：捕捉心理外衣。

"读心术"，有一个本领很厉害——捕捉心理外衣，你能捕捉到哪些心理外衣呢？

2.再观视频，细读人物的眼神、表情、动作等，揣摩人物的心理语言。

眼神特写　细微表情　肢体动作　……　→　心理语言

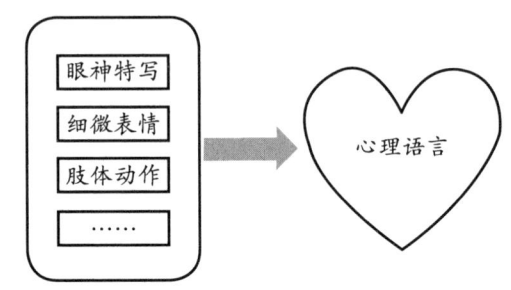

3.选择一个角色（爸爸或

吉塔），写下人物内心的独白。

4.交流提升、修改完善。

支架二：联想话语＋借助歌词。

（1）联想爸爸曾经说过的话：

○不要忘记，你是怎么一步步走到今天的。

○记住，爸爸不能时刻保护你，爸爸只教你如何战斗，最后你要战胜自己的恐惧！

○你的胜利不是你一个人的，是所有不愿意面对锅碗瓢盆的女孩子的榜样。

○你们的爸爸在跟全世界对抗，就是为了你们的未来。

○不要给对手任何机会，对手也不会给你任何机会。

○你还没有输……

（2）播一段电影插曲，倾听内心的声音：

我在此处停留，只为做最强者。

没有人能够动摇你坚如磐石的梦想。

不用理会那些闲言碎语轻蔑张狂，

且让他们嚣张，有时沉默才是力量。

在不远的未来你会证明谁是真正的王。

……

（3）根据以上提示，修改、丰满心理描写片段。

（4）请学生以自言自语的方式现场表演片段，相互评价。

## 四、双镜头切换，尝试人物对白

1. 播放电影片段二，感受吉塔和爸爸内心情感的波涛。

2. 你能读出他们内心的声音吗？同桌合作，试一试对白。

3. 邀请两组同学为电影片段配音。

## 五、总结与拓展，关注心理语言

今天我们学习了"读心术"，读电影中人物的心理语言。把内心的声音写成文字，是一件很有意思的事情。

"课后作业超市"：（二选一）

1. 观看第 80 届奥斯卡最佳动画短片《彼得与狼》，重点关注片段 4′40″~6′03″，试写彼得当时的心理活动。

2. 生活中的某时某地，你捕捉过某人的心理外衣吗？写一段他内心的声音。

（江苏淮阴师范学院附属小学　丁素芬）

# 第八课　对比刻画凸形象

## ——《另一只鞋子》教学设计

影片开篇镜头是一双脚，一只坏了的夹脚拖鞋。小男孩在街角反复捣鼓坏掉的拖鞋。

他抬头看到另一双脚，崭新的皮鞋，也许主人太宝贝自己的鞋子，每走一步都忍不住低头把它擦擦。火车要开了，匆忙上车的小主人不小心掉了一只鞋子——崭新的鞋子。小男孩捡起了鞋，他第一次亲手触碰这样的新鞋。当他双手拿起鞋子时，神情庄重严肃，仿佛捧着一个重要的宝藏。打量着鞋子，他微微摇了摇头，看了看已经开动的火车，抿了抿嘴，毅然跑了出去，光着一只脚去追火车，直到筋疲力尽，他还想着将鞋子扔出去试试。可是，鞋子最终掉在地上，没能被火车上的小主人接到，男孩沮丧得直跺脚。火车上焦急等着自己鞋子的小主人看到这里，却抬起自己的另一只脚，将崭新的皮鞋脱了，扔下火车，然后微笑着跟小男孩挥手……

## 资源分析

《另一只鞋子》一课的教学中，电影资源共运用两次。两次都是使用剪辑片段4分钟左右，主要内容是：穷孩子提着坏掉的鞋坐在街角，看见一个男孩上车时掉了一只非常漂亮的皮鞋，他奋力追赶，无果。最后，男孩将脚上的另一只皮鞋扔向了站台。视频片段分别用于第一板块"影片入课，关注人物"和第三板块"探究主题，碰撞美好"两个环节。第一次观影，让学生交流观影初印象，梳理故事情节；第二次观看则引导学生重温故事情节，碰撞影片主题。

## 教学目标

1. 借助主要画面，了解电影情节。

2. 关注影片多处对比细节，用对比法进行人物刻画描写。

3. 探究影片中隐喻的美好。

☞ 适用年级：五年级

## 教学设计

### 一、影片入课，关注人物

1. 观看影片，聊聊你记住了一些什么镜头。

2. 其实呀，将大家记住的某些镜头，按照顺序简单串起来，就是故事的梗概。（指名梳理故事情节）

3. 刚才，大家聊到的镜头中，一直都缺不了故事的主角——两个孩子。这节课，我们就来将镜头推近，走近这两个孩子的内心世界，去看看这个在这两个孩子身上发生的、只有几分钟的故事，何以能感动全球不同种族、不同文化的人群，且获得了埃及卢克索电影奖。

## 二、对比刻画，凸显内心

1. 同学们，若要关注人物，对其进行人物刻画，我们可以从哪些方面入手？（外貌、神态、动作、心理活动……）

2. 选择令你印象最深的一个镜头，分组对人物分别进行刻画描写。（课件提示：进行人物描写时，请不要忘了彼此的鞋）

3. 小组进行汇报，师生进行关键词提炼，板书在黑板上。（例如：穷孩子：贫穷、羡慕、善良……；富孩子：讲究、喜爱、善良……）

4. 修改：围绕提炼的关键词，用文字还原画面。（教师出示范文，引导学生如何还原细节）

5. 自我修改—小组分享—全班赏评。

## 三、探究主题，碰撞美好

1. 那么，在你们这些人物刻画描写对比中，你发现这两个孩子有没有交集？（有，他们都是善良的孩子）

2. 你觉得这个短片打动人的究竟是什么？（两个孩子美好的心灵）影片要表达的主题是什么？（课件：当善良遇上善良就会盛开最美的花）

3. 观看影片，重温故事，感受人性的善良。

4. 如果你在现场目击这一切，你想分别问这两个孩子什么问题？

5. 我们在前面的人物刻画中走近了纯朴、善良的童心，谁能替你笔下的孩子回答目击者的疑问?

（如果不是我的,我会把我得到的还给你;即使非常需要,不是我的,我也会拼尽全力地归还……）

6.一句话结课:一种爱,"舍"与"得"间悄然流淌;一双鞋,两颗最纯美的童心激烈碰撞。

（湖南省湘潭市岳塘区湘钢二校　钟海红）

# 第九课　迷你影评真迷你
## ——《老人与海》教学设计

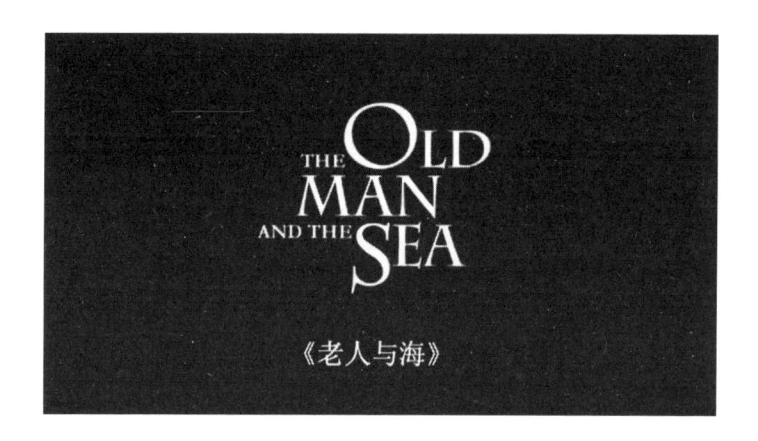

本片重现了海明威著名小说《老人与海》的精彩情节。圣地亚哥是一位经验丰富的老渔夫，一连84天都没有钓到鱼，但他不认输，独自出海，终于在第85天钓到了一条大马林鱼。经过两天两夜的缠斗之后，他终于用鱼枪刺死了它。在返航的途中，鲨鱼围攻，胁迫圣地亚哥放弃到手的大鱼，但老渔夫并没有示弱，顽强搏斗，到最后只拖回一副鱼骨架。

本片由俄罗斯动画导演亚历山大·佩特洛夫执导，通过定格动画的形式以令人惊讶的流畅性荣获第72届奥斯卡最佳动画短片奖。

### 资源分析

此课的教学中，电影资源共运用两次。第一次使用一个剪辑片段（4′13″~5′12″+6′22″~9′33″+14′04″~15′57″+18′05″~18′15″），

通过剪辑组合的方式呈现这部影片的主要内容：经验丰富但已是风烛残年的老渔夫圣地亚哥在一连84天都没有钓到鱼后，只身外出，终于捕到了一条大鱼，经过两天两夜的缠斗，杀死了它。返航时，只能看到一副鱼骨架。第二次使用的也是剪辑的片段（16′27″~17′57″+18′05″~18′59″），主要内容是圣地亚哥与鲨鱼激烈搏斗，返航后，和马洛林进行交谈。两次剪辑片段主要用于第一板块"观看影片，把握内容"和第四板块"迷你影评，回归主题"两个环节。第一次交流看明白了什么。第二次是对之前学生想象表达的回应，也为进行一句话影评创作做情感铺垫，以此深化主题。

### 教学目标

1. 书影互文，借助主要画面，初步把握微影片主要内容。

2. 在观影片、读名著中，感受影片和名著的特色，学习用定格画面的方式把一个场景写具体。

3. 在观、读、思、议、写中，获得初步的情感体验，尝试写迷你影评，感受老人乐观积极的人生态度。

☞ 适用年级：五年级

## 教学设计

### 一、观看影片，把握内容

1. 谈话引入。

2. 观看影片片段一。

3. 交流：你看明白了什么？

### 二、名著引路，初学表达

1. 捕鱼中的哪些画面给你留下了深刻的印象？

2. 定格画面，简洁描述。

（1）学生自由表达，教师适时出示精彩画面。

（2）学生描述。

3. 名著引路，学习表达。

（1）师定格老人与鱼决斗的画面。出示名著片段，师生合作朗读，初步感受文本奥妙。

老人抛下钓索，用脚踩住它，把鱼枪举得尽可能高，浑身不知道哪来的力气，猛地扎进鱼身，就扎在那竖在空中、和老人的胸膛齐高的大胸鳍后面。他感到铁枪头刺进去了，于是身体前倾，把它扎得更深，再用全身的力量拼命往下压。

那鱼立刻扑腾起来，死到临头的它高高地跃出水面，全身都露出来了，显得非常雄壮和美丽。它似乎悬浮在老人和小船的上空，随即掉进水里，溅起的海水泼了老人满身，把整条小船都泼湿了。

老人感到头晕又想吐，眼睛也看不清楚。但他理顺了连着鱼枪的细绳，让它从血肉模糊的双手间溜出去，等到能看清东西时，他发现那鱼仰卧着，银色的肚皮浮在水面。鱼枪的柄从那鱼的肩部斜斜地伸出，海水被从它心脏流出的鲜血染红了。

（2）发现名著表达特点。

通过老人和鱼的定格描写，生动地再现了当时的激烈情景。

## 三、想象补白，习得方法

1.抓住留白，呈现返航画面，创设情境：

圣地亚哥返航时，只剩下了一副鱼骨架，到底发生了什么呢？请你以编剧的身份，联系当时的环境和自己的知识经验，大胆想象，写下来。

2.头脑风暴：究竟发生了什么事？

3.学生选择一个片段，把钓鱼过程中遇到的事情，定格画面写具体。注意关注：

（1）老人的表现；（2）袭击者的表现；（3）用上绳索、鱼枪等工具。

4.全班交流。

5.小结方法：把场面分成若干个镜头，一个镜头一个镜头地叙述，让每一个场面都像一幅画。

## 四、迷你影评，回归主题

1.播放微电影片段二。

2.一句话影评。可以站在观影者的角度，也可以是小男孩马洛林的角度，还可以是旁观者的角度。

3.分享一句话影评。

4.出示：一个人可以被毁灭，但不可以被打败。

5.推荐阅读《老人与海》，并看一遍完整的电影，写一篇观后感。

（重庆两江新区金山小学　彭建）

六年级

# 第一课　小小昆虫有奇遇

——《昆虫总动员》教学设计

　　《昆虫总动员》是讲述丛林中一只瓢虫破卵而出闯天涯的故事。它学飞遭红头苍蝇欺负，坠崖昏迷；为避雨躲进饼干箱；惊走食蚁兽，结交黑蚂蚁；遇红蚂蚁抢食，不幸落水，最终鱼口逃生；红黑蚂蚁大战中，为黑蚂蚁搬来火柴，拯救濒临灭亡的黑蚂蚁……整部影片想象力极为丰富，虽然没有对白，但以3D形式呈现出昆虫王国的微观世界，适合让学生透过影片，从昆虫的视角，走进昆虫那片不为人知的奇妙世界。

## 资源分析

　　人教版《语文》六年级上册有篇课文《草虫的村落》，单元习作有一要求：把自己想象成大自然中的一员，想想它们在大自然中是怎么生活或变化的，想象它们眼中的世界是什么样子的。这对六年级的孩子来说是一种全新的视角。故而，依托电影《昆虫总动员》让学生走进神奇的昆虫世界是一条很好的途径。

《昆虫总动员》一课的教学中，电影资源共运用三次，第一次用三个片段组合 6′09″（4′41″～5′45″+16′42″～18′58″+26′05″～28′54″），交流影片中的昆虫给人带来的新奇感受；第二次聚焦遇险片段（26′05″～28′54″），注意观察故事中通过智慧或巧合化解危机的地方，为创编故事建立想象的支架。第三次聚焦战争片段（47′12″～53′42″），激发继续创编故事的激情。

### 教学目标

1. 填写思维导图，梳理"遇险"中的智慧与巧合，为创编故事建立支架。
2. 小组合作，能运用"智慧与巧合"策略，合理创编"奇遇记"。
3. 通过观看电影、创编故事，发现创作的美好，感受昆虫世界的奇妙。

☞ 适用年级：六年级

### 教学设计

#### 一、播放三个电影片段，说说昆虫印象

1. 播放三个电影片段：学飞、智救黑蚂蚁、遇险。
2. 说说：影片中的昆虫带给你怎样新奇的感受？
3. 教师模拟《动物世界》给"智救黑蚂蚁"片段配音。

#### 二、开展头脑风暴，填写思维导图

1. 展开想象，若你就是故事中的小瓢虫或是黑蚂蚁，飞瀑之中，将如何逃过此劫难？

2. 作为小瓢虫或黑蚂蚁的你还会碰到哪些惊险、有趣或倒霉的事？它和你的天敌、朋友、强项有关吗？

3. 小组合作，选一件事填入思维导图。

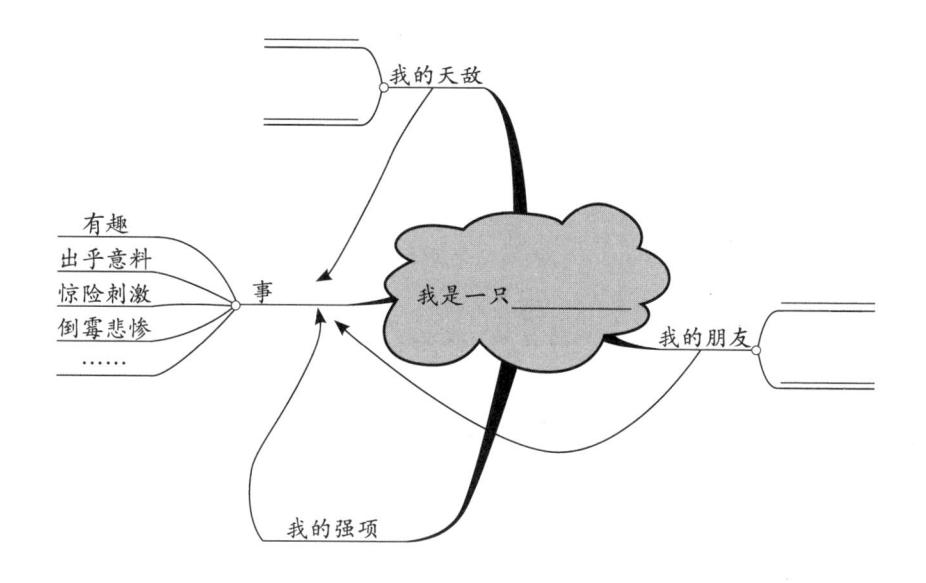

```
                我的天敌

有趣
出乎意料
惊险刺激    事    我是一只_____
倒霉悲惨                              我的朋友
……

                我的强项
```

## 三、二看遇险片段，梳理"奇遇"中的智慧与巧合

1. 小瓢虫遇险得救，有时候凭的是智慧，有时候凭的就是运气。大家仔细看，你认为故事中哪些地方凭的是智慧、哪些地方是巧合。

智慧：红黑蚂蚁齐心协力过急流，避免撞击水中的石块。黑蚂蚁咬成一线抢救落水的瓢虫。

巧合：鱼口逃生，落水昏迷的瓢虫无意识地随波而行，离后面追杀而来的鱼嘴仅一毫米的距离，却有惊无险地避过了，而鱼却用力过猛，吃了一嘴的泥。

2. 像这样，在故事中既能展现智慧，又能合情合理地展现巧合、巧遇的，我们称为"奇遇记"，也可称为"历险记"。

## 四、小组合作，创编"奇遇记"

1. 小组合作，给刚才选定的事情画情节折线图（电影课《鹬》中已学过），写下可能发生的巧合与化解危机的智慧。例如：

我是一只小蚂蚁——寻食

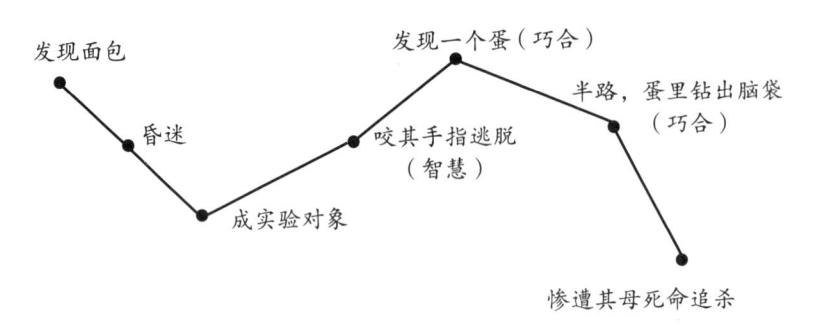

情节折线图：
- 发现面包
- 昏迷
- 成实验对象
- 咬其手指逃脱（智慧）
- 发现一个蛋（巧合）
- 半路，蛋里钻出脑袋（巧合）
- 惨遭其母死命追杀

2. 小组成员自选 1~2 个情节折线上的点，展开想象，编写故事片段。

（写作之前，屏幕出示"智救黑蚂蚁"片段，作为写作支架）

3. 小组合作汇报。（抽两组，可讲述，可表演展示）

## 五、三看战争片段，激发创作激情，组团写作

1. 欣赏《昆虫总动员》中的战争片段，激发学生更多想象：在这个片段中我们依然能感受到智慧、巧合等情节处理的巧妙之处。

2. 昆虫的世界是那样的精彩无限，回家后可观看电影《昆虫总动员》完整版。

3. 有兴趣的同学可以将刚才大伙儿创编的故事连起来，再进行修改整理，就是一篇短篇小说。也可以依照今天学习的方法，几个人组成一个写作团队，继续创编，你也能写出一部小说——《昆虫奇遇记》。这叫抱团取暖，其力无穷。

（杭州市下沙第一小学　陆麒娟）

# 第二课　对比象征学问大

## ——《辛德勒的名单》教学设计

　　《辛德勒的名单》根据澳大利亚小说家托马斯·肯尼利所著的《辛德勒名单》改编而成。是1993年由史蒂文·斯皮尔伯格导演的一部电影。影片再现了德国企业家奥斯卡·辛德勒与其夫人埃米莉·辛德勒在第二次世界大战期间倾家荡产保护了1200余名犹太人免遭法西斯杀害的真实历史事件。该片包揽了第66届奥斯卡金像奖的七个奖项及第51届金球奖的三项大奖。

　　《辛德勒的名单》思想的严肃性和非凡的艺术表现气质达到了几乎令人难以超越的深度。那个穿红衣的小女孩，辛德勒每一次对她的注视，都更坚定了信念。她象征着无辜而脆弱的生命，象征着战胜邪恶的勇气与力量，也是影片中唯一的色彩。

## 资源分析

在本课的教学中，电影资源共运用三次，第一次借助《辛德勒的名单》的简介片的 0′03″～4′04″，让学生了解影片的时代背景和主要内容。第二次和第三次播放《辛德勒的名单》影片，即辛德勒看见穿着红色外套的小姑娘的两次特写镜头。在第二环节中对比赏析中，播放电影片段 69′01″～70′37″，一个穿着红色裙子的小姑娘穿梭在克拉科夫大屠杀的炮火中，周围充斥着哭泣、惨叫、屠杀，她的安静和柔弱如此刺眼，震撼了站在远处山坡上的辛德勒的眼睛和心灵，此处带学生体会对比的表现手法；在第三环节学习创作中，播放电影片段 133′03″～134′30″，在屠杀中死去了的成千上万犹太人被焚烧，一辆运尸车由远及近，车上死去的小姑娘再次刺痛了辛德勒，辛德勒由此走上最终的救赎之路。指导学生理解小姑娘在影片中的象征意义，为学生在诗歌创写环节中学会用特定意象表达象征做铺垫。

## 教学目标

1. 善于欣赏并初步学会通过色彩对比、情节对比的方式强调主题。
2. 体会艺术表现形式中象征手法的作用与价值。

☞ 适用年级：六年级

## 教学设计

### 一、再读课文，进入情境

1. 今天是 9 月 21 日——国际和平日，还记得我们曾经学过的课文吗？让我们一起大声宣告：

我们全世界的儿童，向世界宣告：

未来的世界，应该和平。

我们要一个没有战争和武器的星球，

我们要消灭破坏和疾病。

我们再也不要仇恨和饥饿，

我们再也不要无家可归的事情发生。

我们将共享大地给予我们的足够食品，

我们将保卫天空中美丽的彩虹。

我们将保护我们的生命之源，

我们将让河水永远洁净。

我们要共同游戏，共同欢笑，

互相学习，一起探索，

努力提高大家的生活水平。

我们为了和平，

为现在的和平，永久的和平，大家的和平。

让世界上的成年人和我们一起。

丢掉恐惧和悲伤，抓住欢笑和幻想，

世界就一定和平。

——选自北师大版《语文》第五册《儿童和平条约》

2. 最近请大家回去看了描写战争的影片《辛德勒的名单》，有没有同学愿意介绍下你对影片的了解或者影片中令你印象最深的地方。

3. 借助电影镜头，走进历史。

学生简述后，教师播放《辛德勒的名单》的简介片，让学生了解电影的背景和影片中一些含义深刻的地方。

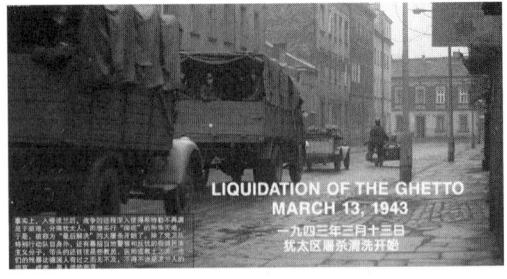

## 二、影片链接，共同赏析

1. 教师播放辛德勒第一次看到红衣小姑娘的片段。

2. 在这个片段中，哪些形成了鲜明的对比？

（1）特写：辛德勒震惊、同情的眼神 VS 远景：纳粹士兵冷酷、残忍的屠杀。

（2）阳光下山顶的美丽、自然 VS 炮火中街道的灰暗、混乱。

（3）小姑娘红色的大衣 VS 黑白的一切。

（4）小姑娘镇定的样子 VS 周围人的奔逃、惨叫。

……

3. 你有没有注意到这个片段中特别的地方？

（小姑娘最终躲入床底下，她的身体进入黑暗，画面的色彩消失了）

4. 交流对这一段影片自己的理解。

5. 播放小姑娘出现在运尸车的一幕。这里同样出现了辛德勒面部神态的特写镜头，你能感觉到他此时是什么心情吗？

## 三、解析表现手法，学习创作

1. 对比常常产生强烈的冲击，产生震撼的效果；而象征，则是艺术作品中最常见的表达方式。

2. 分析红衣小姑娘在影片中的象征意义。（希望、美好）

3. 播放电影中红衣小姑娘第二次出现的镜头。（她被装在运尸车上，衣服失去颜色，辛德勒看到这一切，露出难以掩饰的痛苦表情）

4. 再读诗歌《儿童和平条约》。体会其中的对比和象征。

对比：我们要……我们不要……

象征：天空中美丽的彩虹……洁净的河水……

5. 试着用对比和象征的方式续写《儿童和平条约》或创作和战争相关的诗歌。

（1）出示战争与和平的对比画面。

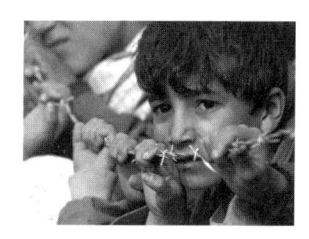

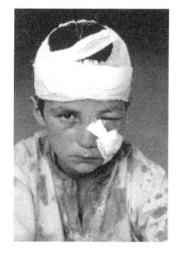

你从这些画面中，看到了哪些对比？

明亮的笑容 VS 悲伤的哭泣；

干净整洁 VS 肮脏破烂；

自信阳光 VS 恐惧害怕；

宁静和谐的傍晚 VS 硝烟弥漫的早晨；

……

（2）教师展示下水文：

洁白的鸽子在天空飞翔，

鲜血却流淌在地上。

手上握着的小花向着太阳，

笑容却已经凝固在嘴旁。

世界本因你们如此明亮，

世界却因你们永远悲伤。

——《致在屠杀中死去的孩子》

（3）你可以找出老师这首诗中形成对比的事物吗？

（4）续写或根据画面试着创作诗歌。

## 四、拓展延伸，总结全课

1. 推荐电影《钢琴师》《偷书贼》《穿条纹睡衣的男孩》以及绘本《铁丝网上的小花》等经典作品。

2. 思考：在这些作品中，哪些是具有象征意义的事物？它们象征着什么？

（成都市抚琴小学　李欣）

# 第三课　我也能当大编剧

## ——《熊的故事》教学设计

《熊的故事》荣获第 88 届奥斯卡最佳动画短片奖。它讲述了老熊在繁忙的街角支起一个小小的木头剧场，只需一枚硬币，老熊就会播放木偶剧。透过剧场的窥视孔，我们看到了一头熊被马戏团所掳，不得不参加杂耍表演，后终于逃离马戏团，回到他的家人身边。

整部影片叙事的角度很新颖，木偶剧中熊的经历实则就是老熊的亲身经历，两者通过怀表中的照片合成一个整体。木偶剧里的熊是团聚了，可现实生活中的熊却是妻离子散，好不凄凉！

联系创作背景，本影片影射着一个家族悲剧，是匹诺切特独裁当政时期智利无数家庭悲欢离合的一个缩影。它讲述着无法愈合的伤痛，对亲情的无限思念。

## 资源分析

《熊的故事》一课的教学中，电影资源共运用三次，第一次用剪辑组合5′29″(0′51″~1′52″+2′11″~2′30″+2′50″~3′20″+3′29″~4′02″+4′23″~4′45″+4′59″~5′13″+5′43″~5′53″+6′06″~6′19″+6′34″~7′51″+8′24″~8′46″+8′55″~8′58″+9′17″~9′30″)，交流看明白什么，了解故事内容；第二次用剪辑组合（0′51″~2′49″+9′18″~9′29″），聚焦熊的表情、动作，体察里面隐含着对妻儿的深爱；第三次用剪辑组合（2′11″~2′30″+2′50″~3′20″+3′29″~4′02″+8′12″~8′46″+8′55″~8′58″+9′17″~9′30″），学习影片倒叙的叙事方法。

## 教学目标

1. 通过围绕"找寻"，提问、筛选回答、创编故事的方法对电影进行补白。

2. 学习影片倒叙的叙事方法，将新创编的故事换个叙述顺序，讲得更精彩。

3. 在观看影片、创编补白、讲述新编故事中，感受熊对亲人的思念与苦苦找寻。

☞ 适用年级：六年级

## 教学设计

### 一、电影入课，看明白了什么？

看完整故事情节的电影：哪些是你能看明白的？

（1）影片看似讲述了两块内容，一个是木偶剧里的熊，一个现实生活中的熊。实则讲的是一件事。

（2）你是从哪个细节中看明白的？（怀表中的照片、墙上的照片）

## 二、梳理创编故事的提纲

1.将两块内容合成一件事，你会发现事情的起因是熊被掳到马戏团，经过是从马戏团逃回家、发现妻儿不知去向，结局是做木偶剧找寻。但最终有没有团聚，影片中没有告诉我们，我们可以通过猜想，来给电影补白。

2.头脑风暴：围绕"找寻"补白，你会提哪些问题：何地找寻，遇到何人，发生何事，遇到什么危险（困难），结果怎样。

3.每人四张贴纸，写下2~3个问题答案。

4.筛选答案，贴在圆环图扇形区域内，注意安排一下顺序。

问题才四个，空格却有八个，哪部分需要展开来？（事情）答案不够的，小组成员一起讨论，将它补充完整。

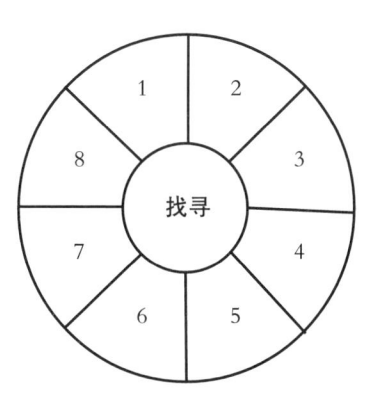

## 三、创编故事

1.看现实生活部分的电影：留心熊的表情、动作，里面隐含着对妻儿深深的爱。

2.各小组每位同学自选两个内容写下来。写的时候，注意写好熊的神情、动作和内心活动。

## 四、创编故事交流

1.请一组同学四人合作，讲述他们自己写的故事。（可讲述，可表演与讲述相结合）

2.故事编得好,还需讲得好。这个好,不但包括刚才这组同学做到的——讲得生动，演得精彩之外，还可以有另一种方法。

3.播放电影简略版（含头、中、尾），大家看电影在给我们讲述这个故事时，顺序是怎样的？将故事的结局放在开头、结尾，中间展现事情的起因与经过，这样的安排更吸引观众。

4.组内交流，在贴纸上标注新的讲述顺序，注意前后衔接，将创编的故事讲得更精彩。

5.再请1~2组同学四人合作，上台讲述改变顺序后的故事内容。（可讲述，可表演与讲述相结合）

## 五、揭示主旨

同学们都给了熊美好的祝福，故事中的结局都是那么幸福美满。哪怕有不如意的，熊也让我转告大家它的心声：

永远记得曾经的幸福与温馨。也正因为这一点温暖，我将积极地找寻下去，期待重逢的那一天。

——熊

（杭州市下沙第一小学　陆麒娟）

## 第四课　微影脚本我来写

### ——《风》教学设计

　　《风》是一部非常风趣的动画短片。短片通过一个个画面，展示了风给我们带来的奇思妙想。借着风，妈妈可以把哭闹的孩子当成风筝放上天；有了风的帮助，理发师剪起头发来也方便多了；连洗澡都在风的帮助下变得方便多了。这是成都国际短片展的参展短片，来自德国，全片没有任何语言，简单的线条和画面，充满了吸引力。

### 资源分析

　　《风》篇幅短小，时长仅有3′49″。全片展示了由风产生的奇思妙想，虽然短小，但也有波折。当风突然停止时，人们的生活突然发生了改变，没法剪头，也没法洗澡。等到风继续吹起，生活才又恢复了常态。影片不做截取，第一次整片运用在环节二，由欣赏短片，了解风给生活带来的便利，从而激发学生创想的兴趣。第二次整片运用在环节四，了解作者的情节构思，让学生设计合理的情节，完善自己的脚本，使自己的创意更具有戏剧性。

### 教学目标

1. 欣赏微电影《风》，感受作者的奇思妙想。

2. 大胆想象，生活中的事物还有哪些奇妙的作用。

3. 尝试运用并列的文章结构来表达心中的想法，进行微影脚本的创作。

☞ 适用年级：六年级

### 教学设计

#### 一、课前游戏，激趣导入

1. 出示一张圆形的白纸，上面用黑笔点上了几个点。

2. 仔细看，然后告诉大家，你看到了什么？（指名同学发言）

3. 小结：所谓想象，所谓创造，就是你看到了别人没有看到的，想到了别人没有想到的。

#### 二、欣赏短片，激发想象

1. 欣赏短片。

在诗人眼中，风"解落三秋叶，能开二月花。过江千尺浪，入竹万竿斜"。风的本领可不止这些，咱们一起来欣赏一部短片《风》。

2. 你看明白了吗？风有什么样的本领？

3. 根据回答出示图片。（见下页）

4. 你最喜欢风的哪项本领？（学生自由发言）

5. 咱们给风再长点儿本事吧！让它还能干点儿啥呢？（完成表格）

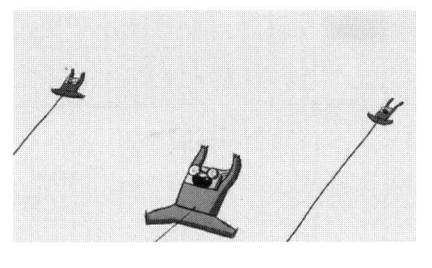

| 风的新本领 | 产生这样想法的原因 | 新本领给我们带来的便利 |
|---|---|---|
|  |  |  |

（指名回答，对于学生的表达从完整和生动两个维度进行评价）

## 三、迁移拓展，创作脚本

1. 咱们生活中接触到的事物太多了，有风雨雷电，还有呢?

2. 如果它们都有了奇妙的作用，咱们的生活一定会变得特别有趣。

（练习：分小组选择一种事物，想一想它都会有哪些奇妙的作用。每位组员用一两句话表达自己的想法，最后由一位同学将组员们的想法整合起来）

3. 请小组代表上台汇报自己组的创意。

4. 小结：如果把我们的想法也制作成一个动画短片，这就是脚本。原来，创作并不是一件很难的事情。

5. 呈现某部微电影脚本片段，认识脚本的特点。【场景＋人物（事物）＋对白（情境）】

## 四、回顾总结，完善创作

1. 要想自己的创作具有可观性，咱们还得有一些吸引人的情节。

2. 再看微影《风》片段。

风突如其来地停住了,头发不飘了,孩子飞不起来了,澡也洗不了了,这就是一种戏剧性的效果。

3.再次进行设计,完善自己的脚本创作。

4.脚本欣赏,举行"脚本竞拍",选出最佳脚本。

（江苏淮阴师范学院附属小学　张芃）

# 第五课　重构故事创意多
## ——《父与女》教学设计B

《父与女》是一部感人至深的亲情动画短片。该片主要讲述了父亲带着女儿一起骑单车，他们穿过林间小路，骑过草地，骑上高坡，来到平静的湖边，而父亲在河岸挥别而去；思念父亲的女儿，骑着单车，日复一日，年复一年地来到河畔等待的故事。该片于2001年获得第73届奥斯卡最佳动画短片奖，第54届英国电影和电视艺术学奖最佳动画短片奖。

影片用黑白两色构成一幅幅如水墨画般优美的图画，而最感人之处就是女儿在一年又一年的守候中越来越衰老，最后只能在梦中与父亲相逢的情节设计。

### 资源分析

本课教学中，影片资源主要用在第二环节"观微影，提取资源"，主要用途是让学生清晰故事板块，为重组做准备。原影片较长，为节省观影时间，所以做四次截取：0′25″~0′48″，父亲陪伴女儿骑车游玩；0′50″~1′08″，在河边，父亲发现一艘通往外界的小船，于是和女儿告别；2′00″~2′40″，女儿在日复一日的等待中渐渐长大；6′50″~7′18″，渐渐老去的女儿，来到父亲离开的地方，并在梦中与父亲相逢。这四个片段，老师在和学生共同欣赏的过程中，明晰影片的脉络结构。

### 教学目标

1.通过微电影素材，了解《父与女》这则故事的大概板块。

2.利用故事板块，进行重组，自主创作。

☞适用年级：六年级

### 教学设计

#### 一、想故事，了解情节

1.展示几个学生熟悉的故事中具有代表性的图片，让学生简单回顾故事梗概。

2.讨论：你最喜欢哪一个故事，简单说一说喜欢的原因。

老师提取信息：结尾的出乎意料，倒叙的引人入胜等等。

3.作者的精心编排给我们带来一次次令人回味的体验，今天我们再来看一个关于相伴相守的故事。

#### 二、观微影，提取资源

1.观看《父与女》第一段资源。

2.这部分内容讲述了什么情景？学生简单概括，师提炼：相伴。

3. 提问：它会让你想起生活中的哪些事？

4. 继续看完第二、三、四段资源，边看边交流。

5. 梳理全片梗概。

相伴—分别—等待—重逢（梦中）

6. 最能打动你的是哪一个场景？

（结合回答出示图片）

7. 总结：《父与女》的故事，从父女相伴到最后只能梦中相逢，总是让人感到一份遗憾、一份凄婉。长长的等待，让人倍加珍惜相伴相守的时光。

## 三、重组合，再编故事

1. 相伴、分别、等待、重逢，这些情节如果重新组合，会有什么样的不同效果呢？

2. 小组讨论新的创意。

3.用提纲的形式呈现故事梗概。（呈现的形式可以用文字，也可以用表格）

例如：

| 分别 | 女孩很小的时候，爸爸离开她外出工作 |
| --- | --- |
| 等待 | 女孩在等待中慢慢长大 |
| 重逢 | 爸爸终于完成工作回到家乡 |
| 相伴 | 爸爸陪着女孩度过一天天美好的时光 |

4.每一组派出代表汇报本组的创意，同学进行评价。

### 四、拓展读，再认情节

1.很多故事都是因为有了独特的情节设置，从而让阅读充满期待。

2.推荐阅读：《窗》《爱之链》。阅读目标：了解这两篇小说在情节设置上的精妙之处。

（江苏淮阴师范学院附属小学　张芃）

## 第六课　脑洞大开AB剧

——《父与女》教学设计C

　　《父与女》是一部感人至深的亲情动画短片。该片主要讲述了父亲带着女儿一起骑单车，他们穿过林间小路，骑过草地，骑上高坡，来到平静的湖边，而父亲在河岸挥别而去；思念父亲的女儿，骑着单车，日复一日，年复一年地来到河畔等待的故事。该片于2001年获得第73届奥斯卡最佳动画短片奖，第54届英国电影和电视艺术学奖最佳动画短片奖。

　　影片最大的特色在于无对白，绵延的音乐渲染，空灵的画面，景物的衬托成功地传达了人物的情感。

### 资源分析

　　《父与女》一课的教学中，电影资源共运用三次。第一次使用剪辑片段（0′18″~5′44″），主要内容是：父亲带着女儿一起骑单车，他们来到平静的湖边，而父亲在河岸挥别而去。思念父亲的女儿，骑着单车，日复一日，年复一年地来到河畔等待，从童年一直等到年老。这个片段运用于第一板块，交流你看懂了什么？梳理主要内容。第二次使用片段（1′38″~5′44″），其主要内容是父亲离开了，女儿一直苦苦等待。这次主要应用于第二板块，关注画面及其中的细节，说说最让你感动的地方，为感受借景抒情这一表达方式做准备。第三次电影片段（6′00″~7′18″）主要应用于课的结尾，表达观影感受，从而升华主题。

### 教学目标

1. 借助微电影的画面，初步感受影片中借景抒情的表达方法。

2. 根据影片信息，创编故事结局，并运用借景抒情进行创意表达。

3. 在观影、表达、思辨中，初步理解"等候，为了一生的爱"这一主题。

☞ 适用年级：六年级

### 教学设计

#### 一、观看微电影，了解内容

1. 话题引入：说说你心中的父亲。

2. 观看微电影。

3. 了解影片内容。你看明白了什么？

4. 呈现主要情节图片（见下页），教师进行小结。

#### 二、聚焦画面，初识表达

1. 观看微电影"等待"片段，提示：哪些画面，哪些细节让你感动？

2. 全班交流。

3. 定格画面,感受借景抒情的方法。

(1) 聚焦每一幅典型画面,思考:人物的心情怎样?你从哪里看出来?

(2) 定格画面,感知细节。(风、行人、太阳、树、车轮……)

4. 小结。

## 三、猜想结局,创意表达

1. 结局大猜想:父亲去哪里了?女儿一生苦苦地等候,能等到他们相

第三编 微电影写作课创意设计 / 345

见的那一天吗?

2. 创意写作。

有的同学认为这对父女能相见,有的认为不能相见。请你根据影片中的信息,发挥想象,创编故事的结局,试着用上借景抒情的方法。(如果重逢,父女会以怎样的方式表达?如果最终没有重逢,女儿会怎样的悲伤)

3. 学生写作,教师巡视指导。

4. 全班交流。

5. 再次小结。

## 四、深华情感,走向主题

1. 播放影片结局,实时解说。

2. 小辩论。

女儿终其一生的等待,也没有等到父亲回来,你觉得她的等候值得吗?说说你的理由。

3. 深化主题。

女儿用她的一生去等候父亲,可是,很遗憾,终其一生也没有等到父亲回来。影片的最后,身为女儿的她只能在美丽的幻想中,见到了心心念念的父亲。这样的守候,是为了一生的爱!

4. 拓展延伸。(任选其一)

(1)推荐朗读《忠犬八公》《一条狗的使命》。

(2)用上今天学过的借景抒情的方法,写一写"发生在你与父母之间的故事"。

(重庆两江新区金山小学 彭建)

## 第七课　借景抒情情更浓

——《爱，回家》教学设计

《爱，回家》是一部让人感动得热泪盈眶的亲情影片。城里长大的小外孙到乡下的外婆家住，从开始瞧不起又穷又哑的外婆，到逐渐与外婆产生浓厚的感情。影片于2002年4月5日在韩国上映。

影片最成功之处在于拍出了真实的细节感，如做家乡鸡、等巴士、剪头发、穿针线等朴素的情节，让新时代的都市人看到刻骨的纯朴、真情。

### 资源分析

《借景抒情情更浓》一课的教学中，电影资源共运用两次。第一次使用一个剪辑片段（33′06″~35′32″），主要内容是：外婆打手势问相宇想吃什么，相宇告诉她想吃肯德基，外婆就带着干菜下山换鸡。然后外婆冒雨赶回为相宇做家乡鸡。第二次使用的是外婆手握一只鸡，冒雨走在山路上的特写镜头和全景镜头,采用截屏动态图片(配有雨声音效)的形式呈现。视频片段和动态图片分别用于第三板块的"观看微电影"和"聚焦重点镜头"两个环节,第一次观影交流"看明白什么",梳理主要内容;第二次观看聚焦特写镜头和全景镜头的使用切换,探究环境烘托的作用。

### 教学目标

1. 进一步学习环境描写,体会环境描写在表情达意中的作用。

2. 体会环境描写与人物情感之间的联系。

3. 从微电影中学习环境描写的方法,并能在自己的习作中借助环境描写抒发真情实感。

☞ 适用年级:六年级

### 教学设计

#### 一、名篇引路,体情悟景

1. 看景物猜心情:

时候既然是深冬;渐近故乡时,天气又阴晦了,冷风吹进船舱中,呜呜的响,从篷隙向外一望,苍黄的天底下,远近横着几个萧索的荒村,没有一些活气。我的心禁不住(　　)起来了。

A. 悲凉　　　B. 激动　　　C. 温暖

2. 看心情猜景物:

半夜里听见(A. 清脆的雨声;B. 繁杂的雨声),早起是(A. 晴朗的天;B. 浓阴的天),我觉得有些烦闷。

3. 很多写人记事的文章都是借景抒情、以景寓情的,写景只是手段,抒情才是目的。这样的景物描写又被称作"环境描写"。

## 二、课文链接，启思引路

1. 环境描写在我们以前学过的课文中也时有出现，请看——

屋外寒风呼啸，汹涌澎湃的海浪拍击着海岸，溅起一阵阵浪花。海上正起着风暴，外面又黑又冷，这间渔家的小屋里却温暖而舒适……桑娜听着波涛的轰鸣和狂风的怒吼，感到心惊肉跳。

本文主要写桑娜和丈夫收养邻居西蒙的两个孩子的故事，课文开头为什么要来这样一段环境描写呢？请抓住关键词句谈谈自己的理解。（引导学生分别从桑娜、渔夫和西蒙三个不同的视角审视）

2. 小结：环境描写是人物品质和心情的暗示，还是气氛的渲染和故事情节的铺垫。

## 三、巧借媒介，拾级而上

1. 观看微电影：但凡艺术都是相通的。下面，就让我们欣赏一段微电影，看看摄影师是怎样用镜头来表现"环境"的。（边播放视频，教师边概述主要内容）

2. 聚焦重点镜头：哪个镜头最让你深有感触？谁能说说眼前的这一幕？（反复播放这一镜头）导演给出这样一个镜头，用意何在？

3. 添写环境：一位同学也写了他眼中的外婆。来，读一读这段文字——

粗布麻衣湿漉漉地贴在外婆身上，雨滴落在她银白的发丝上，再顺着她饱经风霜的脸庞滑落。外婆却毫不在意，手里紧紧攥着那只鸡，一步一滑地走在山路上。

习作：把画面变成文字。跟电影中的画面相比，这段话是不是少了点什么？请拿出作业纸写一写当时的环境。（写后反馈、交流）

## 四、添写"景语"，活学活用

从下面的三个场景中随意选择一个，尝试选取恰当的景物进行描写，烘托人物的心情。

〇家里就剩我一个人，午饭还没有着落。我趴在窗口望着窗外——

〇经过几轮角逐，我终于获得了乒乓球赛的冠军，带着激动和兴奋，我走出了校门——

〇妈妈一点儿也不听我的解释，就喜欢冤枉别人，我越想越气，一赌气跑了出去——

## 五、总结全课，应用迁移

全课小结后，布置两道作业题：一是网上观看《爱，回家》高清完整版，相信你会有更多的发现与收获；二是找出一篇自己的习作，补充、调整文中环境描写，以此提升习作质量。

（安徽省太湖县新城小学　王华星）

# 第八课　妙用动词有诀窍

## ——《长在花盆里的人》教学设计

微影片《长在花盆里的人》在 2008 年 Adobe 设计成就大赛上赢得动画类作品的冠军，而导演 Rafael Sommerhalder 当时仅是一名大一学生，就读于英国皇家艺术学院。影片以简笔漫画的形式，讲述了一个关于成长的故事。主人公拥有植物一样的根茎，所以他不能行走，只能长在花盆里。有一天，花盆裂了一个口子，根茎冒了出来，他跳出家门，砸碎了这花盆，准备迎接人生的下一个阶段。整部影片的精髓在于结尾处的逆转——主人公的成长仅是一次盆栽移植，他仍然没有双脚，依旧长在花盆里——小动画随即上升为一部人生哲理短片，之前所有的铺垫都在这一点上得到升华。对本片的解读不止一种，你可以说花盆是一种代表桎梏的符号，主人公自我成长的动力就是打破这个束缚。但是历史是用来不断重演的，每个人都有自己的人生命题，终其一生都在解决同样的问题。

## 资源分析

《长在花盆里的人》一课教学中，电影资源在第二个板块"观看视频，选用动词描述"和第四板块"还原结局，思考故事启发"中共两次使用。

第一次主要是在体会动词妙用之后，提示学生观看视频（0′08″~3′48″），选择准确的动词来描述故事内容。主要讲述一个形象怪异的人，有人的身、头、手和思维却没有人的脚，他的脚是长在花盆里的两丛植物的根须，随着岁月的成长，长大的根须撑裂了花盆，显然这个花盆对于他太小了。他不满现状，穿上风衣上路了，但因为没有脚，只能带着花盆蹦跳着行走。遇到高地，从怀里拽出梯子，带着花盆攀爬，人生境界到了更高的层面，平坦、宽阔。他敲碎了束缚他成长的小花盆，把自己埋进深厚的土里。这是个能呼风唤雨的人，吹声口哨云彩就到，木棍一戳，雨水就来。

第二次视频（3′49″~4′46″）重在还原结局，让学生眼前一亮，引发思考：一个一个花盆移过来，像俄罗斯的套娃，从最小的，到最大的，走完一个人的精彩人生。一个人成长的历史就是不断遇阻又不断冲破阻力向上飞升的过程，在更广阔的空间，成长的是胸怀和胆识，用宽阔的现在容纳卑微的过去。这个故事也道出了局限和自我突破都是无止境的道理。

## 教学目标

1. 从人物片段描写中体会准确使用动词的妙处，增强用词准确的意识。

2. 借用微电影《长在花盆里的人》练习准确使用动词来讲述一件事，并把事情写生动。

3. 通过创编故事结局，对比还原故事结局，引发学生思考，明白人生就是在不断追求梦想和突破自我的循环往复、追求永无止境的道理。

☞ 适用年级：六年级

## 教学设计

### 一、热身阅读，感受动词妙用

1. 阅读片段一，划出动词。

看到张宏伟啃鸡腿，那才叫好笑：他的眼睛一动不动地盯着鸡腿，慢慢地张开那张大嘴，用门牙把鸡腿上的肉撕下来。在嘴里慢慢地品味着"无上的美味"，眼睛慢慢地眯成一条缝，十分满足地说："太棒了，真好吃！"还不时发出"啧啧"的声音。只有一会儿工夫，他已经把那个"巨无霸"消灭了，非常有成就感。他只用手背随便地擦了一下嘴上的油和肉，便大功告成地开始了下一道工序。

2. 从"啃、盯着、张开、撕、眯"等动词的描述中感受人物的个性，明白准确使用动词的妙处。

### 二、观看视频，选用动词描述

1. 聚焦动词，积累诵读。

出示备用动词并朗读：

撑破　伸出　触摸　蹦跳　套上　掏出　戴上　仰起头　拽出　攀爬

敲打　铲挖　扔下　砸碎　掩埋　举起　吹奏　猛戳　　拍打　站立

2. 观看视频片段一，选用上述动词描述故事。

（1）小组内讲述交流。（特别提示动词使用的准确性和生动性）

（2）小组推荐汇报讲述故事。

### 三、猜想结局，创编趣味故事

1. 故事中的主人公被淹没在水中，后来结局会怎么样呢？

2.如果你是编剧和导演，你会怎么创编故事的结局呢？

3.学生讨论，交流提炼关键词。

4.尝试创编故事结局。（提醒要准确使用动词）

5.汇报，重点感受结局的创新意识。

### 四、还原结局，写下启发

1.播放视频片段二。（主要内容：充足的雨使他长得很快，参照他丢在地上的帽子，一个巨人在大地上屹立。出乎意料的是，短片结尾，这个成长起来的人竟然还是待在了一个更大号的花盆里，然后他逃离大地，又像最初那样蹦跳着离去。到此不免一声嘘唏，短片所有的努力也不过是从小花盆到大花盆的移植，并没有什么本质的改变）

2.看到这样的结局，你有什么话想说？小组内讨论交流。

3.把你的思考和启发写下来。

4.指名汇报点评。

### 五、联系生活，思考未来

教师总结后布置作业：

1.在你身边有这样类似从小花盆跳入大花盆的人吗？

2.这个故事对今后的人生有何指导意义？（人生就是在不断地追寻自己的梦想和突破自我，这是一个循环往复的过程。追求永无止境）

（江苏省涟水县实验小学　陶会）

# 第九课　文似看山喜不平

## ——《屎壳郎推粪球》教学设计

　　《微观世界》之《屎壳郎推粪球》是由克劳德·纽利迪萨尼和玛丽·佩莱诺联合执导的纪录片。该片利用特殊的微观摄影机，向人们展示了草丛中放大了的屎壳郎生活的场景。这部影片获得了第22届法国凯撒奖最佳摄影奖、最佳剪辑奖、最佳声效奖。

　　影片成功之处在于以特写和重复细节化的叙事方式，将自然的声音、轻重的节奏和细腻的画面紧密结合，通过各种细节的描写，把微观世界中屎壳郎这一生物生存状况展现得淋漓尽致，使观众从中感受到力量和欢跃。

### 资源分析

　　本课的教学中，电影资源共运用两次。第一次使用完整影片于板块三"视频呈现，理清情节"。第二次使用剪辑片段（1′08″~2′23″），主要内容是：

屎壳郎大战树杈，以胜利告终。剪辑片段用以第四板块"聚焦画面，活现波折"。第一次观看影片指导学生明白故事的主要内容，以及理清屎壳郎推粪球过程中遇到的三次波折。第二次观看屎壳郎大战树杈这一视频，指导学生聚焦其动作，想象屎壳郎当时的神态、心理，写好其中一折。

## 教学目标

1. 巧借文本，知道一波三折的写法。

2. 借助影片，能够选择典型材料，画出故事一波三折情节图。

3. 聚焦画面细节，能用一波三折的构思方法尝试写出其中一折。

☞ 适用年级：六年级

## 教学设计

### 一、经典引入，揭示课题

1. 出示四大名著中关于"三"的经典故事，学生齐读。

《三国演义》：刘备三顾茅庐　诸葛亮三气周瑜　桃园三结义

《西游记》：孙悟空三打白骨精　三借芭蕉扇　三探无底洞

《红楼梦》：刘姥姥三进大观园　金鸳鸯三宣牙牌令

《水浒传》：三打祝家庄　鲁智深三拳打死镇关西　三山聚义打青州

2. 回忆你最熟悉的故事，思考：为什么每个故事写三次？

3. 小结：咱们中国人写文章有讲究，这样在情节上我们就叫"一波三折"。

### 二、文本链接，揭示密码

1. 回顾《临死前的严监生》，课文讲的是什么故事？

2. 出示严监生的三次摇头，自由读，你有什么发现？

他就把头摇了两三摇。

他把两眼睁得滴溜圆,把头又狠狠摇了几摇,越发指得紧了。

他听了这话,把眼闭着摇头,那手只是指着不动。

——《临死前的严监生》

对着情节梳理:一茎灯草没有熄灭,大侄子来了,严监生_____,没有变化;二侄子来了,严监生_____,结果没有变化;第三次,赵氏说后,他就_____。

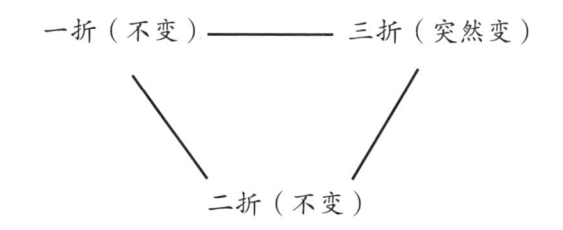

一折(不变)————三折(突然变)
　　　　＼　　／
　　　　二折(不变)

3. 故事能不能写赵氏也猜不着?

(说明"三"是一个限度,这就叫"事不过三")

4. 小结:好的故事不是你随意写出来的,它是经过这样一点一点的巧妙安排,层层递进,而且要有突然的变化,让人有意想不到的惊喜,这才是好的故事。

### 三、视频呈现,理清情节

1. 播放完整视频,观看,说说这个故事讲了什么内容?
2. 小组讨论:屎壳郎推粪球经历了哪些波折,画出故事情节图。
3. 交流,梳理。

预设:

用腿推着粪球前进—推着粪球爬过山坡—将插入树杈的粪球拔出

推球前进—奋力爬坡—大战树杈—继续前进

第三编　微电影写作课创意设计　/　357

## 四、聚焦画面，活现波折

1. 屎壳郎经历的这些波折中，给你印象最深的是什么？

2. 播放节选视频，梳理出屎壳郎怎么把粪球从树枝中拔出的过程。

预设：

头顶着树枝推—挖掉周围的土—相反方向往后推

正着推—倒着前顶—绕到另一面顶（侧边使力）

3. 小组合作叙说：自选其中一折，展现屎壳郎当时的动作、神态、心理。

4. 展示汇报，完善屎壳郎遇到的三次波折。

## 五、叙说启示，完善故事

1. 你觉得这是一只什么样的屎壳郎？

执着　　智慧　　勇敢　　……

2. 你打算怎样写这个故事？完善提纲，进行写作。

3. 挑战写作：如果让你站在屎壳郎的角度写这个故事，你准备怎么写？故事题目是什么？

（湖北枣阳市第一实验小学　杨冬梅）

# 儿童与电影的约会

附编

# 推荐给儿童的60部电影

一年级

| 序号 | 电影名称 | 豆瓣评分 | 一句话推荐 |
| --- | --- | --- | --- |
| 1 | 《大闹天宫》 | 9.2 | 华丽壮观的画面，奇异瑰丽的音乐。1961年的动画片，震惊全世界！ |
| 2 | 《你看起来好像很好吃》 | 8.8 | 恐龙会武术，谁也挡不住！ |
| 3 | 《超能陆战队》 | 8.6 | 最萌胖子，暖男一枚。 |
| 4 | 《查理和巧克力工厂》 | 7.9 | 最甜的一部电影。 |
| 5 | 《红气球》 | 8.8 | 你想要一个像小狗一样跟着你的红气球吗？ |
| 6 | 《小鹿斑比》 | 8.2 | 关于成长，不可错过的经典迪士尼动画片。 |
| 7 | 《聪明的一休》 | 8.6 | 遇困难，想办法。惩恶人，助弱者。谁见了，都要夸！ |
| 8 | 《三个强盗》 | 8.4 | 看过绘本就不要错过电影版哦！ |
| 9 | 《阿祖尔和阿斯马尔》 | 8.1 | 不一样的王子与公主 |
| 10 | 《暴力云与送子鹳》（微电影） | 9.1 | 你不美，脾气也不好，可我还是爱你。 |

二年级

| 序号 | 电影名称 | 豆瓣评分 | 一句话推荐 |
| --- | --- | --- | --- |
| 1 | 《龙猫》 | 9.1 | 1302岁的龙猫，纯真无邪、温馨动人，友善、讷言的童年守护神！ |
| 2 | 《狮子王》 | 8.9 | "太阳能照到的地方都是我的国土"，永恒的经典。 |
| 3 | 《失落的蚂蚁谷》 | 7.4 | 在断翅处生出新翅膀，才能飞向远方。 |
| 4 | 《铁臂阿童木》 | 8.8 | 跨时代的经典杰作。 |
| 5 | 《精灵鼠小弟》 | 7.5 | 看过它，也许你再也不会讨厌老鼠了。 |
| 6 | 《男孩与世界》 | 8.7 | 无须对白，依然深刻。 |
| 7 | 《极地特快》 | 7.6 | 圣诞老人到底有没有？坐上不一般的圣诞列车，出发！ |
| 8 | 《大鱼海棠》 | 6.6 | 国产动画崛起的希望。 |
| 9 | 《北极故事》（纪录片） | 9.0 | 跟着小北极熊，探秘陌生领域。 |
| 10 | 《棋逢敌手》（微电影） | 8.4 | 一个人的博弈，最后谁才是赢家？ |

三年级

| 序号 | 电影名称 | 豆瓣评分 | 一句话推荐 |
| --- | --- | --- | --- |
| 1 | 《魔女宅急便》 | 8.5 | 十三岁，在陌生城市独自生活一年。小魔女的修炼，你有勇气吗？ |
| 2 | 《三个和尚》 | 8.6 | 爸爸的爸爸也听过的经典故事。 |
| 3 | 《菊次郎的夏天》 | 8.7 | 从没见过这么温柔的流氓。 |
| 4 | 《翡翠森林：狼与羊》 | 8.2 | "世界那么大，认识你真好！" |
| 5 | 《圆梦巨人》 | 6.8 | 愿你夜夜有好梦。 |
| 6 | 《寻梦环游记》 | 9.1 | 死亡不是永别，忘记才是。 |
| 7 | 《驯龙高手》 | 8.7 | 有龙做宠物，要多酷有多酷！ |
| 8 | 《神奇动物在哪里》 | 7.8 | 当霍格沃兹魔法学院的学生来到了纽约…… |
| 9 | 《深蓝》（纪录片） | 9.1 | 去认识世界各地大约两百个不同地方的海洋生物。 |
| 10 | 《月神》（微电影） | 9.0 | 做自己，发现最美的月亮与星星。 |

## 四年级

| 序号 | 电影名称 | 豆瓣评分 | 一句话推荐 |
| --- | --- | --- | --- |
| 1 | 《国王与小鸟》 | 8.6 | 法式幽默，诠释压迫与自由。 |
| 2 | 《至爱梵高·星空之谜》 | 8.5 | 和梵高跨越时空的对话。 |
| 3 | 《山水情》 | 9.3 | 中国水墨动画的巅峰，没有之一。 |
| 4 | 《狐狸与我》 | 8.6 | 其实，狐狸根本不是我们所想象的那样狡猾。 |
| 5 | 《追逐珊瑚》（纪录片） | 8.8 | 美得让人惊叹，残酷得令人心碎。 |
| 6 | 《灵犬莱西》 | 8.7 | 聪明的牧羊犬莱西传奇般的归家之旅。 |
| 7 | 《借东西的小人阿莉埃蒂》 | 8.7 | 小人国的新世界！ |
| 8 | 《小鬼当家》（系列） | 8.1 | 很多人都中了它的毒，一口气看完了五部。你呢？ |
| 9 | 《凯尔经的秘密》 | 8.4 | 银幕上的绝美油画，半部童趣与半部圣哲。 |
| 10 | 《回忆积木小屋》（微电影） | 9.3 | 暖黄色调里的积极人生。 |

五年级

| 序号 | 电影名称 | 豆瓣评分 | 一句话推荐 |
| --- | --- | --- | --- |
| 1 | 《幽灵公主》 | 8.8 | 诸神与人类战争的伟大史诗动画，宫崎骏神作。 |
| 2 | 《我在伊朗长大》 | 8.7 | 一个女孩的成长史！ |
| 3 | 《蝴蝶》 | 8.6 | 歌好听，景很美，情很暖。适合祖孙一起看。 |
| 4 | 《E.T.外星人》 | 8.5 | 关于外星人的经典，不多说，看片！ |
| 5 | 《小鞋子》 | 9.2 | 一双鞋子，一对兄妹，一部打动无数人的伊朗经典。 |
| 6 | 《导盲犬小Q》 | 8.4 | 有情有义的导盲犬小Q，扔下一颗重磅"催泪弹"。 |
| 7 | 《天堂的颜色》 | 8.7 | 父爱才是这抹颜色。 |
| 8 | 《千与千寻》 | 9.2 | 一部献给孩子也是大人的童话。 |
| 9 | 《地球脉动·第二季》（纪录片） | 9.9 | 9.9分的神片，所有语言都是废话。 |
| 10 | 《父与女》（微电影） | 9.2 | 最美的等待。 |

## 六年级

| 序号 | 电影名称 | 豆瓣评分 | 一句话推荐 |
| --- | --- | --- | --- |
| 1 | 《天空之城》 | 9.0 | 寻找守护自然的生命之树！主题曲是久石让的巅峰之作！ |
| 2 | 《给桃子的信》 | 8.1 | 准备好纸巾抹眼泪吧。 |
| 3 | 《天书奇谭》 | 9.0 | 一部魔法无穷的天书，三只狐狸和蛋生之间的殊死搏斗。 |
| 4 | 《少年派的奇幻漂流》 | 9.0 | 奇幻冒险的视觉大片，人虎共船的神话传奇。 |
| 5 | 《家园》 | 9.2 | 拯救家园，刻不容缓。 |
| 6 | 《海洋之歌》 | 8.7 | 塞尔奇小精灵的民间传说。 |
| 7 | 《穿条纹睡衣的男孩》 | 8.9 | 透过孩子的眼睛，诠释人类灾难。一曲美丽的悲剧。 |
| 8 | 《埃及王子》 | 8.0 | 耗资一亿美元，历时四年，数百位学者担任顾问，动画片史上的奇迹。 |
| 9 | 《国家宝藏》（纪录片） | 9.2 | 每一个中国人都应该了解的国宝故事。 |
| 10 | 《平衡》（微电影） | 9.0 | 简单的电影中，折射德国人的思维之深刻。 |

# 后　记

## 《光影中的创意写作》使用指南

### 一、这本书是怎么来的

这本《光影中的创意写作》是新书《童年不可错过的文学课》的姐妹篇。

《童年不可错过的文学课》侧重于研究阅读教学，里面收录了我的大量文学课；《光影中的创意写作》则旨在以电影为媒介，研究创意写作，提升学生的写作水平。两本书放在一起，刚好拼接成了我这十年小学语文教学研究的图景——左手阅读，右手写作。

读和写，是语文教学的两翼，犹如硬币的正反面。研究语文教学，不能只研究阅读，也不能只研究写作，两者不可偏废。

这些年，我的语文教学研究始终围绕着阅读和写作同步并进。在写作教学研究领域，我试图建构一个从低到高的创意写作序列。绘本创意写作、童书穿越写作、微电影创意写作、应用文创意写作，是这个序列中的几大重镇。在这个序列中，微电影创意写作花的时间较多，相对成熟，于是，我和一群志同道合的老师们一起，花了大半年时间，编写了这本书。

### 二、这是一本什么样的书

这本书有三个主要部分。

第一部分，是我对微电影创意写作的一些思考和教学策略的综述，相当于本书的绪论。拿到这本书，建议先看第二部分，看完后，再回头看第一部分，相信会有更多的收获与启迪。

第二部分，是我近十年来微电影创意写作课例的集中呈现。这一部分，有别于一般课堂实录"师生对话"的呈现方式，而是站在一线教师如何"用电影教写作"的角度来改写的。每课都有电影简讯、资源分析、设计思路、课堂再现、创意赏析、拓展延伸这六方面的内容。

"电影简讯"：由电影海报、相关讯息（国家、导演、首映时间等）以及故事梗概组成。以最简练的语言，呈现尽可能多的信息，便于一线教师整体把握电影资讯。

"资源分析"：对本节电影写作课涉及的视频资源进行比较详细的分析与介绍。共几段视频；每段视频从几分几秒开始剪辑，到几分几秒结束；在教学的哪个环节使用；怎么使用；……都介绍得清清楚楚。

"设计思路"：用一张形象直观的思维导图，把整节课的主要环节及每个环节做什么提炼清楚，便于教师整体把握教学思路。

"课堂再现"：这部分接近于传统的课堂实录，但比课堂实录稍微简洁，保留了课的主要环节和精华部分，便于教师把握教学重点。

"创意赏析"：主要是由专家、名师和一线教师对本节课创新点进行剖析，要言不烦，点到为止。

"拓展延伸"：这部分，相当于本节课的小结。既有写作方法的提炼，又有同类电影的拓展，画龙点睛，举一反三。

第三部分，是一线教师设计的电影课教学方案，是本书的第二个重点。从三年级到六年级，每个年级分别有九节电影写作课。参与编写的老师，因为热爱电影、热爱写作机缘巧合地走到一起。他们先是从模仿开始，再慢慢学会独立设计电影写作课，并在实践过程中反复试教，精心打磨。于是，有了这三十六节电影课的精彩呈现。他们的教学实践充分证明：电影写作课绝非阳春白雪、云端舞蹈，而是雅俗共赏、贴近地面的。

作为附编呈现的《推荐给儿童的60部电影》，是我近期和未来研究的方向。我把与温州市香樟导师团伙伴们一起整理的电影清单列在后面，供对电影感兴趣的老师们参考。

时尚、实用，是我们编写这套书的理想追求。把大家喜闻乐见的电影引入课堂，力求体现时尚元素。而实用，主要表现在两方面：从文本呈现看，始终站在一线教师的立场来呈现，教什么、怎么教，力求清楚明了；从实用价值来看，本书的后记及勒口都附有一张二维码，扫码，即可免费下载教学录像或课件资源，买到这本书，就可以立马在班级尝试。

总之，我们努力把本书编成有声有色而又非常实用的书。让它既可以让你大饱眼福，也可让你如虎添翼，是我们编写的方向。当然，这肯定是一本不完美的书。目前，微电影创意写作尚处于探索阶段，还没有形成严密的体系，加上很多图片是网上下载的，清晰度不够……总之，理想和现实肯定有不少差距。我们竭诚欢迎你多提宝贵意见和建议。如果你发现了什么问题，或有什么好的建议，欢迎给微信公众号"祖庆说"留言，我们将在再版时吸收你的智慧，让这本书走向完美。

## 三、这本书怎么使用

这是一本可以从任何一页读起的书。你可以先翻看目录，找到自己喜欢的电影或写作项目，然后细细阅读自己最感兴趣的内容。

如果某一篇教学设计或实录让你觉得不错，并产生试一试的念头，那么你可以扫描后记或勒口的二维码，下载视频或课件，认真研究，然后将它带进班级，依葫芦画瓢，照样子试试看。说不定，孩子们比想象中更喜欢这样的课。

如果你觉得这样的电影课上起来蛮带劲，自己也想试着开发一节新课。那么，建议你把第二、三部分读完，再系统阅读第一部分，了解微电影创意写作有哪些常用的教学策略，然后自己试着找一部电影，剪辑、组合，再做个简单的课件，即可走进教室。

如果你觉得这本书用起来很有意思，想要和朋友们交流使用心得，或发现某处疏漏、甚至谬误，需要和编写者沟通，那么，我们欢迎你扫一扫后记或勒口的二维码，进入这个公众号，将把更多热爱电影、热爱写作的同行聚集起来，共享资源，互相切磋。可以预见，在大家的共同努力下，我们的电影教学资源将越来越丰富，电影写作课也将越来越好玩。

微电影创意写作，时尚新颖的写作试验田，欢迎你和更多同事一起耕耘。

张祖庆

2018年2月23日

于杭州锦昌文华苑

## 特别鸣谢

这本书的诞生，依然要感谢很多人。感谢叶黎明教授为本书所写的大气磅礴的序言；感谢江苏丁素芬女士在这本书编写过程中起到的穿针引线作用；感谢将我的教学实录改写成电影课并参与编写的丁素芬、王华星、叶双凤、朱建单、刘文婷、李欣、杨婷、杨潜、杨冬梅、吴茜、张芃、陆麒娟、陈柳娇、钟海红、陶会、曹小燕、彭建、樊丛辉、魏青（以姓氏笔画为序）等老师，他们的用心改写和精彩设计，是本书最有特色的部分，读者诸君，千万不可错过。

图书在版编目(CIP)数据

光影中的创意写作：46节电影作文课/张祖庆编著.--南昌：二十一世纪出版社集团,2018.3（2021.6重印）
（名师儿童文学教学丛书）
ISBN 978-7-5568-2813-5

Ⅰ.①童… Ⅱ.①张… Ⅲ.①语文课—教学研究—中小学 Ⅳ.① G633.302

中国版本图书馆 CIP 数据核字 (2018) 第 046297 号

Guangying zhong de Chuangyi Xiezuo——46 Jie Dianying Zuowen Ke

# 光影中的创意写作——46节电影作文课　张祖庆 / 编著

| 总 主 编 | 朱自强 |
|---|---|
| 编辑统筹 | 熊　炽 |
| 责任编辑 | 谈炜萍 |
| 特约编辑 | 陈文平 |
| 封面设计 | 熊　瑾 |
| 责任制作 | 章丽娜 |
| 出版发行 | 二十一世纪出版社集团有限公司（江西省南昌市子安路75号　330025）www.21cccc.com　cc21@163.net |
| 出 版 人 | 刘凯军 |
| 经　　销 | 全国各地书店 |
| 印　　刷 | 南昌市红星印刷有限公司 |
| 版　　次 | 2018年5月第1版　2021年6月第4次印刷 |
| 字　　数 | 300千 |
| 开　　本 | 720mm×1000mm　1/16 |
| 印　　张 | 23.25 |
| 书　　号 | ISBN 978-7-5568-2813-5 |
| 定　　价 | 50.00元 |

赣版权登字 -04-2018-37　　　　　版权所有·侵权必究

发现印装质量问题，请寄回本社图书发行公司调换　0791-86512056